FILHOS DE NAZISTAS

TANIA CRASNIANSKI

FILHOS DE NAZISTAS

Os impressionantes retratos de família
da elite do nazismo

TRADUÇÃO DE
FERNANDO SCHEIBE

VESTÍGIO

Copyright © 2016 Éditions Grasset & Fasquelle
Copyright © 2018 Editora Nemo/Vestígio

Título original: *Enfants de nazis*

Todos os direitos reservados pela Editora Nemo/Vestígio. Nenhuma parte desta publicação poderá ser reproduzida, seja por meios mecânicos, eletrônicos, seja via cópia xerográfica, sem a autorização prévia da Editora.

GERENTE EDITORIAL
Arnaud Vin

EDITOR ASSISTENTE
Eduardo Soares

ASSISTENTE EDITORIAL
Paula Pinheiro

PREPARAÇÃO
Sonia Junqueira

REVISÃO
Aline Sobreira

CAPA
Diogo Droschi
(sobre imagem de ullstein bild Dtl./Getty Images)

DIAGRAMAÇÃO
Larissa Carvalho Mazzoni

Dados Internacionais de Catalogação na Publicação (CIP)
Câmara Brasileira do Livro, SP, Brasil

Crasnianski, Tania
  Filhos de nazistas: os impressionantes retratos de família da elite do nazismo / Tania Crasnianski ; tradução Fernando Scheibe. -- 1. ed. -- São Paulo : Vestígio, 2018.

  Título original: *Enfants de nazis*

  ISBN 978-85-8286-429-6

  1. Filhos de nazistas - Biografia 2. Nazistas - Alemanha - Biografia 3. Nazistas - Relações familiares I. Título.

17-09283   CDD-943.0860922

Índices para catálogo sistemático:
  1. Filhos de nazistas : Alemanha : História 943.0860922

A **VESTÍGIO** É UMA EDITORA DO **GRUPO AUTÊNTICA**

São Paulo
Av. Paulista, 2.073,
Conjunto Nacional, Horsa I
23º andar . Conj. 2310-2312.
Cerqueira César . 01311-940
São Paulo . SP
Tel.: (55 11) 3034 4468

Belo Horizonte
Rua Carlos Turner, 420
Silveira . 31140-520
Belo Horizonte . MG
Tel.: (55 31) 3465 4500

Rio de Janeiro
Rua Debret, 23, sala 401
Centro . 20030-080
Rio de Janeiro . RJ
Tel.: (55 21) 3179 1975

www.grupoautentica.com.br

Às crianças
A Satya, Aliocha, Ilya e Arthur

SUMÁRIO

9 | Prólogo
10 | Introdução
19 | Gudrun Himmler: a "Püppi" do nazismo
40 | Edda Göring: a "princesinha do Nero da Alemanha nazista"
63 | Wolf R. Hess: o filho da sombra do último criminoso de guerra
84 | Niklas Frank: o apetite pela verdade
118 | Martin Adolf Bormann: o "Krönzi", ou o príncipe herdeiro
135 | Os filhos Höss: os descendentes do comandante de Auschwitz
156 | Os filhos Speer: a linhagem do "arquiteto do diabo"
177 | Rolf Mengele: o filho do "anjo da morte"
197 | Uma história alemã?
203 | Notas
223 | Fontes em arquivos
225 | Bibliografia geral
238 | Agradecimentos

PRÓLOGO

Como resultado de pesquisas aprofundadas nos diferentes arquivos disponíveis – processos judiciais, cartas, livros, artigos, entrevistas relacionadas à intimidade dos dirigentes nazistas e de seus descendentes... –, são delineados aqui oito retratos de filhos de nazistas. Para que se possa avaliar a marca deixada por essas filiações, ao contrário de outros livros sobre esse assunto, nenhum retrato aqui é anônimo. Aliás, alguns desses filhos consideram mais fácil ter como pai o dirigente X do que o Y.

Queria ter encontrado todos esses descendentes, mas acabei entrevistando apenas Niklas Frank. Alguns dos protagonistas deste livro já não estão mais neste mundo; outros não teriam me dito mais do que já disseram a entrevistadores anteriores. Alguns não desejam mais evocar o assunto, e outros, como Gudrun Himmler ou Edda Göring, quase sempre se recusaram a falar disso.

Para permitir que o leitor capte a realidade dessas vidas, cada retrato se abre com um episódio significativo, recriado com certa liberdade.

Todas as traduções do alemão ou do inglês foram feitas por mim. As do alemão foram revisadas pelo tradutor Olivier Mannoni.

INTRODUÇÃO

Gudrun, Edda, Martin, Niklas e os outros...

Filhos de Himmler, Göring, Hess, Frank, Bormann, Höss, Speer e Mengele. Filhos do silêncio, eles são os descendentes dos criminosos responsáveis pelas horas mais sombrias da história contemporânea.

Mas a História não é a história deles.

Seus pais cometeram o mal absoluto e abdicaram completamente de sua humanidade ao se declararem inocentes diante das acusações que lhes foram feitas no processo de Nuremberg.

Mas a História lembra que esses homens também foram pais? Depois da guerra, num desejo coletivo de desculpabilização, alguns quiseram considerar os principais chefes do Terceiro Reich como os únicos culpados pelas atrocidades e pelos extermínios da Alemanha nazista. A população seria inocente. Esses chefes, por sua vez, parecem ter usado uma estratégia semelhante: "A culpa foi toda de Hitler...".

E o que dizer dos filhos de nazistas cujo percurso é evocado neste livro? Sua herança comum foi o extermínio de milhões de inocentes praticado por seus pais. Seus nomes ficaram marcados para sempre com o selo da infâmia.

Devemos nos sentir responsáveis, ou mesmo culpados, pelo que nossos pais fizeram? A história familiar, inevitavelmente, forma nossa personalidade durante a infância e a juventude. Quando é tão sinistra, uma herança não pode deixar de ter um peso, por mais que se costume admitir que os filhos não devem ser considerados responsáveis pelos erros de seus pais. Não dizem que "o pai tem duas vidas, a sua e a do seu filho"? Ou ainda "tal pai, tal filho"? O que se tornaram esses filhos de dirigentes nazistas? Como lidar com uma herança tão macabra?

Interrogado por sua neta judia israelense, um nazista não arrependido responde que "culpado é aquele que se sente culpado!". E sugere a ela, sem pestanejar: "Tome distância de tudo isso. A vida fica bem mais simples assim".[1]

É muito difícil para os filhos julgar seus pais. Falta-nos distância e objetividade em relação àqueles que nos puseram no mundo e nos criaram. Quanto maior a proximidade afetiva, mais complicado o julgamento. Da adesão à rejeição total, como viver com seu passado familiar quando ele é tão pavoroso? A posição adotada pelos filhos desses dirigentes nazistas é algumas vezes diametralmente oposta, e outras, de acordo com a de seus pais; mas poucos deles são neutros. Alguns conseguem rejeitar firmemente a ação paterna sem deixar de amar o pai. Outros não podem amar um "monstro" e preferem negar essa face sombria para preservar um amor filial incondicional. Outros, ainda, sentem ódio e rejeição completa. O passado é para eles uma cruz com a qual têm de viver diariamente e que é impossível ignorar. Alguns não renegaram nada; outros tomaram o caminho da espiritualidade ou se fizeram esterilizar para não "transmitir o mal", ou acreditaram expiá-lo... masturbando-se! Negação, recalque, adesão ou culpa: todos tiveram, conscientemente ou não, de escolher sua maneira de encarar o passado.

A maioria desses filhos vive ou viveu na Alemanha. Alguns se converteram ao catolicismo ou ao judaísmo, tornando-se inclusive padres ou rabinos. Seria essa uma maneira de conjurar sua sina – ter nascido de um pai criminoso? Citemos Aharon Shear-Yashuv, que se tornou rabino do Exército israelense, embora seu pai não tenha sido um alto dirigente nem um dos principais executores do nazismo. Estudante de Teologia,

Aharon, nascido Wolfgang Schmidt, decide não se tornar padre católico por não se identificar com o catolicismo. Para ele, sua conversão está apenas parcialmente ligada ao Holocausto, e "o judaísmo se caracteriza por seu particularismo em certos aspectos, mas também por uma grande abertura de espírito. O fato é que os convertidos não apenas são aceitos: um convertido pode até se tornar rabino e servir como capelão e comandante nas forças de defesa israelenses!".[2] Dan Bar-On, professor de Psicologia na Universidade Ben-Gurion, de Israel, considera que esse tipo de conversão é uma tentativa de entrar para "a comunidade das vítimas, liberando-se assim do fardo de pertencer à dos criminosos". Seria essa uma maneira de fugir do passado, em vez de enfrentá-lo? Quando a pergunta é feita aos convertidos, as respostas divergem. Mas o caminho espiritual permitiu a alguns superarem sua história.

Diante da conjuração do silêncio na Alemanha do pós-guerra, a qual tentava se reconstruir, os descendentes de nazistas tiveram de fazer um trabalho considerável consigo mesmos para também se reconstruírem.

Militar de carreira da Força Aérea alemã, meu avô, do qual fui muito próxima e que vivia numa casa afastada na Floresta Negra, nunca aceitou evocar comigo esse período de sua história. E está longe de ser o único. A sombra silenciosa da guerra pairou sobre a Alemanha, e também sobre a França, por muitos anos. Paira ainda, mas as línguas se soltaram. Quando eu era criança, ainda estávamos sob o império do silêncio. Como meu avô, as gerações que se seguiram à guerra evitavam falar dela. Alguns acabaram aderindo a um mutismo total e nunca mais evocaram aquele período, por medo de comprometer a imagem que tinham de seus pais. Será que *realmente* desejariam saber quem eles *realmente* foram e qual tinha sido seu envolvimento nos anos sombrios da Alemanha? É duvidoso. As informações não foram transmitidas. Para escapar desse passado, aos 20 anos minha mãe alemã resolveu morar sozinha na França. Ela sempre quis ser francesa, e, quando comecei a trabalhar neste livro, não entendeu: "Por que esse assunto? Por que continuar a falar disso? Essas perguntas não devem ser feitas".

De minha tripla origem – alemã, francesa e russa –, a primeira teve uma influência especial sobre minha personalidade. A história da Alemanha sempre teve um peso em minha vida. "Será um fardo com o qual se vem ao mundo? Algo que está ali desde o começo e nunca deixa de estar? Nenhum russo representa o Gulag, nenhum francês, a Revolução Francesa ou a colonização: eles têm cada um sua história nacional", para retomar a formulação de Anne Weber.[3] Já a Alemanha é sempre identificada com o nazismo.

Meu interesse pelas pessoas que a sociedade marginaliza me levou a trabalhar na prisão e depois a me tornar advogada criminalista. Essa profissão me deu o rigor necessário, espero, para evocar fatos históricos e a percepção que deles puderam ter os filhos de nazistas retratados aqui. Através de seus exemplos, tento compreender as implicações do nosso passado num mundo onde tentamos desesperadamente ser sujeitos de nossas próprias vidas.

A verdade e a realidade são às vezes um fardo pesado. Alguns preferem respeitar os segredos de família, mesmo quando não foram iniciados neles por seus familiares. E é claro que nenhum desses dirigentes nazistas teve a coragem e a força de revelar a seus filhos as atrocidades que cometeu.

A maioria desses filhos não quis mudar de sobrenome, talvez justamente porque ele os assombra. Alguns, como o filho de Albert Speer e o de Martin Bormann, têm inclusive o mesmo nome, ou quase, que seus pais. Mathias Göring, sobrinho-neto de Herman Göring, afirma gostar de seu sobrenome, outros dizem que o nome que herdaram não tem importância. Para o filho de Eichmann, "fugir desse nome não teria resolvido nada: não podemos escapar do nosso passado".[4] Outros, como Gudrun Himmler e Edda Göring, orgulham-se do sobrenome e veneram seus pais.

"Mesmo quando aplicava medidas de extermínio, eu levava uma vida familiar normal [...] a vida familiar era uma coisa sagrada para mim. Estou ligado a ela por laços indissolúveis",[5] declara

Rudolf Höss, comandante do campo de extermínio de Auschwitz. A noção de divisão psíquica, a coexistência, no sujeito, de duas potencialidades contraditórias, é uma maneira de explicar como esses homens puderam massacrar milhões de pessoas e ter, paralelamente, uma vida normal. Como semelhantes monstros podiam beijar seus filhos antes de sair para matar ou mandar matar, sem um pingo de humanidade, homens, mulheres e crianças? Como imaginar Himmler beijando sua "Püppi", sua bonequinha, antes de ir à Kommandantur assinar a ordem de execução de crianças simplesmente por serem judias?

A opinião pública espera que sejam identificadas, nesses criminosos, patologias específicas, que explicariam a atrocidade de seus atos. Mas aqueles que se debruçaram sobre o assunto nunca conseguiram estabelecer uma personalidade própria aos executores. Durante o processo de Eichmann em Jerusalém, um dos psiquiatras encarregados de examiná-lo destaca que seu comportamento para com sua mulher e seus filhos, seu pai e sua mãe, seus irmãos, irmãs e amigos é "não apenas normal, mas excelente". Prefere-se acreditar que essas pessoas são monstros sanguinários, pois sua normalidade parece muito mais aterrorizante. "Os monstros existem, mas são pouco numerosos demais para serem verdadeiramente perigosos; os mais perigosos são os homens normais", constata Primo Levi.[6]

Em seu controverso livro *Eichmann em Jerusalém*, Hannah Arendt desenvolve a noção de "banalidade do mal" e evoca um funcionariozinho zeloso, tristemente comum, que não pensa e se mostra incapaz de distinguir o bem do mal. Não que ela o desculpe, mas enfatiza que o desumano habita cada um de nós, e que é preciso continuar a "pensar", nunca abdicar de nossa razão, sempre se questionar, para não mergulhar nessa banalidade do mal.

Os filhos cuja história é evocada neste livro conheceram apenas uma faceta da personalidade de seus pais. A outra só lhes foi revelada depois da derrota alemã. Durante a guerra, eram novos demais para entender ou mesmo perceber o que estava ocorrendo. Nascidos entre 1927 e 1944, mesmo os mais velhos tinham menos de 18 anos no final da guerra. A maioria conserva da infância a lembrança dos verdes pastos da Baviera. Vários deles viveram no "condomínio" ao redor da Berghof, a casa de montanha do *Führer*, no maciço de Obersalzberg, ao sul de Munique, perto da fronteira com a Áustria. Essa zona isolada, reservada ao *Führer*, estava a salvo das atrocidades da guerra. Mais tarde, e por muitos anos, o Terceiro Reich esteve simplesmente ausente dos programas das escolas alemãs.

Seus pais são monstros? "Por mais que se busque, não se descobre em Eichmann a mais ínfima profundeza diabólica ou demoníaca; o que não quer dizer, de modo algum, que isso seja normal",[7] escreve Hannah Arendt no livro citado. A acusação quis ver nele "o monstro mais anormal que o mundo já viu". Já Arendt considera que se tratava de um "funcionário insignificante", "pavorosamente normal".[8] "Mais normal, em todo caso, do que eu mesmo me sinto após tê-lo examinado",[9] afirmará um psiquiatra durante o processo, em 1961. "Nada estava mais afastado de seu espírito do que uma decisão como a de Ricardo III, de fazer o mal por princípio",[10] diz Arendt. Ele próprio declara ser um homem delicado, que não suporta ver sangue. Nem sequer se trata de um fanático, com ódio mortal pelos judeus, nem vítima de uma doutrinação qualquer.[11] O que lhe permitiu se tornar um dos maiores criminosos de sua época foi a pura ausência de pensamento, o que não é a mesma coisa que a estupidez.[12] Essa lacuna se traduz igualmente em sua incapacidade de se colocar no lugar dos outros – "Ele era praticamente incapaz de ver as coisas de um ponto de vista diferente do seu" – e nas falhas de sua memória. Eichmann não é capaz de saber ou de sentir que fez o mal. Perdeu toda consciência moral. "O que fez estava feito, e não pretendia negar [...] Mas não queria dizer com isso que se arrependia de algo", pois achava que "o remorso é coisa de criança pequena", indica Arendt. Para ela, só a inconsciência permite que alguém se torne um dos maiores criminosos da História. Eichmann não deixa, por isso, de ser culpado por renunciar a toda consciência moral.

Não obstante, todos esses homens preferiram se ver como seres morais. Heinrich Himmler, responsável pelo planejamento da Solução Final – o extermínio dos judeus com o uso das câmaras de gás –, estava convencido de ter sido um homem moral.[13] Harald Welzer enfatiza, em seu livro intitulado *Os executores*, que, durante o Terceiro Reich, matar se torna um ato socialmente legítimo. A moral assassina, própria do nacional-socialismo, permitia aos executantes permanecerem "corretos" ao matar. Por mais aberrante que isso possa parecer, o modelo normativo do Reich preconizava que era necessário matar em nome da sobrevivência da Alemanha, baseando-se no axioma de uma desigualdade absoluta entre os seres humanos.[14]

Os filhos cujos percursos evocamos aqui julgam os atos de seus pais num quadro normativo e moral que se deslocou novamente. Alguns justificam as ações paternas considerando que, no quadro normativo em que estavam inseridos, seus pais agiram de maneira legítima. Um dos filhos de Joachim von Ribbentrop, ministro das Relações Exteriores de Adolf Hitler, não hesita em dizer:

> Meu pai fez apenas aquilo que acreditava ser justo. Se nos encontrássemos nas mesmas circunstâncias, eu tomaria as mesmas decisões que ele. Era um dos conselheiros de Hitler, mas Hitler não se deixava guiar por ninguém. Meu pai só queria uma coisa: cumprir seu dever de alemão. Ele previu o imenso perigo que vinha do Leste. A História lhe deu razão.[15]

Como ele, Gudrun Himmler passará a vida toda considerando seu pai, Heinrich Himmler, inocente. E este provavelmente teria dito a mesma coisa no processo de Nuremberg se não tivesse se suicidado antes.

Gustave M. Gilbert, psicólogo norte-americano que estudou o caso dos grandes criminosos nazistas durante o processo de Nuremberg, destaca que o que distingue esses homens é a ausência de empatia em relação aos outros. E apontou que os carrascos costumam ter menos crises de depressão que as vítimas, pois estão convencidos de ser boas pessoas que não tiveram escolha.

Esse nem sempre é o caso de seus filhos quando se veem diante do passado. Quando ficam conhecendo a história familiar, a guerra já acabou, a heresia nazista foi aniquilada, e a legitimidade do "problema judaico" foi definitivamente contestada.

Frequentemente, tratam esse passado em função de sua própria infância. Alguns parecem ter tido sua necessidade de amor preenchida, especialmente os filhos e filhas únicas, como Gudrun Himmler (única filha legítima do dirigente), Edda Göring, filha do *Reichsmarschall* Hermann Göring, ou Irene Rosenberg, filha do teórico do Reich e ministro dos Territórios Russos Ocupados, Alfred Rosenberg. Todas as três, filhas paparicadas, permaneceram simpatizantes do nazismo, nunca tendo abdicado do culto a seus pais. Muitos descendentes consideram que sua própria história é menos difícil de carregar do que a dos filhos de outros dirigentes. Curiosa maneira de acreditar que essa herança seja quantificável.

Para melhor compreender a história de cada um desses filhos, recordaremos o lugar de cada pai no nacional-socialismo, a maneira como sua progenitura foi impregnada dos ideais daquele período e o papel da mãe em sua educação. Para entendê-los, é necessário ter uma ideia clara do que foi seu ambiente familiar durante a infância.

Faltam neste livro alguns descendentes de personagens centrais do Terceiro Reich. Será preciso recordar que os seis filhos de Joseph Goebbels, o ministro da Propaganda do Reich, foram assassinados pelos próprios pais no *bunker* do *Führer*?

Vale notar que a neta de Magda Goebbels – filha do filho que ela teve com seu primeiro marido, Günther Quandt – se converteu ao judaísmo aos 24 anos de idade. Seu primeiro marido, um homem de negócios judeu alemão, conheceu os campos de concentração.

Já Hitler não teve nenhum descendente: "Que problema se eu tivesse filhos! Acabariam por fazer de meu filho meu sucessor. E um homem como eu não tem a mínima chance de ter um filho capaz. É quase sempre assim nesses casos. Olhem o filho de Goethe, um incapaz!",[16] dizia ele.

Mais de setenta anos depois, continua difícil escrever sobre esse assunto. Ao longo de todo este trabalho, evitei julgar esses filhos. Eles não podem ser considerados responsáveis pelo que não cometeram, embora alguns deles não reneguem os atos dos pais. Seria essa uma forma de defesa do "eu" diante de um passado insuportável?

Gudrun Himmler é a perfeita ilustração disso.

GUDRUN HIMMLER

A "Püppi" do nazismo

Desde 1958, um vilarejo de montanha na floresta da Boêmia, na Áustria, acolhe, a cada ano, nostálgicos do Terceiro Reich vindos de toda a Europa. No ambiente campestre de um antigo lugar sagrado celta, homens de certa idade, usando suas melhores roupas, encontram a cada outono seus antigos camaradas. Jovens neonazistas se misturam à reunião para encontrar os veteranos. Nessa pequena assembleia composta de antigos nazistas e de personalidades próximas da extrema-direita, todos concordam que os Waffen SS não fizeram mais que seu dever de cidadãos. Seu espírito de sacrifício é louvado, e alguns chegam a considerá-los vítimas.

Numa pousada local, por trás das cortinas fechadas, um homem profere discursos à glória da grande Alemanha. Gosta de eletrizar seus ouvintes, como fazia seu grande mestre. Adoraria recriar o mesmo ambiente e o mesmo entusiasmo que Hitler suscitava com seus discursos nas cervejarias de Munique. Décadas se passaram, mas os ideais da assembleia permanecem intactos. Alguns ostentam orgulhosamente suas condecorações militares da Segunda Guerra, a Cruz de Ferro ou a Cruz de Cavaleiro da Cruz de Ferro, sempre com a suástica no centro da insígnia. Evocam com empolgação o tempo da superioridade do povo alemão, da comunidade nacional que exigia o completo sacrifício próprio, uma fidelidade absoluta e o abandono de qualquer sentimento humanitário para com os "inimigos internos".[1] Essa comunidade de conjurados continua aderindo à busca de grandeza, à divisa da SS: "Nossa honra se chama fidelidade".

A convidada de honra não se mistura. Permanece um pouco afastada, prefere receber em pequenos grupos, cercada por sua corte. Só alguns privilegiados são convidados a desfilar diante dela. Com o rosto fechado, roído pelo tempo e pelo amargor, ela nada perdeu de sua vitalidade. Um coque reúne seus finos cabelos brancos acima da nuca, e, no peito, ostenta orgulhosamente um broche de prata: quatro cabeças de cavalo dispostas em círculo formando uma suástica.

Seus óculos escondem olhinhos azuis que intimidam seus interlocutores. Ela é idolatrada por ser uma herdeira de primeira linha da grande Alemanha: a "princesa do nazismo", Gudrun Himmler.

A "princesa" adora ver seus fiéis desfilarem, perguntando-lhes, em tom inquisitivo: "Onde o senhor estava durante a guerra?", "Em que unidade serviu?". Seu pai lhe ensinou a logística militar, e ela soube observar quando ele a levava junto em suas inspeções. É o desfile dos ex-combatentes, orgulhosos de serem apresentados à filha do braço direito de Hitler. Proclamando sua identidade e sua patente, têm o sentimento de reviver o tempo em que gozavam de autoridade sobre o mundo. Por um instante, recuperam um pouco da altivez perdida, eles que são diariamente obrigados a calar seu passado.

"Quinta divisão blindada SS Viking",[2] responde, intimidado, o homem que acaba de entrar no pequeno salão. Ela continua o interrogatório: "Voluntário nas Waffen SS dinamarquesas?". "Sim, senhora", responde o ex-combatente de 78 anos. Trata-se de Vagner Kristensen, nascido em 1927 na ilha de Fyn, na Dinamarca. Por que tamanha deferência, tamanho temor diante dessa pequena mulher? Durante todos os anos vividos na sombra de seu pai, presente ou ausente, terá ela adotado suas atitudes, seu tom de voz? Ser uma filha digna de seu pai, reabilitá-lo, esse foi o objetivo de sua vida. Heinrich

Himmler só tinha olhos para ela, sua única filha legítima, e ela faz jus a essa afeição.

Nesse dia, Gudrun Himmler recebe também o dinamarquês Sören Kam, SS n. 456059, implicado no assassinato de um jornalista antinazista em 1943 e nunca condenado. Refugiado na Alemanha, viveu o resto de sua vida na Baviera, sem ser incomodado. Seu nome figura na lista dos criminosos nazistas mais procurados, porém continua livre. Seu pai ficaria tão orgulhoso dela, de sua segurança diante desses homens, ele que passou a vida tentando vencer seu complexo de inferioridade e suas dificuldades de relacionamento.

Quando jovem, Gudrun forçava a mãe a esconder do pai seu mau comportamento ou seus deslizes, tamanho era o medo que tinha de decepcioná-lo. Tem certeza da inocência dele, de que não cometeu os crimes que lhe censuram, e considera sua condenação uma injustiça total. Por muito tempo, desejou escrever um livro que o reabilitasse – não que o "defendesse", o que equivaleria a reconhecer sua culpa. Acredita que um dia evocarão o nome de Himmler "como se diz hoje Napoleão, Wellington ou Moltke".[3]

Mas a História o condenou definitivamente.

Nas tardes de quarta-feira, seu pai às vezes a levava consigo para fazer inspeções, especialmente em Dachau, o primeiro campo de concentração da Alemanha, aberto em março de 1933, a alguns quilômetros de Munique, concebido por ele. "Os que têm um triângulo vermelho são prisioneiros. Os que têm um preto são criminosos", o pai lhe explicava. Para a menina, todos pareciam prisioneiros: mal vestidos, mal barbeados. Prefere visitar a horta e a estufa. "Meu pai me explicou a importância das plantas que eram cultivadas ali e me deixou arrancar algumas folhas", recorda ela. Ela tem 12 anos na época dessa visita macabra; a horta a faz lembrar de sua tenra infância na fazenda, onde gostava de ajudar sua mãe no jardim. Uma foto imortaliza essa visita a Dachau: uma menina loira, usando um sobretudo preto, sorri. Parece feliz, de pé, encostada numa placa que indica o ponto de encontro dos prisioneiros, rodeada por seu pai, por Reinhard Heydrich, futuro diretor da Gestapo, e por Karl Wolff, assistente de Himmler.

Gudrun acompanha a ascensão do pai com admiração. Em agosto de 1943, escreve em seu diário: "Papaizinho ministro do Interior do Reich, estou louca de alegria". Um papai "tão prestigioso".[4] Numa carta datada de julho de 1942, no momento em que se dirige ao campo de extermínio de Auschwitz para supervisionar a instalação da Solução Final pela utilização em grande escala do gás Zyklon B, Himmler escreve à sua mulher, com toda a tranquilidade: "Estou indo para Auschwitz, beijos, teu Heini". Em suas cartas, nunca fornece detalhes sobre seus deslocamentos e atividades. Nem uma palavra sobre o extermínio da população judia. Contenta-se em dizer que tem muito trabalho e pesadas tarefas a executar. O mesmo homem justificará suas atrocidades sem perder o sangue frio: "Não me senti no direito, no que concerne às mulheres e crianças judias, de deixar crescer nessas crianças os vingadores que matariam a seguir nossos filhos e netos. Teria considerado isso covarde. Por conseguinte, a questão foi resolvida sem concessões".[5]

Mas a História não é a história da filha do *Reichsführer-SS* Heinrich Himmler, mestre inconteste e fanático do aparato repressivo do Terceiro Reich. Quando menino, seus colegas diziam que ele não seria capaz de fazer mal a uma mosca.[6] Adulto, torna-se o homem-chave da Gestapo e da SS, no centro da instauração do sistema concentracionário e do extermínio dos judeus da Europa.

Em 1927, no trem que o leva de Munique a Berchtesgaden, perto da fronteira austríaca, Heinrich Himmler encontra a mãe de Gudrun, Margarete Siegroth (nascida Boden), uma enfermeira divorciada. Ele tem 27 anos, é mirrado, míope e sem queixo, não correspondendo em nada ao ideal ariano. Heinrich é complexado por sua aparência física. Sua natureza fraca e seu estômago frágil o impedem de praticar esportes e de beber muito. Soldado frustrado, cultiva um amor desmedido pela disciplina e pelo uniforme, que lhe dá algum porte. Conta-se que teve poucas aventuras com mulheres quando jovem, e é fato que chegou a proclamar as vantagens da abstinência sexual.[7] Mais tarde, lamentará não ter tido mais relações sexuais na juventude. Sua primeira relação sexual teria sido aos 28 anos. Margarete, apelidada de "Marga", é alta, loira e de olhos azuis. É protestante e corresponde ao ideal da mulher ariana. Para seduzi-la, Heinrich Himmler lhe empresta livros sobre os franco-maçons e sobre a "conjuração judaica mundial". Numa Alemanha acuada pela crise, em busca de um "salvador" e de bodes expiatórios, Marga não escapa do antissemitismo ambiente. "Um judeu continua sendo um judeu", diz de seu sócio quando, após seu encontro com Himmler, decide vender sua parte da clínica em que trabalha.[8]

O tímido Himmler lhe escreve cartas românticas, assinando-as por vezes "Teu lansquenê", nome dado a antigos guerreiros alemães, solitários e heroicos, mas também extremamente brutais. "Temos de ser felizes", ela lhe responde. Mas a união parece feita mais de afeição do que de amor. Sete anos mais velha, Marga nunca será aceita pela família de Himmler. Eles são católicos, e a mãe de Heinrich é muito devota. Ora, Marga é divorciada, protestante, prussiana e, ainda por cima, ansiosa, sente-se pouco à vontade em sociedade. Será que uma mulher assim não vai comprometer a reputação da família? – perguntam-se os Himmler. Depois de se casarem em Berlin-Schöneberg, no dia 3 de julho de 1928, na ausência de toda a família Himmler, Gudrun, uma menina de olhos azuis, com 3,625 quilos e 54 centímetros, nasce no dia 8 de agosto de 1929. Ela será a única filha legítima de Himmler, sua "Püppi", sua bonequinha.

O nome de Gudrun seria uma referência ao livro que ele leu e adorou em sua juventude, *A saga de Gudrun*? Um elogio da virtude da mulher nórdica, pela qual o homem está disposto a morrer. Como Marga não pode lhe dar outros filhos, o casal adota também um menino, filho de um soldado SS morto. Mas o garoto não encontra amor no seio daquela família. Marga o descreve em seu diário como uma "natureza criminosa", um mentiroso e mesmo um ladrão.[9] Ele acabará sendo enviado para um internato e, depois, a uma *Napola*, estabelecimento destinado a formar a elite do Reich. Já Gudrun desempenha com perfeição seu papel de menina-modelo. A mãe não se cansa de repetir em seu diário o quanto ela é "amável" e "gentil": "*Püppi ist liebe u. nett*". Depois esclarece, a respeito da germanização da Polônia: "Li para *Püppi* e lhe expliquei o que isso significa: um comboio e o retorno à pátria. Um ato inaudito. Ainda falarão disso daqui a mil anos".[10]

Tendo estudado Agronomia na Universidade de Munique, Himmler, em 1928, investe o dote de sua esposa numa criação de galinhas em Waldtrudering, um subúrbio de Munique. O casal sonha com agricultura, e Himmler fala em viver na fazenda com a mulher e a filha. Na realidade, Margarete passa a maior parte do tempo sozinha com Gudrun e a árdua tarefa de gerir toda uma criação de galinhas. Mas as aves botam pouco, os pintinhos morrem, e a falência logo se mostra iminente. Margarete fica cada vez mais deprimida, queixando-se das ausências repetidas de Himmler, as quais em breve se tornarão quase permanentes. Quanto mais Heinrich se afasta, mais Marga se torna nervosa e agressiva. Em 1933, falida a granja, os Himmler se mudam para o centro de Munique. Aquele que foi por muito tempo considerado pelos altos dirigentes do partido "um bom homenzinho" que tinha "um bom coração, mas provavelmente inconsistente" se torna, de fato, chefe da polícia política e, a seguir, oficialmente chefe da polícia alemã no Ministério do Interior, no comando do aparato policial do Reich, em junho de 1936. O *Reichsführer-SS* Himmler, esse grande inquisidor frio e calculista, de quem Albert Speer dirá que era "uma mistura de diretor de escola e de maluco com ideias extravagantes",[11] pode finalmente superar seus complexos desenvolvendo a obsessão pela pureza racial.

Depois de uma breve passagem por Munique, os Himmler vão viver, por volta de 1936-1937, à beira do Tegernsee, na Alta Baviera.

Em 1934, Himmler compra uma casa em Gmund. Mas ele acumula cada vez mais responsabilidades dentro do partido e deixa sua mulher de lado. Passa a ter uma vida sexual mais ativa e a se interessar pelos diferentes aspectos da sexualidade na sociedade. Entende que Marga não é culpada por não poder lhe dar outros filhos, mas resolve não se resignar à situação. Para ele, a monogamia é uma "obra de Satã"[12] inventada pela Igreja católica, e é preciso aboli-la. Baseia seu discurso na pré-história germânica. O germano livre, de raça nobre, podia se casar duas vezes para ter mais filhos.[13] Por isso, Himmler oferece a seus oficiais que têm problemas conjugais a possibilidade de se divorciar ou de viver fora do casamento com uma segunda mulher. Segundo ele, um homem normal não pode se contentar com uma única esposa ao longo de toda a vida. Só a bigamia obriga cada uma delas a se superar. Para alguns chefes SS, a bigamia ou a poligamia é também um meio de manter a taxa de natalidade, que tende a cair em tempos de guerra. Assim, antes mesmo de se casar com a mulher que lhe dará seis filhos, Joseph Goebbels, ministro da Propaganda do Reich, sela um pacto segundo o qual poderá continuar a ter relações extraconjugais. No mesmo espírito, a mulher de Martin Bormann, chefe da chancelaria do partido e conselheiro de Hitler, teve dez filhos antes de elaborar um sistema de vida "pela causa", recebendo em sua casa as amantes do marido. Sua meta: "Reunir todas as crianças na casa do lago e viver juntos". Os Bormann estão convencidos da necessidade de uma lei que permita aos "homens saudáveis e de grande valor ter duas mulheres [...] Há tantas mulheres de valor condenadas a não ter filhos [...] Precisamos dos filhos dessas mulheres também!".[14] Bormann deseja banir o termo "ilegítimo" e proibir a expressão "ter um caso", que traz uma conotação pejorativa. A fim de combater a baixa da natalidade, Heinrich Himmler pretende legalizar os nascimentos fora do casamento e mesmo favorecê-los. Assim são criados os *Lebensborn*, centros de procriação para mulheres arianas, o primeiro dos quais abriu suas portas em 1936. Eles acolhem mães solteiras e permitem manter o nascimento em segredo. Além disso, para evitar a homossexualidade, Himmler recomenda a organização de encontros entre adolescentes. Em seu discurso sobre a homossexualidade pronunciado em Bad Tölz em 18 de fevereiro de 1937, declara: "Considero necessário velar para que os jovens de 15 a 16 anos encontrem moças num curso de dança, em festas ou ocasiões diversas. É aos 15 ou 16 anos (um fato provado pela experiência) que o rapaz se encontra em equilíbrio instável. Se ele tem um flerte de curso de dança ou um amor de juventude, está salvo, afasta-se do perigo". Estamos longe do Himmler que, em sua própria juventude, pregava a abstinência.

Em 1940, Himmler se separa de Marga, mas, por respeito à mãe de sua filha, resolve não se divorciar. Esforça-se em seguida para permanecer próximo de Gudrun, que ele adora mais do que tudo. Apesar de sua crescente implicação política e de seus numerosos deslocamentos, faz questão de continuar sendo um bom pai e um marido digno. Em diversas fotos de sua infância, "Püppi", ao lado de seu "papai viajante", como gosta de chamá-lo, é uma perfeita alemãzinha de rosto angelical: loira, com trajes bávaros, cabelos trançados e às vezes um rabo de cavalo. O pai a mantém informada de seu cotidiano, envia fotografias e passa o máximo de tempo possível com ela. A leitura da agenda de Himmler revela comunicações telefônicas quase diárias com a esposa e a filha. Ele registra tudo, sua caderneta está cheia de anotações surpreendentes, tais como: "brinquei com as crianças" ou "conversa com Püppi".[15] As notas ruins de "Püppi" o deixam irritadíssimo. Obediência, higiene e bom desempenho escolar ocupam um lugar central na educação das crianças. Ele próprio, quando criança, não obedecia cegamente aos adultos? E sempre foi um bom aluno. Marga, por sua vez, registra num caderninho dedicado à filha, desde a mais tenra idade, os mais diversos fatos relativos a seu bom comportamento, à sua higiene precoce, ou, ao contrário, às dificuldades que encontra em fazê-la obedecer. Quando Himmler vem visitá-la, leva a filha para caçar, e eles passeiam juntos na floresta. Ela adora colher flores e musgo.

O *Führer* desempenha um papel central na infância de Gudrun. Em 1935, dois anos após Hitler assumir a liderança do país, numa noite em que não consegue dormir, a menina pergunta, angustiada, para sua mãe: "O tio Hitler também vai morrer?". Quando sua mãe a tranquiliza, garantindo que o *Führer* viverá ao menos cem anos, Gudrun responde aliviada: "Não, mamãe, eu sei, ele vai viver duzentos anos". Os Himmler ficam felizes e lisonjeados com a atenção que o *Führer* dá à filha deles. Em seu diário, Marga anota no dia 3 de maio de 1938: "O *Führer* veio. Püppi estava muito excitada. Foi maravilhoso estar à mesa com ele, em *petit comité*".[16]

A cada ano novo, Gudrun encontra o *Führer*, que a presenteia com uma boneca ou com uma caixa de bombons.

A partir do fim de 1938, Himmler tem um caso com uma de suas secretárias, Hedwig Potthast, que começou a trabalhar para ele em 1936. Decide então contar a Marga, para o caso de nascerem filhos dessa relação. Em conformidade com sua política de promoção dos nascimentos ilegítimos – que ele defende publicamente em 1940 –, nascem de fato dois filhos: um menino chamado Helge (1942) e uma menina, Nanette Dorothea (1944). O menino, cujo nome germânico significa "o santo de raça pura", não tem nada do digno descendente que Himmler desejava.[17] Portador de uma doença de pele, tem uma saúde frágil e uma timidez doentia.

Em 1942, Himmler instala sua segunda família numa espaçosa residência em Schönau, a casa "Schneewinkellehen", perto de Berchtesgaden, o feudo do *Führer*. Hedwig Potthast e seus dois filhos ficarão ali até a ocupação aliada. Hedwig aceita viver à sombra de Himmler, na esperança de que possam finalmente se unir depois da guerra. Para os Aliados, Hedwig é um "estereótipo da mulher nazista". Seu caráter é muito diferente do de Marga. É alegre, amável e se dá bem com todo o círculo de relações de Himmler. Quando Marga fica sabendo do caso, anota com amargor em seu diário: "Isso só vem à mente dos homens quando se tornam ricos e célebres. Senão, cabe às mulheres que estão envelhecendo aguentá-los e ajudá-los a se alimentar".[18] Em compensação, na correspondência que mantém com seu marido, não se encontra nenhum vestígio dessa amante e dos seus filhos.

Gudrun fica bastante sem os pais. Na ausência deles, é a irmã de sua mãe, Lydia Boden, quem cuida dela. A partir de 1939, Marga, que quer ser útil, retoma suas atividades de enfermeira, sobretudo junto à Cruz Vermelha, em Berlim. Às vezes vai para os territórios ocupados, como a Polônia, em 1940, onde não hesita em anotar comentários do tipo: "Esse bando de judeus, os polacos, a maioria não tem nenhuma semelhança com seres humanos, além dessa sujeira indescritível. Pôr ordem aí é uma tarefa fora do comum". Ou: "Esse povo polonês não morre tão facilmente das doenças contagiosas, eles estão emunizados [*sic!*]. Difícil entender".[19]

Já Gudrun quase não sai de Gmund. Em seu depoimento em Nuremberg, no dia 22 de setembro de 1945, ela explica que "durante a guerra nunca nos deslocávamos. Durante cinco anos, vivemos nessa casa, e eu fui à escola, foi tudo o que fiz". Himmler, de fato, não aceitou que Gudrun se mudasse para Berlim com a mãe. Temia os bombardeios, que se intensificavam. "Püppi" vive na expectativa permanente da volta dos pais, especialmente das visitas breves e esporádicas de Heinrich. Sofre com frequência de dores de barriga, é uma menininha nervosa cujas notas na escola só fazem baixar.[20] Mas acompanha com interesse a evolução do conflito. Teme pelo pai. Em seu diário, Marga anota que Gudrun ouve muitas coisas que não deveria saber.[21] Já Himmler deseja que a mãe lhe explique a situação, ainda que a menina não esteja na idade de compreender tudo.[22] No domingo, 22 de junho de 1941, dia em que Hitler dá início à

Operação Barbarossa, abrindo um *front* no Leste, Gudrun, então com 12 anos, escreve ao pai: "É assustador que façamos guerra à Rússia. Afinal, eram nossos aliados. A Rússia é tãããooo grande! Se tomarmos toda a Rússia, o combate será muito difícil".[23]

Gudrun deve ter ouvido falar sobre o delírio nazista de um espaço germânico que fosse até o monte Ural, partilhado entre os homens do Reich. Em 1º de novembro de 1943, anota em seu diário:

> Meus pais compraram um grande pedaço de jardim suplementar. Atrás da estufa, sobe até atrás da floresta. [...] Os detentos transferiram a cerca que fica no jardim atual. Quando a paz chegar, certamente teremos uma propriedade no Leste. A propriedade nos traria mais dinheiro, e isso permitiria reformar a casa de Gmund, para que os corredores tenham mais luz e os quartos sejam maiores. É verdade que a casa de Lindenfycht me pertencerá mais tarde. Em tempos de paz, nos instalaremos também no Ministério do Interior. Talvez tenhamos ainda uma casa em Obersalzberg. Sim, uma vez que a paz chegue, mas isso ainda vai demorar muito tempo, muito, muito tempo (dois, três anos).[24]

Em julho de 1944, Gudrun toma consciência da derrota. Ouvindo falar do desembarque na Normandia e sabendo que os russos estavam chegando à fronteira da Alemanha, ela ainda tenta se convencer: "Mas todos acreditam tão piamente na vitória (papai) que, como filha desse homem hoje particularmente prestigioso e apreciado, sou forçada a acreditar também – e acredito. Seria totalmente impensável que perdêssemos". Nesse mesmo mês, Himmler manda os detentos do "Kommando externo Gmund" de Dachau[25] construírem um abrigo antiaéreo no jardim de sua casa.

Gudrun tem poucos amigos com quem brincar. Sua mãe não se entende nem com a família do marido nem com a própria família, exceto sua irmã. Gudrun sofre por viver isolada com uma mãe cada vez mais irritadiça. Quando seus primos, os filhos de Gebhard Himmler, irmão mais velho de Heinrich, vêm morar na mesma casa que eles em

Gmund, o conflito entre sua mãe e sua tia interfere em suas relações. Gudrun percebe então que a mãe não suporta praticamente ninguém perto de si. Durante a guerra e a derrocada, e depois, até a morte de Himmler, em 1945, Gudrun não vê o pai mais que vinte vezes.[26] As estadias de Himmler em casa são breves, três a quatro dias no máximo. Ela tem de se contentar com telefonemas e com as cartas que ele lhe envia regularmente, acompanhadas de fotos suas com dedicatórias a ela. Ele manda também pacotes com roupas e alimentos, como chocolate, queijo e outras guloseimas. Um dia, Gudrun recebe 150 tulipas holandesas. Mesmo no fim da guerra, quando os víveres se tornam quase impossíveis de achar, Himmler consegue enviar mantimentos. No dia 5 de março de 1945, Gudrun escreve em seu diário:

> Não temos mais aliados na Europa, dependemos apenas de nós mesmos. E entre nós há tanta traição. [...] O clima geral está péssimo. [...] A Luftwaffe continua uma droga. Göring, esse fanfarrão, não faz nada. Goebbels faz muita coisa, mas está sempre querendo aparecer. Todos recebem medalhas e condecorações, menos meu pai, que devia ser o primeiro a recebê-las. O povo todo olha para ele. Mas ele se mantém sempre nos bastidores, nunca vai para a frente do palco.[27]

Gudrun vê o pai pela última vez em Gmund, em novembro de 1944, quando ele vai passar dois dias com ela. Ouve-o ao telefone pela última vez no fim de março de 1945 e recebe uma última carta dele em abril.[28] As conversas entre seu pai e sua mãe tratam do cotidiano ou do estado de saúde frágil de Heinrich, que sofre há muitos anos de dores recorrentes de estômago. "Quando o vi pela última vez, ele me disse que esperava estar de volta no Natal, mas que não podia dar certeza",[29] declara a menina aos Aliados. Naquele mês de abril de 1945, Margarete e a filha têm de deixar Gmund em direção ao Sul, pois as tropas norte-americanas estão se aproximando... O abrigo que Himmler mandou construir no jardim da casa não é mais suficiente.

No dia 13 de maio de 1945, aos 15 anos de idade, Gudrun é detida, com a mãe, em Wolkenstein, perto de Bolzano, no sul do Tirol. Quando foi preso, em sua luxuosa casa em Bolzano, o general Karl Wolff, *Obergruppenführer-SS*, ex-comandante do Estado Maior de Himmler, fez a seguinte proposta aos Aliados: "Deixem-me voltar para a Alemanha, e eu lhes direi onde a mulher e a filha de Himmler estão escondidas".[30] Uma vez detidas, as duas são conduzidas a uma mansão pertencente a um ex-produtor de filmes, onde ficam reclusas com outras prisioneiras. Depois disso, passam dois dias em Bolzano, são transportadas para Verona e – sempre sob escolta, para protegê-las de uma eventual agressão por parte da população ou dos resistentes – vão de avião para Florença. Um guarda do centro inglês de interrogatórios em Florença diz a Gudrun e à mãe: "Se disserem que se chamam Himmler vão ser estraçalhadas". Os interrogatórios começam. Margarete passa a impressão de ter sido mantida afastada das atividades do marido. Segundo um oficial britânico, ela se fecha numa "mentalidade burguesa provinciana". Gudrun também desconhece as atividades do pai. Fica sabendo da História pelos Aliados e pela imprensa estrangeira, depois de presa.

Em seguida, são levadas a Roma, mais precisamente ao Cinecittà, templo do cinema italiano, onde fora criado um centro de informação do Intelligence Service. A esposa e a filha de Himmler são as únicas mulheres prisioneiras, e os Aliados improvisam uma cela para elas em meio ao cenário de um filme de propaganda fascista! Quatro semanas após sua chegada, Gudrun inicia uma greve de fome para protestar contra a má qualidade da comida. Logo, fica muito fraca e contrai uma forte febre. O comandante dos serviços ingleses, um tal de "Bridge", pede para o intérprete de Hitler e Mussolini intervir a fim de convencê-la a comer, mas Gudrun vence a queda de braço: mãe e filha passam a receber a mesma comida que os oficiais. Seguem-se as prisões de Milão, Paris, Versalhes e, finalmente, Nuremberg. "De agora em diante, quero ser chamada de Himmler. Chega de nomes falsos, chega de dissimulação", declara Gudrun. Sua presença no processo de Nuremberg, em 1946, é inútil: ela não sabe nada. Quando lhe perguntam se falava sobre a guerra com o pai, responde: "Com meu pai, nunca falava da guerra ou de coisas assim".[31]

Gudrun ainda não sabe o que acontecera com seu pai. Como Margarete tinha declarado sofrer do coração, os oficiais responsáveis acharam preferível não informá-la do suicídio do marido, em 23 de maio de 1945. Capturado dois dias antes, após ter sido examinado e revistado, ele declarou "Meu nome é Heinrich Himmler" e engoliu a cápsula de cianureto que tinha guardado na boca. Apesar da intervenção imediata dos ingleses e de uma lavagem estomacal, estava morto doze minutos depois.

No dia 13 de julho de 1945, numa entrevista à jornalista Ann Stringer, da United Press, Margarete afirma que tinha, sim, conhecimento das atividades do marido como chefe da Gestapo; declara-se orgulhosa dele e afirma que "na Alemanha não fariam esse tipo de pergunta a uma mulher". E quanto ao ódio do mundo inteiro pelo chefe SS? "Ninguém gosta de policiais." Quando Ann Stringer a interroga sobre a captura de Himmler pelas tropas britânicas e seu suicídio, ela não manifesta nem emoção nem surpresa. Limita-se a cruzar os braços e a dar de ombros. A jornalista afirma nunca ter se confrontado com alguém tão frio.

> Disse-lhe então que Himmler estava enterrado numa vala comum – conta Ann Stringer. Frau Himmler não demonstrou surpresa nem interesse. Revelou um controle total e glacial dos sentimentos humanos, nunca vi nada igual [...]. Depois perguntei se estava ciente do que o mundo pensava dele. Ela respondeu: "O que sei é que antes da guerra muitas pessoas o tinham em alta conta".

Marga fica surpresa ao saber que seu marido é considerado o criminoso n. 1: "Meu marido? Como assim? Hitler é que era o *Führer*!". Finalmente, quando Stringer evoca a condenação à morte de milhões de inocentes, com recurso a privações, tortura e câmaras de gás, e lhe pergunta se também se orgulha disso, ela declara: "Talvez sim, talvez não, depende". Essa mulher não desperta nenhuma simpatia![32]

Durante seu interrogatório em Nuremberg, no dia 26 de setembro de 1945, Marga Himmler confirma que, como muitos dirigentes nazistas, devido à sua posição hierárquica, Heinrich sempre levava consigo uma cápsula de veneno. Confirma também que conversava sobre a guerra com o marido, mas nega que tivesse conhecimento dos campos de concentração e extermínio. "Nunca soube disso. Acabo de ser informada." Quando o coronel norte-americano Amen, encarregado dos interrogatórios em Nuremberg, pergunta-lhe: "Por que nunca o interrogou a esse respeito?", ela responde: "Não sei". Mas quando lhe perguntam: "Você sabia que ele era responsável pela instalação de campos em diferentes lugares, não é mesmo?", declara: "Sim, sabia que existiam alguns, mas não sei quem foi que me disse. Não lembro, talvez tenha sido ele, eu sabia que estavam sendo construídos". Depois de ter inicialmente negado, Marga acaba admitindo que sabia que seu marido era responsável pelos campos e reconhece inclusive ter visitado o campo de mulheres de Ravensbrück. Insiste, porém, em dizer que ignorava o que acontecia nesses campos e que só ficou sabendo em 1945, através da imprensa.[33]

É só em 20 de agosto de 1945, por ocasião de uma entrevista concedida por sua mãe a um jornalista norte-americano, que Gudrun fica sabendo do suicídio do pai.[34] O choque é tão grande que a menina fica doente. Acometida por uma forte febre, ela delira em sua cama de campanha por quase três semanas. Está convencida de que o pai foi assassinado pelos Aliados. Não acredita que ele tenha se matado. O comandante inglês responsável por ela só pensa numa coisa: se livrar o quanto antes dessa criança incômoda. Ninguém quer saber de uma "Himmler", ela não tem nenhuma utilidade para os Aliados e sua proteção é trabalhosa. Única solução: mudar seu nome. Ela passará a se chamar "Schmidt", mas não por muito tempo.

Até novembro de 1946, no âmbito dos processos de desnazificação, a esposa e a filha de Himmler ficam detidas no campo 77 para mulheres de Ludwigsburg. Quando o comandante do campo as liberta, Margarete se recusa a partir, pois está sem dinheiro, teme ser linchada e não tem para onde ir. Elas acabam sendo recolhidas pela Casa Damasco, convento-hospício protestante do pastor Bodelschwingh, onde são registradas como "fracas de espírito". As religiosas tentam se aproximar de Gudrun, mas ela se mantém distante da comunidade e martela incessantemente: "Quero permanecer como meu pai", isto é, católica. Himmler, de fato, quando jovem foi um católico fervoroso. Depois se afastou da Igreja, mas continuou a rezar à noite com a filha. Uma menina que as religiosas nunca veem chorar ou rir. Gudrun e Marga deixam o convento em 1952.

Que consciência temos do que nos rodeia aos 20 anos? Sem recuo nem reserva, Gudrun adora esse pai amoroso que esteve convencido, ele próprio, até o final, de ser alguém "moral". Só mesmo a concepção peculiar ao nazismo, que repousa sobre a ideia central de uma desigualdade absoluta entre os seres humanos, permitiu a esses homens se considerarem morais a despeito da moral universal. Mas quando descobre as atrocidades do pai, Gudrun já não pode se prevalecer da moral particular do Terceiro Reich.

Em 1947, quando Gudrun tenta entrar numa escola de artes aplicadas, o diretor recusa imediatamente seu pedido de inscrição ao ver seu sobrenome. Diante da pergunta relativa ao trabalho de seu pai, ela responde com altivez: "Meu pai era o *Reichsführer-SS*".[35] Mesmo assim consegue se inscrever no semestre seguinte, graças à intervenção do chefe do Partido Social-Democrata de Bielefeld, que considera que a família não deve ser punida: "Nossa jovem democracia não faz as crianças pagarem pelas culpas de seus pais".[36] Recebe então uma formação de costureira e se torna aprendiz no ateliê de uma modista.

Nos anos 1950, sai da casa da mãe e vai viver em Munique, onde tenta encontrar um trabalho. Tem então 21 anos. Quando toma conhecimento da existência de seu meio-irmão e de sua meio-irmã, busca fazer contato com eles, sem sucesso. A amante de Himmler, Hedwig Potthast, impede-a.

Pouco se sabe sobre a vida de Hedwig depois da guerra. Nos anos 1950, ela deixou a Baviera e foi morar na Floresta Negra, num vilarejo perto de Baden-Baden. Ali viveu perto de uma de suas amigas, Sigurd Peiper, ex-secretária do Estado Maior pessoal de Himmler, cujo marido foi preso por crimes de guerra. Depois, Hedwig se casou e mudou de sobrenome. De seus filhos não se sabe quase nada. Viveram num perfeito anonimato. Sabe-se apenas que, em razão de seus problemas de saúde, Helge morou sempre com a mãe, e que sua irmã se tornou médica. Hedwig Potthast morreu em Baden-Baden em 1994.

Cada vez que Gudrun pronuncia seu sobrenome, "Himmler", a reação não se faz esperar: ela é posta na rua, do trabalho ou da casa que aluga. Acontece que ela deseja manter o sobrenome do pai, mas seus colegas e os clientes dos estabelecimentos onde trabalha se recusam a estar em contato ou a ser atendidos por uma "Himmler".

Em 1955, vai para Londres e participa de uma festa organizada por Oswald Mosley, com a presença de Adolf von Ribbentrop, filho do ministro das Relações Exteriores de Hitler. Ao voltar, vem contando, toda orgulhosa, que encontrou muitos fascistas. Publicidade que a faz ser despedida imediatamente da pousada onde trabalha, à beira do Tegernsee. Um cliente fica sabendo que a moça da recepção era a filha de Heinrich Himmler e protesta: "Como posso suportar a presença dessa moça quando minha esposa foi queimada num forno em Auschwitz?".[37]

Seu pequeno apartamento na Georgenstrasse, na periferia de Munique, é um verdadeiro museu à glória do pai. Quadros, bibelôs, condecorações, bustos, fotografias... Gudrun vive cercada por objetos que coleciona desde a mais tenra infância. Mas também pesquisados em toda a Europa, ajudada às vezes por (ex-)nazistas que conservaram relíquias. Tendo obtido um emprego de secretária, leva uma vida simples, dedicada ao pai amoroso, cuja participação ativa numa das piores atrocidades da História não podia imaginar. Nunca cessou de defendê-lo, incapaz de aceitar que o objeto de seu amor filial fosse o monstro SS, o fanático tacanho, organizador e executor da Solução Final. Está intimamente convencida de que um dia novos elementos virão inocentá-lo. As provas irrefutáveis que lhe apresentam não bastam. A ligação íntima que manteve com ele explica tamanha cegueira? É difícil chegar a uma conclusão a esse respeito, já que ela sempre se recusou a se expressar a respeito. Em toda a sua vida, concedeu uma única entrevista, em 1959, ao jornalista Norbert Lebert.

Anos depois, Stephan Lebert, filho de Norbert, utilizará as entrevistas do pai em seu livro *Tu carregas meu nome*. Stephan afirma que pessoas como Gudrun, que dedicam um culto à glória passada do pai, extraem disso uma espécie de conforto. Não conseguem admitir o fardo pesado que seus laços de família constituem. Gudrun conheceu de Himmler apenas o lado "bom pai de família"; o outro aspecto de sua personalidade só lhe foi contado pelos livros e pela imprensa. A negação das informações exteriores à própria experiência, qualquer que seja sua legitimidade, parece o único caminho para alguns descendentes. Qualquer outro seria traição. Além disso, a rejeição enfrentada por Gudrun ao longo da vida talvez a tenha levado a se considerar, ela própria, vítima de injustiça, prolongando assim o destino de seu pai.

Em 1951, Gudrun se torna membro da associação Stille Hilfe für Kriegsgefangene und Internierte [Ajuda Silenciosa para os Prisioneiros de Guerra e Pessoas Internadas]. Num primeiro momento, a associação é presidida pela princesa Helene Elisabeth von Isenburg, que consegue muita coisa graças à sua rede de conhecidos na alta burguesia e às suas ligações com a Igreja. Um advogado, Rudolf Aschenauer, garante a assistência jurídica dos criminosos apoiados por essa organização. De acordo com as palavras da princesa Von Isenburg, o objetivo é suprir as necessidades dos prisioneiros de guerra que ela considera privados de qualquer direito. O grupo apoia também os prisioneiros e acusados nos processos que se seguem à guerra, quer estejam encarcerados nas prisões dos vencedores ou nas instituições penais alemãs. A princesa adora se considerar uma mãe para os criminosos nazistas reclusos na prisão norte-americana de Landsberg, na Baviera. Em 1924, Hitler esteve nessa prisão por nove meses; foi ali que escreveu *Minha luta* [*Mein Kampf*].

Em 1952, Gudrun contribui também para a criação da Wiking-Jugend [Juventude Viking], baseada no modelo da Juventude Hitlerista, Hitlerjugend. A organização foi proibida na Alemanha em 1994.

O núcleo central da Ajuda Silenciosa tem entre vinte e quarenta membros, com uma centena de simpatizantes. A associação apoia também os criminosos foragidos. Adolf Eichmann, Johann von Leers e Josef Mengele são alguns dos beneficiários dessas *ratlines* – redes de "exfiltração" de nazistas –, para utilizarmos os termos dos Aliados. Os três conseguiram chegar à América Latina graças ao apoio dos membros da Stille Hilfe. Klaus Barbie, conhecido como o "açougueiro de Lyon", também contou com a ajuda dessa organização.[38] Andrea Röpke e Oliver Schröm, autores do livro *Stille Hilfe für braune Kameraden* [Ajuda Silenciosa para camaradas nazi], afirmam que a Stille Hilfe não apenas ajuda os ex-membros do Partido Nacional-Socialista, mas também coleta, oficiosamente, dinheiro para o movimento neonazista.

Quando jornalistas tentam interrogar Gudrun Himmler a esse respeito, sua resposta é lapidar: "Nunca falo do meu trabalho, faço apenas o que posso, quando posso". Entre suas atividades, vale destacar a ajuda a Anton Malloth, *Oberscharführer-SS* do campo de concentração de Theresienstadt, um dos seus vigilantes mais cruéis e mais temidos, provavelmente íntimo de seu pai. Por quase quarenta anos, Malloth viveu em Merano, na Itália, sem ser incomodado. Foi extraditado para a Alemanha em 1988. Por razões de procedimento, só é condenado à prisão perpétua em 2001, pelo tribunal de Munique. Durante todos esses anos, Gudrun foi seu principal apoio. Foi a Stille Hilfe que arranjou um lugar para ele num asilo de alta classe construído num terreno que, na época do Terceiro Reich, pertenceu a Rudolf Hess, o braço direito de Hitler. Em 1990, a informação de que a Previdência Social (e, portanto, o dinheiro dos contribuintes alemães) bancou em grande parte a estadia de Malloth nesse estabelecimento suscitou numerosas críticas, especialmente contra Gudrun Himmler. Fiel e determinada, ela continuou visitando-o duas vezes por mês até sua morte, em 2002.

Se Gudrun vive retirada do mundo, é porque a maneira como encara sua história familiar não pode ser tolerada pela sociedade. Sua implicação nas organizações de ajuda a nazistas e seu apoio à extrema-direita alemã demonstram que não pretende apenas reabilitar seu pai, mas também perseguir seus funestos ideais.

Nos anos 1960, Gudrun se casa com um simpatizante do nazismo, o escritor Wolf-Dieter Burwitz, funcionário público na Baviera. Ele aceita sua filiação e adere aos ideais de seu pai. Vivem em Fürstenried, na periferia de Munique, numa grande casa branca. Dois filhos nascem dessa união. Um deles é advogado fiscal em Munique.

Em 2010, a Stille Hilfe tenta evitar que Klass Carel Faber, nazista holandês, seja extraditado para seu país. Os tribunais neerlandeses o condenaram em 1947 pelo assassinato de 22 judeus e resistentes durante a guerra.

Gudrun milita também no NPD, partido alemão de extrema-direita. Parece que adora ser celebrada, como aconteceu na reunião nazista de Ulrichsberg, no norte da Áustria. Talvez acredite que tudo, seja lá o que fizer, a levará novamente àquela herança que a assombra. Nesse caso, negá-la não aplacaria a fatalidade de sua sina. Escolhe, portanto, não se defrontar com esse fardo, renunciando ao exercício de qualquer consciência moral, provavelmente como seu pai. Será possível que a filha de Himmler nunca tenha se sentido culpada? Até a sobrinha-neta do *Reichsführer* dirá "ter sido com frequência tomada por um sentimento tão opressivo quanto inexplicável de culpa". A culpa pode às vezes saltar uma geração. Katrin Himmler se casou com o descendente de uma família judia do gueto de Varsóvia. E, quando se tornou mãe, voltou à sua história familiar num livro intitulado *Os irmãos Himmler*. Ainda jovem, tomou consciência das atrocidades cometidas pelos nazistas, mas, como foi o caso para muitos alemães, por muito tempo teve dificuldade de se debruçar sobre sua própria família. Ela aponta que as defesas mentais são muito fortes quando se trata de pessoas muito próximas: "É um processo difícil, constantemente ameaçado pela angústia de abandono". Em razão dos caminhos completamente diferentes que seguiram, Katrin não tem nenhum contato com Gudrun.

Quando se trata dos filhos, as defesas mentais são especialmente fortes. Gudrun Himmler se caracteriza por sua total ausência de distanciamento em relação à figura paterna e por seu papel ativo na sobrevivência da ideologia nacional-socialista. Para ela, prestar homenagem à memória do pai parece andar junto com sua adesão e sua implicação na ideologia nazista.

EDDA GÖRING

A "princesinha do Nero da Alemanha nazista"

NOITE DE VERÃO no porto de Hamburgo, no final dos anos 1970. Ao som de uma ária de ópera que recorda seus anos de glória, um pequeno círculo de elegantes vindos de outra época beberica coquetéis. Estão a bordo de uma magnífica embarcação, símbolo da supremacia da engenharia naval alemã, que se tornou uma embaixada flutuante nos tempos da Alemanha nazista. Os compassos que escapam do iate evocam o prelúdio do terceiro ato de *Parsifal*, última ópera do grande Richard Wagner, compositor tão admirado pelo Terceiro Reich. Essa mesma música já era ouvida ali mais de quarenta anos antes, quando o barco pertencia ainda a seu primeiro proprietário. Mas hoje, as vozes dos convivas encobrem quase inteiramente a melodia, e ninguém presta atenção nela. Todos rememoram os bons e velhos tempos.

O *Carin II* é um magnífico iate de madeira de 27 metros de comprimento. Tem a elegância dos barcos dedicados aos cruzeiros de famílias reais. Aliás, foi esse seu destino quando, alguns anos após a guerra, rebatizado *Royal Albert*, esteve nas mãos da família real da Inglaterra por quase quinze anos. Mas quando seus proprietários descobriram a identidade do seu predecessor, preferiram se desfazer do iate. Uma certa Emmy, viúva do primeiro proprietário, imediatamente solicitou sua restituição.

Entre os convidados da festa, um homem se destaca por sua estatura. Cabelos loiros esparsos, penteados para o lado, cobrem uma testa proeminente. Grossos óculos quadrados indicam uma visão declinante. O homem gosta de se exibir, aprecia o que brilha, e faz pensar no antigo proprietário do barco: dizem que era tão alto que corria o risco de ficar preso na ducha instalada a bordo.

Uma mulher se mantém um pouco afastada, na proa do barco. Chama-se Edda e se distingue tanto por sua beleza quanto por sua identidade. Solitária, parece presente no mundo apenas por respeito à memória do pai, por quem seu amor é incondicional e indefectível. Ele foi o homem de sua vida e o primeiro proprietário do iate: Hermann Göring. Em 1937, a indústria automobilística alemã lhe tinha dado esse presente colossal, no valor de 1 milhão e 300 mil marcos, algo em torno de 30 milhões de reais. O barco leva o nome de sua primeira mulher, Carin von Kantzow, uma sueca morta em 1931, aos 42 anos. Nesse monumento dedicado à mulher tão amada, Edda passou parte de suas férias e alguns dos mais belos momentos de sua infância. As fotos do álbum de família, tiradas durante os cruzeiros com seu pai, de chapéu enfiado na cabeça, mostram-na toda sorridente, no mesmo lugar onde se mantém esta noite. Naquela época, o iate costumava ficar fundeado no lago Wannsee, perto de Berlim, pouco antes da cidade de Potsdam. Göring gostava de navegar por longas horas pelos lagos e canais que rodeiam a cidade. Dava jantares requintados, regados pelos melhores vinhos e conhaques. Dizem até que uma plataforma permitia caçar, sem sair do barco, patos que eram preparados e degustados ali mesmo.

O novo proprietário da embarcação é um certo Gerd Heidemann, jornalista da *Stern*, uma das grandes revistas alemãs do pós-guerra. É também um ex-membro da Stasi [Polícia de Segurança do Estado], hoje nostálgico do nazismo. E, acima de tudo, é um homem em busca de reconhecimento e glória. Quando o barco lhe é apresentado, em 1972, por ocasião de uma reportagem sobre iates privados, ele não tem condições de comprá-lo. Em 1973, vende sua casa e o adquire, pensando revendê-lo a um colecionador norte-americano. Mas logo muda de plano. Esse iate é seu trunfo: permite-lhe realizar, não sem altos custos, seu sonho de glória. Obcecado pelo antigo proprietário do iate, dedica-se a fazer dele uma relíquia do passado, reconstituindo a decoração que seu predecessor tinha escolhido. Para tanto, adquire diversas peças que tinham pertencido a ele: prataria, louças, cinzeiros, fronhas de travesseiros, uniformes... Por cinco anos, foi, inclusive, companheiro de sua filha única.

Gerd Heidemann quase atinge a tão cobiçada glória quando, alguns anos após essa festa, revela ao mundo os diários íntimos do *Führer*, datados de 1932 a 1945. Sessenta e dois cadernos pretos com as letras "FH" escritas na capa, que teriam desaparecido em 1945, num acidente de avião perto de Dresden. Mas os diários se revelarão falsos. Desde o início, historiadores manifestam dúvidas quanto à autenticidade dos manuscritos, mas a euforia mercantil que se apossa da revista *Stern* varre, num primeiro momento, qualquer suspeita de fraude. A revista quer publicar trechos do diário o mais rápido possível. Adolf Hitler dá ibope: as vendas sobem drasticamente, e revistas estrangeiras como a *Paris-Match* querem comprar os direitos de publicação. Mas bem no momento em que a *Paris-Match* anuncia páginas do diário em sua capa, a polícia alemã apita o fim do jogo e demonstra que os textos apresentados nos cadernos eram, indiscutivelmente, de depois da guerra. Um falsário chamado Konrad Kujau os redigiu em três anos e depois os vendeu, através de Gerd Heidemann, por nove milhões e 300 mil marcos. Esse foi um dos maiores escândalos da imprensa alemã, e Heidemann pegou vários anos de prisão.

Mas nesta noite de maio de 1978 o ar está agradável, apesar de uma brisa fresca; os convivas estão felizes com o encontro, que faz lembrar os velhos tempos, quando se juntavam, nesse mesmo iate, Goebbels, Himmler ou Heydrich. O convidado de honra podia inclusive ser o *Führer* em pessoa.

Antigos funcionários do Reich, como Karl Wolff, ajudante de campo de Heinrich Himmler, ou o general Wilhelm Mohnke, último comandante do *bunker* de Hitler, estão entre os convidados. O relato dos últimos instantes do *Führer* os fascina. O álcool, servido e consumido sem moderação, desperta as nostalgias, mas Edda, "a princesinha do Nero da Alemanha nazista", parece distante. Ela é a filha do *Reichsmarschall* Herman Göring.

Edda nasceu no dia 2 de junho de 1938. Sua mãe, a segunda esposa do comandante em chefe da Luftwaffe, era uma atriz provinciana do Teatro Nacional de Weimar, Emmy Sonnemann. Seus pais se encontraram em 1932, em Weimar, aonde Hermann Göring tinha ido com Adolf Hitler. Emmy parece ter se apaixonado à primeira vista: "Estou em êxtase por ter encontrado em Hermann um homem que corresponde às minhas ideias". Seu casamento, em 1935, parece até a sagração de um imperador: Hermann Göring adora acima de tudo o luxo e a opulência.

A nova situação de Emmy Göring dá o que falar entre suas antigas colegas de teatro. É qualificada, não sem sarcasmo, de "grande dama". A cantora de ópera Helene von Weinmann não se contém e afirma publicamente: "Que grande espertalhona essa Emmy. Quando a conheci, ainda não era uma 'grande dama' e qualquer um podia tê-la por uma xícara de café e dois *shillings*". A punição é imediata: Helene é posta na prisão de Stadelheim, de onde só sairia em 1943, moribunda.[1]

Göring tem 45 anos quando se torna pai pela primeira vez. Emmy anuncia o nascimento pelo telefone: "Felicitações de minha parte e da pequena Edda". Hermann fica louco de alegria. Corre à maternidade e afirma nunca ter visto um bebê tão bonito – ele, que chegara a pensar em esperar alguns dias antes de ver o bebê, por ter ouvido dizer que recém-nascidos tinham cara de joelho! Para celebrar, Göring manda quinhentos aviões da Luftwaffe sobrevoarem Berlim. Se fosse um menino, teriam sido mil. O pai de Edda é um herói da Primeira Guerra, um piloto experiente com diversas condecorações, entre elas, a mais importante distinção militar alemã: a cruz "Pelo Mérito". Com a morte do "Barão Vermelho", o célebre piloto Manfred von Richthofen, seguida pela de Wilhelm Reinhard, Göring se torna o comandante da célebre esquadrilha do "Circo Voador".

Desde a primeira hora, engaja-se ao lado de Adolf Hitler. Nada o atrai mais que os privilégios e o poder. É ele que está na origem da criação da Gestapo, a polícia secreta do Estado, e dos primeiros campos de concentração, entre os quais o de Oranienburg, perto de Berlim.

Há quem diga que Göring quis dar à filha o mesmo nome que Mussolini deu à sua filha preferida, Edda Ciano. Edda Göring desmente esse rumor e esclarece que seu nome provém da mitologia germânica, apreciada por seus pais. Já segundo sua mãe, trata-se simplesmente do nome de uma de suas amigas. Edda adora dizer que "Farah Diba, a esposa do Xá da Pérsia, recebeu 16 mil telegramas pelo nascimento do príncipe herdeiro. Quando nasci, meus pais receberam 628 mil!". Ela foi batizada no dia 4 de novembro de 1938 na casa de campo de Carinhall. O luxo da cerimônia religiosa irritou o partido, já que toda religiosidade tinha sido proscrita, mas o que fazer, se a criança tinha por padrinho o *Führer* em pessoa? Milhões de retratos vendidos em toda a Alemanha a representam nos braços de seu pai. Edda recebe muitos presentes, entre eles, um da cidade de Colônia que fez correr muita tinta: *A Madona e o menino*, uma tela de Lucas Cranach, o Velho, pintor admirado por seu pai. Muito tempo depois, essa pintura seria objeto de um processo, que durou quase quinze anos, entre Edda e a cidade de Colônia.

Toda a vida dos Göring gira em torno da menina, afetuosamente chamada de "Eddalein". Ela é o "raio de sol" de seus pais. Para destacar a importância dessa pequena estrela, circulam anedotas do tipo: "Soube que a autoestrada do Reich foi fechada? Não, por quê? Edda está aprendendo a caminhar".

Em 1940, o jornal *Der Stürmer*, dedicado à propaganda nazista e dirigido por Julius Streicher, noticia que Edda foi concebida através de inseminação artificial e não é filha de Göring.[2] A notícia faz eco a um rumor segundo o qual, além de Emmy Göring já ter 44 anos no momento da concepção, Hermann teria ficado estéril por causa de uma bala na virilha, recebida no famoso *putsch* da cervejaria, em 1923. Foi o embaixador britânico que telegrafou essa informação, em 1936.[3] Louco de raiva, Göring pede a Walter Buch, diretor do partido nazista, para processar o editor de *Der Stürmer*. Quase pornográfico, esse jornal destila um antissemitismo primário, mas suas vendas não paravam de aumentar desde 1935.[4] Graças à intervenção de Hitler, no entanto, Streicher é salvo das garras de Göring e prossegue com a publicação do jornaleco, instalado em sua fazenda, perto de Nuremberg.

A propriedade de Carinhall, assim nomeada, como seu iate, em homenagem à primeira esposa de Göring, é o símbolo de seu poder. Ele mandou transportar para lá os restos mortais de sua amada e os colocou num monumental caixão de estanho. Situada a sessenta quilômetros de Berlim, a imponente construção, quase um castelo, foi erguida em 1933. Concebida inicialmente por Werner March, arquiteto do Estádio Olímpico de Berlim, ela passa por duas grandes reformas, uma em 1937, outra em 1939, que aumentam consideravelmente suas dimensões. Nada é suficientemente grande, nada é suficientemente bonito para Göring, que esbanja o dinheiro do Reich, embora nem sequer pague seus trabalhadores. Segundo ele, Carinhall é uma residência oficial que representa a "Casa do Reich". Segundo Hitler, comparado a essa casa de campo, seu chalé de montanha "não passa de uma casinha de jardim".

Edda cresce na luxuosa mansão, cercada por um imenso parque e milhares de hectares de floresta habitados por bisões, búfalos, cervos, alces e cavalos selvagens. Carinhall está abarrotada de obras de arte pilhadas por Göring em sua insaciável caça aos tesouros – ele gosta de se autodesignar "mecenas do Terceiro Reich".

No subsolo da residência, um cinema, um ginásio, uma piscina coberta, uma sala de jogos e um banho russo. Göring também mandou instalar consultórios médicos, um *bunker* e uma sala de recepção nomeada Jaghalle, saguão de caça, com 288 metros quadrados, ornada de troféus e de uma nave de igreja incrementada com uma imensa lareira. Para se distrair, se a caça e outras atividades não bastam, seiscentos metros de linhas de trens elétricos, avaliados em 268 mil dólares, foram instalados no sótão da residência. Também se encontram ali filhotes de leões, criados para a diversão da família e dos visitantes. Para evitar qualquer acidente, ao atingirem um ano de idade são levados para o zoológico de Berlim e substituídos por outros filhotes. Os Göring criam sete desses "bebês", alimentados à base da mamadeira. Assim, Edda pode admirar seu pai brincando com seu leãozinho preferido, "Mucki", ou Mussolini, que, em suas visitas, adora fazer carinho no bichinho. Outra fantasia, a máquina de emagrecer de Göring, cujo funcionamento ele demonstra diante da duquesa de Windsor. Nessa época, ele já não tem mais nada do piloto de guerra esbelto e musculoso que gostava de ser chamado de *Iron Man*. Sua corpulência aumenta a cada ano. Em 1933, teria atingido 145 quilos. Não sem humor, William C. Bullitt, embaixador norte-americano na França, diz a seu respeito:

> Seu traseiro tem ao menos um metro de diâmetro [...] para deixar seus ombros tão largos quanto seus quadris, usa enchimentos de dez centímetros [...] deve ter sempre um esteticista com ele, pois seus dedos, tão gordos quanto longos, trazem sempre unhas pontudas cuidadosamente esmaltadas [...] e sua pele revela cuidados cotidianos.[5]

Além do amor desmesurado por joias, Göring adora desfilar e chega a trocar de roupa cinco vezes por dia. É capaz de receber seus convidados usando uma toga romana, segurando uma lança ou vestindo uma longa túnica de imperador. Frequentemente está maquiado, unhas pintadas de vermelho, dedos ornados de anéis de diamante, e não hesita em desfilar assim diante de Albert Speer ou de Hans-Ulrich

Rudel, piloto de renome, que ficam completamente embasbacados. Albert Speer o encontra em 1943, no momento em que a guerra está virando, e afirma ter guardado por muito tempo na memória a lembrança de um Hermann Göring maquiado, usando um roupão de veludo verde com um enorme rubi, que "ouvia tranquilamente, fazendo deslizar entre os dedos, distraído, pedras preciosas que volta e meia tirava do bolso".[6] Por sua vez, o ministro italiano das Relações Exteriores, Galeazzo Ciano, anota em seu diário de 1942 ter visto Göring usando um casaco de pele "parecido com o que uma prostituta de alta classe usaria na Ópera".

A "princesinha" é adorada pelo pai. Ele se orgulha muito dela e lhe dedica todo o seu tempo livre. Brinca com ela, leva-a para dançar e a paparica. Gosta de colocá-la em cena, como na foto em que Edda posa dentro de uma cesta de vime na frente de Carinhall, diante de uma assembleia de admiradores, entre os quais, em primeiro plano, seu pai. Quando Emmy procura uma babá, um dos dirigentes do partido a censura por querer contratar uma mulher que não é filiada a este. Ela responde que também não é, assim como todos os membros de sua família. O *Führer* remedia imediatamente essa situação, atribuindo a ela o número de um membro falecido.

Edda vive seus primeiros anos em meio a esse luxo, rodeada por pais amorosos e atentos, e nada é bonito demais para a princesinha. Uma preceptora é encarregada de sua educação. Vive isolada do mundo e não conhece nenhuma das privações devidas à guerra, como relata a mãe em sua biografia.

Para distrair a pequena Edda, a Luftwaffe, comandada por Göring, oferece-lhe uma réplica em miniatura do palácio de Potsdam do rei da Prússia, Frederico, o Grande. A "casa de boneca" tem uma cozinha, salas e personagens, além de um teatro com palco e cortinas verdadeiros.

Edda cresce entre personagens cujas ações repercutirão na História de maneira honrosa ou não: Herbert Hoover, o duque e a duquesa de

Windsor, o aviador Charles Lindbergh, mas também Benito Mussolini, os reis da Bulgária e da Iugoslávia, Willy Messerschmitt e Heinkel, entre outros.

A vida da menina é um conto de fadas. Nada estraga os dias dessa princesa, e todas as noites Göring dá um beijo em sua adorada "Eddalein" antes de ela ir para a cama. Pouco a pouco, ele se afasta da vida política e consagra cada vez mais tempo à filha.

Corrompido e incapaz de tomar iniciativas, Göring é duramente criticado por Hitler. Desde o fim dos anos 1930, o *Führer* critica especialmente sua má gestão da Força Aérea alemã. Göring cai definitivamente em desgraça quando a Luftwaffe perde a guerra aérea. Hitler o chama então de "o maior dos fracassados",[7] e os Aliados o apelidam de *the fat one* [o gordo]. Às vezes de humor eufórico, com as pupilas encolhidas pelo consumo de entorpecentes, Göring é capaz de, após falar sem parar por horas, pôr a cabeça sobre a mesa e mergulhar num sono tranquilo diante de uma assistência atônita.[8]

No seu aniversário de 4 anos, Edda usa um uniforme vermelho de hussardo confeccionado pelos figurinistas do Teatro Nacional. Uma foto a mostra em posição de sentido e calçando botinhas de couro perfeitamente lustradas. Aos 5 anos, começa a aprender piano e dança clássica. E, em seu sexto aniversário, em 2 de junho de 1944, seu padrinho Adolf Hitler vem em pessoa lhe trazer um presente e declarar: "Você vai ver, Göring. A vitória do século será nossa".[9] Em seu último Natal antes da queda da Alemanha nazista, sua mãe lhe dá seis camisolas rosa de seda pura provenientes da chancelaria do Reich.[10]

Essa vida longe da guerra e de suas atrocidades acaba no dia 31 de janeiro de 1945, quando Edda e sua mãe são obrigadas a partir para Obersalzberg, na Baviera, perto da fronteira com a Áustria, fugindo das tropas russas. Quando deixa Carinhall, a porta se fecha para sempre sobre sete anos de vida de princesa.

Diante da aproximação das tropas do Exército Vermelho, a propriedade é dinamitada por ordem do próprio Göring. A demolição é confiada a uma equipe da Luftwaffe, após o dono ter colocado a salvo, em Berchtesgaden, sua coleção privada de obras de arte. Mais de 200 milhões de marcos em obras de arte deixam Carinhall em comboios especiais. Durante sua ascensão, Göring tinha desenvolvido uma devoradora paixão de colecionador. Incansavelmente, fez transportar para Carinhall quadros, tapeçarias, joias, estátuas, presentes forçados das grandes cidades do país e dos protagonistas da vida econômica. Ele nunca hesitou em deixar bem claro que, por ocasião dos diversos acontecimentos que pontuavam a vida mundana do Terceiro Reich, desejava que lhe oferecessem tal ou tal obra de arte. Além disso, pilhou descaradamente os territórios ocupados da Europa ocidental e espoliou diversos colecionadores judeus. Sua avidez não tinha limites.

Em Paris, o museu do Jeu de Paume figurava entre seus territórios de caça favoritos. Simplesmente ia lá e dizia o que queria que fosse enviado para a Alemanha. Suas pilhagens permitiram que afirmasse: "Atualmente, graças às aquisições e trocas [*sic*], possuo talvez a coleção privada mais importante da Alemanha, se não da Europa".[11]

Em 20 de abril de 1945, dia do aniversário do *Führer*, Berlim está em chamas, e as estradas para o Sul, entre elas a que leva a Berchtesgaden, praticamente interrompidas. A fim de deixar o quanto antes a capital, Göring alega ser imprescindível que um alto dirigente do Reich seja posto em segurança no Sul. De fato, Hitler tomou a decisão de não deixar Berlim e seu *bunker*, onde, dali em diante, fica entrincheirado. Na qualidade de homem de confiança do *Führer*, Göring se apressa a deixar a capital, maquiado como de costume, num uniforme de seda branca, levando consigo 47 malas, todas com seu monograma.[12] Em Berchtesgaden, todo mundo o espera com impaciência, sobretudo a esposa e a filha. A Alemanha está desabando, mas, no dia 21 de abril, a família Göring se encontra reunida.

No dia seguinte, Göring acredita que a hora de sua sagração finalmente chegou. Um decreto de 29 de junho de 1941 o designa como sucessor se o *Führer* renunciar ao comando dos exércitos. Deseja, no entanto, solicitar previamente o assentimento de Hitler, o qual nunca obterá: nesse intervalo, Bormann, o poderoso secretário do partido, convencera o *Führer* de que Göring era um traidor.

Destituído de seu direito de sucessão, Hermann Göring foi detido pela SS, no dia 23 de abril, em Berchtesgaden, por ordem do chefe supremo: "Cerquem a casa de Göring e detenham imediatamente o ex-marechal do Reich. Esmaguem qualquer resistência. Adolf Hitler". A casa é transformada em prisão, guardas são posicionados nos corredores e nas escadas da residência. As comunicações são cortadas, e cada membro da família é confinado em seu quarto.

A partir de então, tudo acontece rapidamente. No dia 25 de abril, Göring recebe de Hitler o seguinte telegrama, redigido por Bormann:

> Os atos que o senhor cometeu constituem uma ruptura da fidelidade que deve à minha pessoa e uma traição. Semelhante conduta equivale a uma alta traição. A pena aplicável seria a morte. Em consideração aos serviços que prestou ao partido, o *Führer* aceita não aplicar essa sentença, desde que o senhor renuncie imediatamente a todas as suas funções. Solicito que responda imediatamente com um "sim" ou um "não".[13]

Os ataques aéreos se aproximam de Obersalzberg; toda a família é levada para o porão da casa e, a seguir, para subterrâneos profundos, mas Göring é mantido afastado dos outros. Nenhuma comunicação lhe é autorizada. A pequena Edda está aterrorizada; os ataques são cada vez mais longos. Ela não para de chorar. Seu pai está isolado em escavações calcárias, e as condições de vida trinta metros abaixo da terra são difíceis. A atmosfera é irrespirável, não há um sistema de renovação do ar, e a falta de oxigênio impede as velas de queimarem.

Göring aceitou se demitir, e o *Führer* o destituiu de todas as suas funções e o excluiu do partido. Em 26 de abril, a Rádio Hamburgo anuncia sua demissão por razões de saúde. Göring tenta tranquilizar sua família, que não compreende mais nada dos últimos acontecimentos. Emmy está convencida de que Bormann, inimigo jurado de seu marido, quer fazer com que ele seja assassinado. O casal Göring decide escrever uma mensagem ao *Führer*: se ele realmente acredita numa traição, que mande fuzilar todos, inclusive a pequena Edda.[14]

Emmy evocará essas circunstâncias em 1947, numa carta endereçada a Hagenauer, ministro dos Assuntos Especiais. Nela, manifesta sua revolta contra os métodos empregados: ela teria sido detida com sua filha, de camisola e tremendo de frio, e quase teria sido fuzilada pelos SS quando um ajudante de campo quis lhes dar cobertores.

Emmy Göring conta ainda que Edda, que adorava seu padrinho, teve a seguinte conversa com sua babá:

> Edda: Não quero que falem mal do meu padrinho. Quem você prefere, Christa: meu tio Adolf ou meu pai?
> A babá: Seu pai.
> Edda: Deve gostar do tio Adolf também.
> A babá: Não, não gosto dele, ele fez mal ao seu pai.
> Edda: Não pode ser verdade, pois meu pai gosta dele também![15]

Quando os bombardeios cessam, e a família pode finalmente sair, a casa está destruída, como a maioria das construções de Obersalzberg.

Alguns dias depois, em consequência de uma mudança de unidade, a vigilância SS se torna menos rígida. Göring pode então deixar Berchtesgaden com a família e ir para o castelo medieval de sua infância: Mauterndorf, na Áustria. Ele o herdou do padrinho, Hermann von Epenstein, em 1939. A família ainda está reunida, mas não por muito tempo. Por trás das espessas muralhas, o castelo é glacial – e dizem, inclusive, que é assombrado –, mas Edda percebe seu pai mais seguro, o que a tranquiliza. Porém, sua mãe não para de chorar em seu ombro, evocando todas as perdas da família. A cada noite, ao pôr a filha para dormir, ela se pergunta se ainda estarão vivas no dia seguinte.

No dia 1º de maio de 1945, a família fica sabendo pelo rádio da morte de Adolf Hitler. Na noite de 7 de maio, no momento em que a liberação de Göring é autorizada e os três tentam chegar ao castelo de Fischhorn, perto de Zell am See, o general de brigada Robert I. Stack, da 36ª divisão de infantaria norte-americana, recebe a ordem de detê-lo. Propõe, no entanto, que a família passe a noite junta, no castelo, antes de ser levada às linhas norte-americanas.

O ajudante de campo do general nunca conseguiu esquecer a menininha que chorava convulsivamente no banco de trás da limusine ao ver o pai ser preso. Naquela manhã, os norte-americanos alojam toda a família no confortável segundo andar do castelo, e a atmosfera se descontrai. O pai da pequena Edda toma um longo banho antes de descer e posar para uma fotografia diante de uma bandeira do Texas.[16] Naquele dia 9 de maio de 1945, sua esposa e sua filha ainda não sabem que o estão vendo pela última vez em liberdade. Göring ainda acredita que Dwight David Eisenhower, o comandante das tropas aliadas, ao qual endereçou duas cartas solicitando uma conversa, vai recebê-lo e salvar sua pele. Mas o futuro presidente dos Estados Unidos decide que está na hora de tratar Göring como um verdadeiro prisioneiro e manda arrancar dele seu bastão de marechal e suas numerosas medalhas.

Em 2 de junho de 1945, Edda passa seu primeiro aniversário (7 anos) sem o pai. A família está temporariamente separada. Em 20 de junho, Emmy e a filha são enviadas, a pedido delas próprias, de Fischhorn para o castelo de Valdenstein, vazio e sem aquecimento. Mais de cinco meses após sua chegada, por intermédio do major norte-americano Evans – que se apresenta a Emmy com uma foto de família em que Göring escreveu à mão: "O major Evans tem toda minha confiança" –, elas finalmente recebem notícias de Hermann, então preso em Augsburg. A menina escreve ao pai: "A meu papai adorado!!! Estamos agora em Valdenstein. Sentimos muito a sua falta, e eu te amo muito. Volte logo para nós. Os pensamentos são tão doces, e as rosas tão belas. Rogo a Deus por nós todas as noites. 1 milhão de beijos da tua Edda!!!". O bilhete é acompanhado de um desenho representando um ovo de Páscoa, uma casa, flores de primavera e uma foto dela. Proibido de receber correspondências, Göring nunca recebeu essa carta.

Brevemente interrogado na Baviera, Göring é transferido em 22 de maio de 1945 para o "campo Ashcan" de Mondorf-les-Bains, em Luxemburgo. Ao chegar, pesa 127 quilos (ele mede 1,70 metros de altura) e está empanturrado de codeína. Desde os anos 1920, após diversos ferimentos, especialmente os recebidos durante o *putsch* da cervejaria, em 1923, Göring é dependente de morfina. Inicialmente, recebia injeções diárias da substância, depois passou a tomar pílulas de codeína. Os tratamentos de desintoxicação e o manicômio onde passou algumas semanas durante seus anos na Suécia não foram suficientes. Quando chega à nova prisão, ingerindo diariamente entre vinte e quarenta comprimidos (a informação varia de acordo com as fontes), é submetido a uma abstinência forçada. A esse respeito, o coronel Andrus, comandante norte-americano de Mondorf-les-Bains, relata: "Era um gorducho disforme. Trazia duas malas cheias de comprimidos de codeína e parecia um vendedor ambulante de produtos farmacêuticos".[17]

Sua desintoxicação ocorre durante os primeiros meses de encarceramento. Enquanto isso, Göring só pensa numa coisa: encontrar o general Eisenhower.

Nesse centro de interrogatórios – onde também ficaram detidos, até sua transferência para Nuremberg, em setembro, Ribbentrop, Dönitz e outros 49 dirigentes nazistas –, a única distração consiste na projeção de filmes sobre as atrocidades cometidas pelos nazistas.

Em 15 de outubro de 1945, Emmy Göring, até então com a filha no castelo de Valdenstein, é detida e transferida, sem Edda, para a prisão de Straubing, a 145 quilômetros de Nuremberg. No momento em que é presa, nem sequer sabe onde a filha passará aquela noite. Edda é então temporariamente enviada ao vilarejo mais próximo, antes de reencontrar a mãe na prisão, sete semanas depois. A menina, seu ursinho de pelúcia e sua malinha cheia de roupas para ele são conduzidos até a mãe por soldados norte-americanos que não falam uma palavra de alemão. Tinham recebido a ordem de levar a criança até Straubing. Ela sabe que vai encontrar a mãe, mas não pode deixar de ter medo.

A imprensa da época evoca a "prisioneira *star* de Straubing", Emmy Göring, que perdeu sua soberba e deve agora lavar a própria roupa.[18] Ela não tem direito a nenhuma comunicação com o exterior e permanece sem notícias do seu marido. A respeito de Straubing, Edda declarará mais tarde: "Na verdade, achei que a gente não estava tão mal ali".[19] Ela dormia na cela da mãe sobre um colchão de palha coberto com uma colcha quadriculada que, dizem, tinha sido um presente de Mussolini. A detenção é pontuada por momentos alegres: no dia 6 de dezembro de 1945, Dia de São Nicolau, um prisioneiro se disfarça e oferece chocolates à menina. Libertadas em fevereiro de 1946, Emmy e a filha, sem um tostão, não sabem para onde ir. A ex-primeira dama do Reich pede então ao diretor da prisão para ficar mais um pouco ali. O mesmo farão Margarete e Gudrun Himmler, algum tempo mais tarde.

Mas duas semanas depois, em março de 1946, deixam o campo de Straubing. Graças à ajuda da jornalista norte-americana Peggy Poor, mãe e filha se instalam a trinta quilômetros de Nuremberg, em Sackdilling, perto de Neuhaus, numa pequena casa de campo. A jornalista lhes deu refúgio em troca de uma entrevista concedida por Emmy.

A casa pertence a um guarda florestal chamado Frank cuja esposa conheceu o marechal na juventude. Dizem que o próprio Göring tinha mandado construí-la, para se trocar e repousar depois de suas caçadas. Assim que as duas se instalam ali, a jornalista vai a Nuremberg informar a Göring que haviam sido libertadas.

As duas passeiam todos os dias na floresta ao redor da casa. Emmy também passa a ser a professora de Edda: tabuada e literatura estão no programa. Desde que a família ficou sem dinheiro, a preceptora de Edda teve de deixá-las. Mas a família de Carin, a primeira esposa de Göring, passará a ajudá-las financeiramente.

Hermann, por sua vez, fica aliviado por poder se corresponder com a mulher e com a filha. Seu advogado tinha obtido esse direito para ele. Feliz por reencontrar a liberdade, Emmy não deixa de falar com amargura de sua detenção. Interrogada por jornalistas, destaca, aos soluços, a incorreção dos norte-americanos. Considera-se uma mulher desassistida, de quem os SS tomaram, ao detê-la, cerca de 8 mil libras esterlinas e um casaco de pele, mesmo sabendo que ela precisaria disso. Quanto aos norte-americanos, tiraram dela obras de arte no valor de 50 mil libras esterlinas, deixando-a apenas com pertences de primeira necessidade. E conclui, com indignação: "Quando voltamos da Áustria, os norte-americanos só nos autorizaram a usar um carro, para mim, minha pequena Edda e todos os nossos pertences".[20]

Ela não entende como seu marido, que sacrificou tudo por Hitler, só recebeu em troca disso uma ordem de prisão e quase de execução. Hitler parecia disposto até a matar Edda, mesmo sendo sua afilhada. Para ela, a lealdade cega do marido a Hitler era digna da de um cavaleiro medieval dos *Nibelungen*.[21]

Quando o emissário que visitou Emmy e Edda em 24 de março relata a Göring o estado de espírito de sua esposa e sua vontade de que Hermann renuncie à fidelidade ao *Führer*, o prisioneiro discorda, argumentando que a esposa pode influenciá-lo em certos pontos, mas que os princípios fundamentais não dizem respeito às mulheres.[22]

No oitavo aniversário da filha, em 2 de junho de 1946, Göring faz questão de lhe enviar uma carta. "Do fundo do meu coração, rogo a Deus todo-poderoso que vele por ti e te ajude."[23] E acrescenta uma carta para a esposa com o seguinte fecho: "Beijo-te com amor apaixonado".

"Nazista n. 1", como ele próprio gosta de se designar, Hermann Göring é considerado culpado no processo de Nuremberg, que se desenrola entre novembro de 1945 e outubro de 1946. No início de setembro, depois de dezessete meses de separação, Emmy é informada de que pode visitar o marido. Os encontros duram no máximo meia hora, com vidros e grades interpostos.

Edda não pode entrar na prisão. Menor de idade, só poderá entrar no dia 18 de setembro, o "dia de visita das crianças", nas mesmas condições que sua mãe: sem tocar no pai. Emmy recomenda então que não diga nada triste a ele, ao que a menina responde: "Não se preocupe, mamãe". Edda o revê uma última vez, com a mãe, no dia 30 do mesmo mês. A mão direita de Göring está algemada à de um soldado norte-americano. Ele ergue a esquerda e pronuncia estas palavras: "Abençoo vocês duas, minha esposa e minha filha, abençoo nossa querida pátria e abençoo todos aqueles que lhes fizerem algum bem".[24]

Durante o processo, Hermann Göring, como os outros acusados, declara-se inocente. Emmy vê o marido uma última vez em 7 de outubro de 1946. Ela lhe diz: "Você pode morrer tranquilamente, depois de ter feito em Nuremberg tudo o que podia. [...] Saberei que morreu pela Alemanha". Na última carta que envia à esposa, ele escreve: "Minha vida terminou no instante de nosso último adeus. [...] Em sua bondade, Deus me poupou assim do pior. Todos os meus pensamentos estão com você e com Edda. [...] As últimas batidas de meu coração marcarão nosso grande e eterno amor. Seu Hermann".[25] Quando Edda fica sabendo da condenação do pai à morte, pergunta ingenuamente à mãe: "Papai vai mesmo morrer?". E quando Hermann Göring pergunta à esposa se Edda soube de sua condenação à morte, ela responde que sim, que não quer mentir para a filha, pois a menina deve confiar inteiramente na mãe. Esta precisa lhe dizer a verdade, esperando que a vida não a faça sofrer demais. Ao final dessa conversa, Emmy pergunta a Hermann: "Acha mesmo que vão fuzilar você?". Göring responde com voz firme: "Pode ter certeza de uma coisa: eles não me enforcarão... Não, eles não me enforcarão!".[26] Ele acredita que um dia será celebrado como mártir e que, "em cinquenta ou sessenta anos, a Alemanha estará coberta de estátuas de Hermann Göring".[27] Condenado à morte pelos quatro itens da ata de acusação, entre os quais crimes de guerra e crimes contra a humanidade, Göring se suicida em 15 de outubro de 1946, poucas horas antes de sua execução, engolindo uma cápsula de cianureto, provavelmente fornecida por um guarda norte-americano. A filha acredita então que um anjo entrou na cela para lhe dar o veneno.[28]

O suicídio de Heinrich Himmler lhe permitiu escapar do processo; o de Göring, da execução.

Em 29 de maio de 1947, como todas as esposas dos dirigentes nazistas condenados em Nuremberg, Emmy, acusada de ter tirado proveito do regime nazista, é detida em sua casa, em Sackdilling. Por estar sofrendo de uma crise do nervo ciático, é transportada numa ambulância. Apesar das tentativas que a mãe faz de tranquilizá-la, Edda, então com 9 anos, pensa que ela também vai ser condenada à morte. A esposa de Göring fica presa num campo anteriormente utilizado para trabalhadoras russas, em Göggingen, perto de Augsburg. Mais de mil mulheres estão encarceradas ali, mas Emmy, em sua "qualidade de esposa de Hermann Göring, acredita ter direito a um tratamento especial".[29] Engano seu. No dia 31 de outubro de 1947, ela envia uma carta ao ministro responsável nos seguintes termos:

> Posso lhe expor meu caso e pedir ajuda? Fui conduzida ao campo de mulheres de Göggingen por ordem do ministro Loritz. Estava deitada em minha casa com uma forte crise de ciático e uma flebite no braço direito. Faz 35 anos que sofro de crises de ciático. Estava sendo tratada por um médico que protestou contra meu transporte [...]. Mesmo assim, à meia--noite, puseram-me numa maca e me fizeram viajar até aqui por sete horas, alegando que eu teria feito uma tentativa de fuga na zona inglesa. [...] Agora, estou de cama aqui há cinco meses, sofrendo de intensas dores. [...] Tenho 54 anos e sofri muito nesses últimos anos. [...] Senhor ministro, talvez conheça

meu dossiê: eu era completamente apolítica e ajudei pessoas perseguidas por razões racistas e políticas sempre que pude, há suficientes testemunhos categóricos nesse sentido. Meu único "crime" foi ter sido a esposa de Hermann Göring. É inconcebível que uma mulher seja punida por ter amado seu marido e sido feliz com ele.[30]

No Natal, Edda tem o direito de passar dois dias com a mãe. Depois disso, recebe autorização para visitá-la uma vez por mês. Em 20 de julho de 1948, durante seu processo de desnazificação, Emmy é acusada pelo promotor Julius Herf, encarregado dos assuntos especiais da Baviera. Ele a considera uma suspeita de primeira categoria. Embora sempre tenha se declarado apolítica, Emmy admite que, como esposa, sentia-se ligada a Göring de um ponto de vista ideológico. Declara também nunca ter sabido nada dos campos de concentração e de extermínio e se defende das acusações relativas ao luxo excessivo em que vivia. Emmy justifica tudo através do amor que tinha pelo marido: "Sempre considerei o amor como uma graça, ignorava que pudesse ser punida por isso".[31] Mas o promotor a recorda de que uma vez ela entrou na Ópera Nacional de Viena usando um casaco de arminho branco, com joias preciosas, e provocou escândalo entre o público. O processo dura dois dias. Emmy conta com o apoio do célebre ator Gustaf Gründgens, de quinze testemunhas de defesa e do pastor Jentsch; este afirma que Emmy ajudou diversos judeus. Mesmo assim, como beneficiária do regime nazista, ela é condenada a um ano num campo de trabalho, a uma multa no valor de 30% de seus bens e a não poder exercer qualquer profissão por cinco anos. Mas, como já passou esse tempo presa, é liberada ao fim do processo, para indignação da opinião pública.

Aos 10 anos, em 1948, Edda deixa a mãe e a tia, então instaladas em Hersbruck, e vai para a escola de meninas St. Anna, em Sulzbach-Rosenberg, na Baviera. É a primeira vez que ela vai para uma escola. Durante a guerra, tinha uma preceptora, e, depois disso, a mãe tinha se encarregado de sua educação. Quando toma conhecimento de seu nome, a diretora da escola se mostra de início muito reticente, mas se vê obrigada a aceitar uma aluna tão brilhante. Edda permaneceu na St. Anna até o fim do ensino médio, em 1958. No exame final, o tema da redação é: "O esquecimento é ao mesmo tempo uma graça e um perigo?". Em 1949, enfrenta pela primeira vez um conflito a respeito da propriedade de alguns de seus bens. Em 11 de julho, sua mãe abre um processo para obter a restituição dos presentes que, segundo ela, teriam sido oferecidos a Edda pelo pai ou por "padrinhos e madrinhas, com a maior boa vontade do mundo". O principal objeto de litígio é o quadro de Cranach, *A Madona e o menino*. Mas o fiscal geral da Baviera, Philip Auerbach, argumenta que esses bens foram oferecidos por pessoas "que queriam ser bem-vistas pelo seu ilustre pai",[32] e o tribunal de desnazificação abre um processo contra Edda.

Ela cursa Direito a fim de se tornar advogada, mas logo abandona a carreira, embora tenha obtido um diploma da Universidade de Munique. Como Gudrun Himmler, devota um amor incondicional ao pai, recusando-se a ver nele um dos maiores culpados pela Shoah. Edda está convencida de que ele não foi responsável pela perseguição aos judeus – ele que, em julho de 1941, ordenou a Heydrich a colocação em prática da Solução Final na Europa.

A filha adere plenamente à posição da mãe, com quem viveu entrincheirada num apartamento em Munique até a morte de Emmy, em 1973. O apartamento é um museu à glória desse pai que, se não tivesse entrado na política, poderia ter sido fabricante de chocolate, como seu avô. "Se ele tivesse se contentado em fabricar chocolates, como meu avô, hoje estaríamos todos juntos e felizes", lamenta a filha. Em 1967, Emmy decide escrever suas memórias para restabelecer a verdade e retificar "mentiras e erros". A essa altura, ela não tem como ignorar as atrocidades nazistas e os milhões de inocentes assassinados pelo regime. Mesmo assim, o Göring que descreve é todo bondade, amor e altruísmo.

Para Edda, como para Gudrun Himmler, o único culpado é Hitler. Göring permanece, para a filha, "um pai magnífico". "Meu pai não era um fanático. Podia-se ler a paz em seus olhos. [...] Amei-o muito, e dava para ver que ele me amava." Sempre teve orgulho do sobrenome, que fez questão de manter. Considera que ele lhe traz vantagens, sobretudo quando viaja, pois quando descobrem quem é, sempre a apresentam às personalidades locais. "Quando ficam sabendo que sou a filha de Göring, os garçons não me deixam pagar a conta e os taxistas não me cobram a corrida", diz ela, não sem uma ponta de arrogância.

A filha do homem forte do Terceiro Reich trabalha como enfermeira no laboratório de um hospital de Wiesbaden, na Alemanha. Mantém laços com Winifred Wagner, esposa do filho de Richard Wagner e amiga, por muito tempo, de Adolf Hitler. Assim como seu marido, Emmy Göring apreciava muito o compositor; segundo ela, a filha teria herdado do pai o amor por Richard Wagner. Depois da queda do Reich, Winifred Wagner é destituída da direção do Festival de Bayreuth, inicialmente dirigido pelo próprio Richard Wagner. Nos anos 1950, Winifred, que nunca renegou seu passado, participa de movimentos de extrema-direita. Nas reuniões desses grupos, encontra Edda Göring, Ilse Hess ou o líder fascista inglês Oswald Mosley. Florentine Rost van Tonningen, "viúva-negra" neonazista dos Países Baixos, confirmou numa entrevista que Edda permaneceu fiel ao movimento neonazista, participando inclusive de manifestações.

Encontramos semelhanças perturbadoras entre a filha de Himmler, o burocrata tacanho, iniciador da Solução Final, e a de Göring, o Nero do nazismo. Ambas continuaram sempre adorando seus pais, negando seus crimes e vivendo em Munique em casas-museu consagradas à glória paterna. Outro ponto comum: como Edda, Gudrun Himmler evita qualquer contato com jornalistas. Um repórter do jornal *Le Monde* assim narra sua tentativa de entrevistar a filha de Göring nos anos 1990:

"Edda Göring no aparelho", anuncia ela com firmeza, usando a fórmula consagrada na Alemanha para quando se atende o telefone. Quando lhe explico o objetivo da chamada, uma enquete com os filhos de nazistas sobre a memória da Shoah, Edda responde com ainda mais firmeza: "Não dou entrevistas". E faz questão de enfatizar: "Nunca tive problemas com meu sobrenome. Pelo contrário, é um orgulho. [...] Meu pai continua sendo popular na Alemanha. A mídia não gosta de dizer isso, mas ela não reflete a opinião popular. O governo da Baviera nos fez sofrer, eu e minha mãe, mas o povo sempre nos apoiou". Disse isso num fluxo ininterrupto, com paixão, raiva e rancor. Talvez tenha então pensado que falou demais. "Nada de entrevistas", repete. "Para concluir, só uma frase, uma só: Amo muito meu pai, isso ao menos você pode escrever".[33]

Como na família Himmler, foram os sobrinhos-netos de Göring que decidiram rejeitar esse terrível passado. Aos 30 anos, ambos resolvem se esterilizar para interromper a linhagem, não engendrar mais um Göring, mais um monstro. Bettina Göring, que vive isolada do mundo, sem água encanada nem eletricidade, do outro lado do Atlântico, no Novo México, acha que se parece fisicamente com esse tio-avô bem mais do que sua própria filha. Quando evoca Hermann Göring, o *Reichsmarschall*, enfatiza que ele era tão aterrador que os outros membros da família, embora fossem também nazistas fervorosos, pareciam insignificantes. Aos 11 anos, quando Bettina estava assistindo com sua avó a um documentário sobre os campos de concentração, esta comentou: "É tudo mentira!". Entre os Göring, como entre muitas famílias alemãs, o mais simples é negar qualquer implicação pessoal. Nenhuma ação repreensível, nem mesmo da parte de Hermann Göring.[34]

Já Matthias Göring, sobrinho-neto de Hermann, resolveu se tornar judeu. Aos 40 anos, decidiu usar um quipá e uma estrela de Davi, comer alimentos *kosher* e celebrar o *Shabat*. Nos anos 2000, após a falência de seu consultório de fisioterapia, sua mulher o deixou. Desesperado, chegou a pensar em suicídio. Rezou para que Deus o socorresse e acredita ter recebido sinais do destino que o conduziam à Terra Santa. Resolve ir para Israel e fazer parte da comunidade das vítimas. Segundo ele, sua conversão não está ligada a um sentimento de culpa. "Não me sinto culpado. Há uma culpa espiritual em nossa família, na nação alemã, e é nossa responsabilidade declarar isso abertamente. Acredito que Deus resolveu usar meu sobrenome para mudar algumas coisas no coração dos outros".[35]

Já Edda Göring parece não se desviar de sua linha de conduta. Em 2015, aos 76 anos, abriu mais um processo contra o parlamento bávaro para obter a restituição de uma parte dos bens confiscados de seu pai após a Segunda Guerra. A ação foi imediatamente indeferida.

WOLF R. HESS

O filho da sombra do último criminoso de guerra

Ao filho ele não dirá nada. Ainda é muito novo, e sua missão é absolutamente secreta. Hoje, excepcionalmente, tirou algum tempo para brincar de trenzinho com ele, depois o aperta forte nos braços e o entrega aos cuidados da babá, que o colocará na cama. Sabe que aquela pode ser a última vez que está com ele. É entre os brinquedos do menino que esconde algumas cartas aos seus familiares e seu testamento, caso o pior aconteça. Antes de partir, lembra-se de pôr uma foto de seu amado filho no bolso do paletó.

A Churchill ele tem a intenção de dizer que a Alemanha garante seu império à Inglaterra, desde que esta a deixe de mãos livres. Irá sozinho. Poderes sobrenaturais lhe ditaram seu destino durante um sonho. Agora, cabe a ele cumpri-lo. Sua decisão de ir em pessoa fazer uma proposta de paz aos ingleses foi tomada após uma série de visões recorrentes, nas quais apareciam "inúmeras fileiras de caixões de crianças acompanhados por suas mães aos prantos".[1] Ele, que sempre ficou na sombra, finalmente vai poder recuperar toda a sua influência junto ao "Homem" que venera com todo o seu ser: o *Führer*.

Para levar a cabo sua missão, foi ver o projetista de aviões Willy Messerschmitt em seu escritório de Augsburg, e lhe disse que queria aprender a pilotar um Bf 110. Obtém então um avião sem código operacional e o adapta. O avião é desarmado, e reservatórios suplementares de combustível são instalados para aumentar seu raio de ação em 4.200 quilômetros, ou seja, dez horas de voo.

Há meses o piloto realiza voos de treino e se mantém informado da meteorologia. Diversas vezes, teve de renunciar por causa do mau tempo.

Mas no sábado, 10 de maio de 1941, às 17h45, a aeronave Bf 110 Messerschmitt, código de rádio VJ+OQ, decola da pista do aeródromo de Augsburg, a sessenta quilômetros de Munique.

No mesmo dia, a Luftwaffe lança um ataque aéreo noturno contra a cidade de Londres. Graças a cartas aéreas cuidadosamente analisadas, o piloto do Messerschmitt conhece sua navegação em detalhes. Sabe que a missão é perigosa. Uma vez no ar, não poderá voltar. Marcou em azul o ponto onde pretende descer, no norte da Grã-Bretanha, mais exatamente na Escócia.

A noite está bonita e limpa nos céus da Alemanha. Ele pôs seu uniforme novo da Luftwaffe: não podia cumprir essa missão vestido de civil. Considera-se um mensageiro da paz e quer ser convincente nesse papel. Para tanto, o uniforme se faz necessário. Antes de entrar no avião cinza da Luftwaffe, entrega a seu ajudante uma carta que este deve enviar ao *Führer* quatro horas depois de sua partida.

Quando o avião sobe, uma multidão de ideias começa a girar em sua cabeça. Está convencido de que aquele é seu destino e de que está realizando os desejos do *Führer*, que certamente lhe ficará reconhecido. Se tiver sucesso, pensa, "entrarei para a História e me tornarei digno Dele. Hitler deseja essa paz tanto quanto eu". Ainda traz na memória as imagens do sonho que acabou de convencê-lo. Essa missão se tornou uma obsessão, seu único destino.

Ele é Rudolf Hess, o braço direito do *Führer*.

Depois de voar por quatro horas e transpor cerca de 1.600 quilômetros, sozinho, desde a Baviera, às 22h05, o avião, agora a baixa altitude, entre 32 e 50 pés, penetra no espaço aéreo inglês pelo pequeno arquipélago das ilhas Farne. Logo é detectado pelo Royal Corps of Signals, ao sul da cidade de Edimburgo. Hess desafia a defesa antiaérea britânica. A RAF (Royal Air Force) tenta interceptar o avião, mas sem sucesso. Eles perdem seu rastro. Hess desvia para oeste, em direção à cidade de Glasgow. Está voando agora sobre solo britânico.

Às 23 horas, pensando ter atingido sua meta – a casa do duque de Hamilton, em Dungavel –, o piloto salta de paraquedas pela primeira vez em sua vida e aterrissa num campo perto de Eaglesham. Encontra-se a cerca de vinte quilômetros da propriedade do duque. Ferido no tornozelo, é detido por volta da meia-noite pelas autoridades britânicas. Os ingleses estão intrigados com sua carta de navegação, sobre a qual está circulada a propriedade do duque de Hamilton, e com os cartões de visita de um certo Karl Haushofer, o homem que deveria abrir as portas da Inglaterra para ele. De manhã cedo, Rudolf Hess é identificado, principalmente pelo duque de Hamilton, que, ele acreditava, estaria aberto a negociações de paz com a Alemanha.

Quando, em 11 de maio, o *Führer* põe as mãos na carta pessoal enviada pelos ajudantes de campo de Hess e toma conhecimento dos fatos, interroga o célebre piloto Ernst Udet sobre a exequibilidade de semelhante viagem. "Impossível!", responde o chefe dos serviços técnicos da Luftwaffe. Quaisquer que fossem as condições meteorológicas, o bimotor não poderia atingir sua meta na Escócia. Os ventos laterais o fariam inexoravelmente perder o rumo da Grã-Bretanha e cair no Mar do Norte. Estava errado.[2]

Rudolf Hess nasceu em 26 de abril de 1894, em Alexandria, no Egito, filho de uma rica família de comerciantes alemães. Passou seus primeiros anos de vida num verdadeiro palácio, cercado por criados. O menino é próximo da mãe, Klara Munch, mulher amorosa e amada que ele nunca esquecerá. Em 1949, encarcerado em Spandau, Hess faz sua esta frase de Kant: "Nunca esquecerei minha mãe. Ela plantou e regou em mim a primeira semente do bem; abriu minha alma às impressões da natureza; despertou meu interesse e ampliou meu campo de reflexão. O que me ensinou teve sobre minha vida uma influência duradoura e salutar", e acrescenta: "Isso não é válido apenas para a mãe de Kant".³ Rudolf Hess permaneceu a vida toda em contato com essa mãe que idolatra. Já seu pai é um comerciante puritano e rigoroso, que não suporta ser contrariado. Deseja que Rudolf lhe suceda nos negócios e lhe impõe estudos comerciais. Mas o filho só pensa numa coisa: fugir.

Sua maneira de escapar foi o Exército. Tem 20 anos quando a Primeira Guerra é declarada e se forma então como piloto. Quando, no mês de abril de 1920, encontra Adolf Hitler pela primeira vez, afirma ter tido uma espécie de visão. Acredita imediatamente ter encontrado "o Homem", o único capaz de reerguer a Alemanha e restituir seu orgulho.

No mês de julho do mesmo ano, torna-se o décimo sexto homem do partido nazista. Nessa época, o partido ainda está longe dos mais de 8 milhões de membros que teria alguns anos depois. *A priori*, nada destina então o tímido Rudolf Hess a se tornar o braço direito de Hitler e o terceiro homem do Reich. Nada, exceto sua indefectível fidelidade ao *Führer*. Ele quer se tornar "o cavaleiro Hagen do partido", como gosta de dizer. Aquele que, na lenda dos *Nibelungen*, está disposto a fazer tudo por seu senhor, mesmo cometer um crime. Tudo nele é submissão a Hitler, com o qual, para retomar as palavras de sua esposa, ele mantém um laço "quase mágico".⁴ "Não tenho consciência, minha consciência é Adolf Hitler", ele repete. Rudolf Hess é o homem de confiança a quem Hitler entrega o comando do partido, talvez para melhor poder removê-lo mais tarde. Censuram-no por sua "fidelidade canina". E ele logo se vê suplantado por um certo Martin Bormann, cuja sede de poder não tem limites.

Nesse mesmo ano de 1920, Rudolf encontra sua futura esposa, Ilse Prohl, estudante que mora num quarto alugado na mesma casa que ele, no bairro de Schwabing, em Munique. Os dois se casam em

20 de dezembro de 1927, mas têm dificuldade para ter filhos. Levarão dez anos para conseguir. Durante todo esse tempo, apelam para terapias alternativas. Ambos são ligados em ciências ocultas e consultam curandeiros de todo tipo. Magda Goebbels conta que Ilse lhe disse "cinco ou seis vezes, no período de alguns anos, que estava finalmente esperando um bebê. Em geral, acontecia quando um profeta da felicidade lhe tinha assegurado isso".[5] Seu marido também gosta de consultar tarólogos ou velhas videntes. Um amigo de Goebbels conta:

> Goebbels falou da doença mental de Hess e contou a comédia envolvendo Hess e sua esposa, que, por anos, tinham se esforçado para gerar um herdeiro. Ninguém sabia se o filho era mesmo dele. Hess teria ido em companhia da esposa consultar astrólogos, tarólogos e outros bruxos, além de ter ingerido tudo quanto é tipo de poções e medicamentos antes de conseguir gerar um herdeiro.[6]

E Felix Kersten, o massagista de Himmler, afirma ter visto Hess deitado na cama com doze ímãs pendurados acima e abaixo do colchão. Dizia estar fazendo uma cura por magnetismo, a fim de retirar de seu corpo "toda e qualquer substância nociva".

Ilse suporta mal a gravidez. Sobretudo quando tem de encontrar mulheres como a duquesa de Windsor, que considera a mulher mais elegante do século. Sente-se mal em seu corpo e desconfortável em sociedade. Quer que seja um menino, mas que não siga a carreira política, pois acha que é raro o pai e o filho serem bem-sucedidos no mesmo domínio, o segundo sempre ficando eclipsado pelo primeiro.[7]

Quando Wolf Rüdiger, o filho tão desejado, vem ao mundo, em 18 de novembro de 1937, seu pai tem 43 anos. O parto é difícil e doloroso, mas o menino está ali. Hess recebe a notícia quando está com Hitler em seu famoso Ninho da Águia, em Berchtesgaden. Quase explode de alegria, e seu rosto se ilumina com um desses sorrisos extáticos de que ele tem o segredo e que deixam entrever certa loucura. Hess, de fato, tem uma fisionomia muito peculiar e uma expressão de iluminado, com os olhos afundados nas órbitas, as maçãs do rosto salientes e as sobrancelhas proeminentes. O casal escolhe para o filho um nome que é a combinação do nome de guerra do *Führer* durante seus anos de combate político, "Wolf", e do nome de um herói dos *Nibelungen* – lenda alemã tão venerada pelos nazistas –, "Rüdiger". Os Hess estão convencidos da influência dos astros sobre o destino. Ilse faz questão de enfatizar que no dia do nascimento de seu filho as estrelas estavam propícias. Na noite anterior, a Lua estava cheia, e o pequeno nasceu sob a influência de Júpiter, Marte e Vênus.[8]

Numa cerimônia pagã "de nomeação" – destinada a substituir o batismo religioso, banido pelos nazistas –, o menino ganha dois padrinhos: Adolf Hitler e Karl Haushofer,[9] professor universitário e geopolítico de que Hess foi discípulo e que permaneceu um amigo próximo. A criança recebe presentes de toda a Alemanha. Mas, sobretudo, é dada ordem a todos os *Gauleiter*, os dirigentes regionais do partido, de enviar um saquinho de terra da região que administram. Para Hess, graças a essa terra colocada debaixo do berço, o menino realmente começa sua vida em terra alemã. Ilse prefere preservar seu filho do mundo exterior: ela sempre prezou a intimidade familiar. Pede a Rudolf que nunca passe muito tempo fora, por medo de que o menino deixe de reconhecer o pai e tenha sempre de se reabituar a ele. Assim, Hess volta para o seio da família sempre que pode, para conviver com o filho. Tem muito orgulho dele e está convencido de que seu destino será grandioso. Segundo ele, a forma de suas orelhas pressagia um futuro de "músico de gênio". Ainda que nenhuma aptidão especial tenha se revelado no menino, ele adormece ao som de melodias clássicas e acorda ao som do jazz.[10]

Wolf Rüdiger tem apenas 3 anos e meio quando, para surpresa geral, seu pai voa secretamente para a Inglaterra a fim de assinar um acordo de paz. Essa tentativa fracassada permanecerá um dos enigmas do século XX, fonte de especulações de todo tipo. Até hoje restam sombras a respeito desse voo no sábado, 10 de maio de 1941, já que alguns documentos ingleses continuam classificados como segredo militar. Ninguém próximo a Hess estava a par de seu projeto. Sua esposa, por certo, deve ter percebido aqueles boletins meteorológicos, aqueles mapas do lado da cama, mas não fazia ideia do que o marido estava tramando. A possibilidade de uma missão na França lhe passou pela cabeça. Talvez se tratasse de um encontro com o marechal Pétain, mas a Inglaterra, nunca.[11] Também ficou surpresa com os trajes de seu marido naquela tarde. Por que ele tinha vestido seu uniforme da Luftwaffe, com a camisa azul e a gravata escura de que ela tanto gostava, mas que ele não usava mais? E por que aquelas botas de piloto que havia muito tempo não saíam do armário? O *Führer* tinha feito Hess – piloto habilidoso, mas um tanto suicida – prometer que não voaria mais. Quando Ilse perguntou até quando ele ficaria fora, o marido respondeu que estaria de volta na segunda-feira, mas ela sentiu que não era verdade. E o *Führer*? Estava a par dessa tentativa? Aprovou-a? Continua sendo um mistério. Para o filho de Hess, não há dúvida: Hitler sabia. Wolf Rüdiger passará a vida toda tentando restabelecer o que, a seu ver, é a verdade.

A realidade, no entanto, é mais complexa. Parece que Hess tomou essa decisão acreditando interpretar os desejos do *Führer*. Ele, que o ajudou na redação de *Minha luta* quando estiveram presos juntos na penitenciária de Landsberg, estava convencido de que Hitler queria um entendimento com a Inglaterra. A esse respeito, alguns evocam a carta de quatorze páginas que Hess teria escrito ao *Führer* e que deveria ser enviada a ele após sua partida, carta em que teria explicado as razões de sua viagem e do encontro previsto com o duque de Hamilton, apaixonado por aviação, o qual Hess acreditava ser um germanófilo. Já o próprio Rudolf sempre negou a implicação do *Führer* nesse assunto. Outros, como Hermann Göring, achavam que Hess estava louco:

> Hess está louco, está louco faz muito tempo. Compreendemos isso quando voou para a Inglaterra. Acha que Hitler teria enviado o terceiro homem do Reich numa missão dessas sem

nenhuma preparação? Hitler "explodiu" quando soube. Acha que foi divertido para nós que a loucura de um dos líderes do partido se tornasse pública? Se realmente quiséssemos negociar com os ingleses [...] meus contatos teriam me permitido organizar conversas em 48 horas. [...] Não, Hess decolou sem avisar ninguém.[12]

Após a captura de Hess na Inglaterra, todos os seus colaboradores diretos são detidos, e a imprensa nazista divulga seus problemas mentais. O *Führer* declara que se ele voltar para a Alemanha será fuzilado ou enviado para um hospício. Evoca-se uma doença física que teria provocado uma degenerescência mental. Para Hans Frank, governador da Polônia, "segundo o *Führer*, agora ficou claro que Hess estava inteiramente nas mãos de astrólogos, iridólogos e curandeiros".[13] Sujeito a longos períodos de amnésia, fingida ou real, Hess fica preso na Alemanha até outubro de 1945, data de sua transferência para Nuremberg. De acordo com alguns psiquiatras, ele sofria de paranoia aguda e de uma loucura crescente. Assim, por exemplo, guardava a comida que lhe davam a fim de mandar examiná-la, para demonstrar que os Aliados tentavam envenená-lo. Sempre que podia, trocava discretamente sua bandeja com a de outro prisioneiro, por medo de que a sua contivesse alguma substância nociva. Durante seu encarceramento em Nuremberg, Herman Göring fala de Hess nesses termos: "Quando o café está quente demais, pensa que estão tentando queimá-lo. Quando está frio, querem contrariá-lo. Não diz exatamente isso, mas é o tipo de argumentos que usa".[14]

Tendo Rudolf Hess caído em desgraça, sua mulher e seu filho são obrigados a deixar a casa onde o pequeno Wolf nasceu, em Munique. Os dois vão se instalar em Bad Oberdorf, em sua casa de férias, o "Bürgle". Segundo Wolf Rüdiger, Martin Bormann, o substituto de Hess como secretário do *Führer*, foi a causa de suas desventuras. Consciente do jogo de Bormann, Eva Braun, a amante de Hitler, apoia-os. "Não hesitem em falar comigo se precisarem de alguma coisa, conversarei com Hitler fora da presença de Bormann", escreve ela para Ilse.[15] Para Wolf Rüdiger, essa frase atesta a influência nociva de Bormann. Rapidamente, o nome de Hess desaparece da Alemanha, sua foto é retirada das paredes das escolas, e as ruas que levavam seu nome são rebatizadas. O menino ainda é muito novo para se dar conta do que aconteceu com seu pai, ainda que perceba que alguns colegas se afastam dele.

Rudolf Hess, por sua vez, está feliz que seu filho seja um "menino da montanha". A casa de Bad Oberdorf realmente fica numa bela região, a 843 metros de altura, incrustada nos Alpes de Allgäu, à beira do vale do rio Iller. É um lugar apreciado pelos amantes de paisagens montanhosas. Em 21 de outubro de 1941, Rudolf Hess recebe a primeira carta do filho, que tem então 4 anos de idade. A leitura daquelas palavras escritas com letra infantil o mergulha numa tristeza extrema. Pergunta-se se um dia poderá rever esse menino tão desejado e tão adorado.

Ao longo de seus anos de cárcere, o que Rudolf Hess mais aprecia é receber notícias da esposa e do filho, apelidado por ele de "Buz". Tranquiliza-se por saber que seu filho querido não o esqueceu e demonstra grande interesse em sua educação. Em suas cartas, dá muitos conselhos, lições de xadrez e o estimula a falar bem. Quando o menino lhe diz que quer ser motorista de caminhão de lixo em Munique, orienta-o para uma carreira de maquinista ou de piloto de avião. Deplora, contudo, as dificuldades de uma educação a distância, e os dois sofrem por não estarem juntos.

Wolf Rüdiger Hess começa sua vida, portanto, na sombra longínqua projetada pelo pai, esse pai afetuoso do qual guarda tão poucas lembranças. Traz na memória sua voz tranquilizadora no dia em que ficou assustado com um morcego que tinha entrado na casa. Lembra-se também do pai brincando com ele no jardim da casa em Munique.[16]

Porém, com os anos, as lembranças se apagam. As fotos ficam amareladas, e a imagem do pai vai se tornando vaga. Tem um respeito enorme por ele e afirma que, ao contrário de Hermann Göring, cuja cobiça não tinha limites, seu pai nunca usou o poder para enriquecer.

Eis o que Rudolf Hess escreve para o filho, em 1945, de sua cela:

> Só desejo uma coisa para tua vida: que alguma coisa te "queime" – seja uma invenção técnica, uma descoberta médica ou uma peça de teatro –, mesmo que ninguém queira construir tua máquina nem montar ou sequer ler tua peça, e que todos os médicos de todas as faculdades caiam em cima de ti, com uma rara unanimidade, para destroçar tuas teorias.[17]

Hess deplora também que a censura autorize os Aliados a lerem suas cartas e penetrarem, assim, na intimidade familiar.

O tribunal de Nuremberg não julgou Hess culpado de crime contra a humanidade, mas sim de crime contra a paz, e o condenou à prisão perpétua. Como disse um colega de sala a Wolf Rüdiger ao final do processo: "Fique contente, seu pai vai viver".[18] Essa condenação é um choque terrível para seu filho, então com 8 anos. Ele nunca a compreenderia nem aceitaria.

Para Wolf Rüdiger Hess, a sentença permaneceria para sempre injustificada. Como seu pai, que ele considera um mártir da paz, pôde ser condenado? Para ele, esse processo não passa de uma paródia de justiça. As últimas palavras de Rudolf Hess em Nuremberg, antes de receber a sentença, ficaram gravadas nos espíritos: "Não me arrependo de nada; se tivesse de recomeçar tudo do zero, agiria da mesma maneira, mesmo sabendo que no fim morreria numa fogueira".

Rudolf Hess nunca renegou seu fanatismo e seu antissemitismo. A propósito de sua sentença, o rabino Abraham Cooper, do Centro Simon Wiesenthal, organização internacional de direitos humanos voltada aos estudos do Holocausto, com sede em Los Angeles, escreve: "a prisão perpétua para esse nazista não arrependido é um ato de compaixão se levarmos em conta o sofrimento infligido às milhões de pessoas consideradas subumanas nos escritos de Hess".[19]

Depois de nove meses em Nuremberg, Hess é transferido para a prisão de Spandau com seis outros condenados. Nessa fortaleza de tijolo vermelho com capacidade para seiscentos prisioneiros, vivem apenas sete detentos: Hess é o número 7. O isolamento é quase total, e Hess recusa por 24 anos que sua família o visite.

Felizmente para Wolf Rüdiger, as crianças do vilarejo de Bad Oberdorf não se preocupam em saber quem é o pai daquele a que chamam carinhosamente "Buz". Mas, uma vez, um menino da vizinhança jogou em sua cara: "Seu pai era um nazista!", ao que, ainda muito novo para compreender a amplitude dos fatos imputados a seu pai, Wolf teria respondido: "O seu também". O outro então terminou a discussão dizendo: "O seu era pior!".

O fato de viver sozinho com sua mãe não chama a atenção na Alemanha do pós-guerra, onde isso era bastante comum. Mas, no dia 3 de junho de 1947, sua mãe é detida e presa com outras mulheres de dirigentes nazistas, entre as quais Emmy Göring, Brigitte Frank, Henriette von Schirach e Grete Frick. Na prisão de Augsburg-Göggingen, Ilse Hess é instalada no quarto 5 do barracão 5. Em 7 de junho de 1947, ela escreve ao marido que teve "sorte por ter sido colocada num dormitório amigável, comandado por uma velha com voz de homem que fuma como uma chaminé".[20] Em outra carta, Ilse elogia a coragem de seu filho no momento em que foi presa. Ao ver a polícia, Wolf Rüdiger Hess, que tinha apenas 9 anos, escondeu-se na despensa para que ninguém o visse chorar. Ilse Hess ficou presa até 24 de março de 1948, e, como resultado do processo de desnazificação, teve todos os seus bens confiscados.

Algumas semanas após a prisão de Ilse, Wolf Rüdiger, que tinha sido entregue aos cuidados de sua tia Inge, é autorizado a se juntar à mãe. No campo, encontra outros filhos de criminosos nazistas, como Edda Göring. Sempre que pode, vai escondido até a ala dos homens para escutar suas histórias, e sonha se tornar um soldado. É nesses anos do pós-guerra que Wolf vai descobrindo aos poucos o papel desempenhado por seu pai na ascensão do Terceiro Reich e nas atrocidades cometidas por este.

Em 1950, Wolf entra num internato perto de Berchtesgaden, mas, por causa de um escândalo ligado a casos de homossexualidade no estabelecimento, sua mãe o tira da escola. Tenta então matriculá-lo na famosa instituição Schule Schloss Salem, mas o margrave Berthold von Baden se recusa a receber o filho do braço direito de Hitler em sua escola. O menino volta então para Berchtesgaden, onde estuda numa escola cristã chamada Christophorus. Em setembro de 1950, Rudolf Hess escreve ao filho: "Deve acreditar em mim quando digo que digerir uma injustiça silenciosamente, sem protestar, tendo perfeita consciência de que se agiu com retidão, não afeta nossa liberdade interior".[21]

Em 1954, Ilse Hess escreve um livro: *Rudolf Hess, prisioneiro da paz*. Nele conta a história do voo de seu marido entre Augsburg e a Inglaterra, em maio de 1941, e publica toda a abundante correspondência que mantiveram desde que ele foi preso. Suas cartas utilizavam um código inventado por eles: por exemplo, o riso era representado por uma linha ondulada. Uma prática que os ingleses interpretaram num primeiro momento como um verdadeiro código secreto.

Em 1955, Ilse Hess abriu em Gailenberg, no Allgäu, uma pensão familiar chamada Bergherberg. Até a morte, permaneceria próxima dos simpatizantes do nacional-socialismo e da organização encabeçada por Gudrun Himmler, além de manter uma correspondência regular com Winifred Wagner, esposa do filho de Richard Wagner que sempre foi, por sua vez, simpatizante do Partido Nacional-Socialista dos Trabalhadores Alemães (NSDAP). Wolf Rüdiger Hess foi assim criado num ambiente onde os ideais nazistas nunca foram renegados, muito pelo contrário.

Ele prosseguiu seus estudos sem problemas e terminou a escola em 1956. Diplomado, viajou com um amigo para a África do Sul. Lá, percebeu a realidade de uma maneira diferente do que era relatada pela imprensa. Para ele, a separação entre as raças é uma coisa boa, e a liderança dos brancos, uma evidência.[22] Durante a viagem, contraiu uma doença tropical, cujo tratamento, acredita, esteve na origem dos graves problemas renais que veio a ter mais tarde.

É nessa época que decide "desmentir" o que a mídia revelou sobre o Terceiro Reich, principalmente o que foi dito de seu pai, Rudolf Hess. Toma assim a defesa desse homem, que julga vítima de uma grande injustiça. Para Wolf, seu pai só pode ter feito a tentativa de assinar a paz entre a Alemanha e a Inglaterra com o assentimento de Hitler. Para sustentar essa tese, além da proximidade existente entre os dois homens, evoca a conversa de quase quatro horas que eles tiveram poucos dias antes do voo. Além disso, depois da prisão de seu pai, Hitler teria se assegurado de que sua mãe recebesse uma pensão. Wolf contesta categoricamente a teoria proposta por alguns historiadores de que seu pai teria tomado a iniciativa de fazer aquela tentativa de paz para recuperar a estima do *Führer*.

Em 1959, nega-se a servir na Bundeswehr, alegando que seu pai foi condenado à prisão perpétua por ter sido um dos signatários da lei de 16 de março de 1935, que introduziu o serviço militar obrigatório na Alemanha. Apresenta-se por duas vezes diante de uma comissão de reforma e, ao médico militar que lhe pergunta que corpo do Exército seria de sua preferência, responde: "Se não fosse obrigado a recusar o serviço militar, gostaria de fazer parte dos caçadores alpinos". Ainda em 1959, escreve para a comissão de reforma: "Vocês certamente compreenderão que minha consciência me proíba de efetuar o serviço militar para aqueles que condenaram meu pai". Se as autoridades desejam que ele faça seu serviço militar, declara, teriam de prendê-lo. Num primeiro momento, sua solicitação de isenção é rejeitada por falta de fundamento legal, mas em 1964 é finalmente dispensado por objeção de consciência. Wolf estuda na Universidade Técnica de Munique e se forma como engenheiro civil.[23]

Durante os anos 1960, trabalha pela reabilitação de seu pai. Empenha-se em difundir em todos os meios de comunicação o mito do mensageiro da paz, um mito que seu pai e seu advogado, Alfred Seidl, começaram a criar já no processo de Nuremberg. Diante da "justiça dos vencedores", como gostava de chamá-la Rudolf Hess, sua defesa se fundamentava em sua qualidade de embaixador da paz. Uma petição lançada pelo comitê "Liberdade para Rudolf Hess" teria reunido mais de 350 mil assinaturas, entre as quais as dos ex-presidentes da Alemanha Ocidental, Gustav Heinemann e Richard von Weizsäcker, as dos prêmios Nobel Otto Hahn e Werner Heisenberg e a do escritor Ernst Jünger. Wolf consegue inclusive convencer alguns historiadores, como Golo Mann, filho de Thomas Mann, que aceita prefaciar um dos seus livros e destaca que Rudolf Hess não era um homem de guerra. Mas a defensora mais convicta, sempre ao lado do filho, é sua mãe, Ilse.

Em 20 de novembro de 1967, Ilse Hess concede uma entrevista ao jornal *Der Spiegel*. Ela não voltara a ver o marido desde o voo para a Inglaterra, 26 anos antes. Preso em Spandau, ele prefere não infligir esse espetáculo a sua família. Para Ilse, o fracasso de sua tentativa de paz com a Inglaterra estaria na origem da depressão de Hess. Ela se recusa a aceitar o diagnóstico de doença mental, admitindo no máximo uma crise de depressão.

Os médicos se dividem quanto ao estado dele. Para alguns, Hess é depressivo. Para outros, portador de esquizofrenia ou de patologias múltiplas. O médico britânico Henry Victor Dicks, major do Royal Army Medical Corps (RAMC) e psiquiatra, que o examinou assim que foi preso na Inglaterra, acha que Rudolf Hess demonstra sintomas de grave depressão e de esquizofrenia paranoica. "Quando entrei no quarto, minha impressão foi: meu Deus, está aí um caso típico de esquizofrenia", conclui o psiquiatra. Diagnostica também uma tendência à hipocondria e constata que, ao voar para a Inglaterra, Hess levava consigo aspirina, laxantes, comprimidos de cafeína, barbitúricos, antissépticos, metanfetaminas, opiáceos, medicamentos homeopáticos e pílulas para enjoo![24] O diagnóstico de depressão é confirmado pela tentativa de suicídio de Hess. Porém, a pedido de Winston Churchill, que preferia a versão segundo a qual Hess não era louco – em caso de demência, os alemães poderiam solicitar seu repatriamento –, as patologias de que ele sofre não são divulgadas. Esse diagnóstico é confirmado, durante o processo de Nuremberg, pelo psicólogo norte-americano Douglas M. Kelley, que considera Hess num estado "próximo ao de uma grave depressão nervosa"[25] e lhe atribui um "complexo do pai", ligado a Hitler. Rudolf Hess teria procurado um sucedâneo da autoridade paterna, primeiro em seu professor e mentor geopolítico Karl Haushofer, depois em Hitler. Para sua esposa, esse diagnóstico é absurdo, influenciado por considerações políticas e mesmo falsificado. Hess também seria amnésico. Para determinar se essa patologia é fingida ou real, o coronel Amen, responsável pelos interrogatórios em Nuremberg, organiza, no dia 10 de outubro de 1945, uma acareação entre Hess e Haushofer. Rudolf recebe assim algumas notícias da esposa e do filho. O professor lhe diz: "Seu filho está ótimo, tem 7 anos agora. Eu o vi e me despedi dele debaixo do carvalho que leva seu nome".[26]

Enquanto esteve preso na Grã-Bretanha, Hess sempre manteve três retratos na parede do seu quarto: o de sua esposa, o de seu filho e o de Hitler. Para Nuremberg, levou apenas os dois primeiros.

Voltou a ter notícias da família quando confrontado com suas duas ex-secretárias. Mas nem mesmo essas entrevistas permitiram aos psiquiatras determinar com certeza se houve simulação ou não da parte de Hess. Interrogado sobre a esposa e o filho, disse ter esquecido até seus nomes[27] e que só sabia da existência deles graças às fotos que guardava. Mas a menção de seus nomes nas cartas que lhes enviava parece demonstrar o contrário. Göring acredita que Hess enganou direitinho o tribunal e seus psiquiatras: "Minhas últimas dúvidas se desfizeram quando você não reconheceu Haushofer no acareamento", diz-lhe, animado.[28] Uma coisa é certa: Hess nunca abandonou seu fanatismo tacanho.

Através de suas cartas à esposa, Rudolf continua a acompanhar o percurso escolar do filho. Envia-lhe verdadeiras aulas por correspondência e incita sua mulher a fazê-lo estudar grego. Deseja que o filho tenha lazeres que lhe permitam escapar do penoso cotidiano alemão e que não cresça rápido demais. Nenhuma fotografia de Rudolf Hess é tirada por muito anos, e a imagem que seu filho tem dele vai progressivamente se cobrindo de sombra. Sombra que um único fotógrafo conseguiu captar por cima dos arames farpados da prisão de Spandau.

Contrariamente a outros detentos de Spandau, Hess se recusou a alegar a doença mental para obter uma liberação antecipada. Proibiu inclusive seus advogados de utilizarem esse argumento, considerando que o braço direito do *Führer* tinha o dever de nunca se mostrar diminuído. Em novembro de 1969, sofrendo de uma grave úlcera gastroduodenal, volta atrás em sua decisão e finalmente aceita receber seus familiares. Pede então ao diretor da prisão que lhe conceda o direito de receber visitas de sua esposa e de seu filho. Durante a primeira visita, e as que se sucederam, qualquer referência ou menção à política ou ao nacional-socialismo foi evitada.

Wolf Rüdiger tem 30 anos quando revê o pai. Hess está então com 75. Estão proibidos de se abraçar e mesmo de apertar as mãos. Nunca terão o direito de se encontrar sozinhos: um dos quatro diretores da prisão deve estar sempre presente. A primeira visita ocorre em 24 de dezembro de 1969, e Wolf está acompanhado da mãe. Mas ele só abraçará seu pai pela primeira vez em 1982. Nenhum presente é permitido, nem mesmo no Natal ou no aniversário do prisioneiro. Wolf tem mil perguntas a fazer ao pai, mas elas ficarão para sempre sem resposta. Quando alguém lhe pergunta sobre seus lazeres, responde invariavelmente: "Nunca tive lazeres, dediquei todo o meu tempo livre ao meu pai". A ele, Wolf dedica sucessivamente três livros: em 1986, *Meu pai, Rudolf Hess*; em 1989, *Quem assassinou meu pai, Rudolf Hess?*; e, finalmente, em 1994, *Rudolf Hess: "Não me arrependo de nada"*.[29]

Em *Meu pai, Rudolf Hess*, Wolf relata principalmente as condições de detenção do pai e retoma as palavras do pastor francês Casalis sobre o tratamento desumano infligido aos detentos de Spandau.[30] Considera seu pai o prisioneiro mais solitário do mundo, já que só pode enviar e receber uma carta por mês, com no máximo 1.300 palavras. A cada ano, a família empacota cuidadosamente as doze cartas que Hess enviou.[31] Foi exigido que o casal parasse de traçar a linha ondulada usada para representar o riso, e, para piorar, muitas cartas que de algum modo infringiam as exigências de Spandau não eram entregues ao destinatário, o que o fazia, por vezes, ficar meses sem receber uma. Rudolf recebia muitas fotos do filho, mas se queixou à esposa por não saber exatamente como ele é, já que a iluminação e o ângulo eram diferentes a cada foto.[32]

A partir de 1966, data da libertação de Albert Speer, arquiteto e ministro do armamento de Hitler, e de Baldur von Schirach, comandante da Juventude Hitlerista, Hess fica sendo o único prisioneiro de Spandau, já que os quatro outros detentos tinham sido libertados nos anos 1950. É o prisioneiro mais caro do mundo. Seu encarceramento como único detento da prisão custa ao Estado mais de dois milhões e meio de marcos por ano.

Durante todos os anos de cárcere de seu pai, Wolf Rüdiger Hess nunca parou de tentar obter sua libertação ou melhorar as condições da detenção. Em janeiro de 1987, Wolf ganha novas esperanças quando, pela primeira vez em mais de vinte anos, a embaixada soviética responde à sua solicitação. Os soviéticos eram até então os adversários mais ferozes de uma libertação de Hess a título humanitário, logo eles, que teriam sido as principais vítimas de um pacto anglo-alemão. No âmbito da reaproximação Leste-Oeste intentada pela Perestroika, sua posição se torna mais flexível. Uma entrevista é marcada para o dia 31 de março de 1987, às 2 horas da tarde. Quando Wolf encontra o pai para lhe falar disso, Hess está muito fraco, já não consegue caminhar sem ajuda. Rudolf também conta ao filho que acaba de solicitar sua liberdade condicional depois de 46 anos de detenção, 42 dos quais em Spandau.

Em 13 de abril de 1987, o jornal alemão *Der Spiegel* publica um artigo intitulado "Gorbatchov vai libertar Hess?". Para Wolf, a libertação de seu pai é iminente. Mas em 17 de agosto de 1987, um jornalista telefona para seu escritório e o avisa que seu pai está morrendo. No fim do dia, recebe uma ligação de Harold W. Keane, o diretor norte-americano da prisão de Spandau, confirmando o falecimento. A notificação oficial, formulada em inglês, diz o seguinte: "Estou autorizado a lhe informar o falecimento de seu pai hoje às 16h10. Não estou autorizado a comunicar mais detalhes".[33]

No dia seguinte, quando Wolf vai até a prisão acompanhado pelo advogado do pai, o Dr. Seidl, uma multidão bloqueia a entrada. Wolf está convencido de que o pai foi assassinado. Acha que Keane, o diretor da prisão, está nervoso, e não compreende por que o proíbe de ver o corpo do pai. O relatório da autópsia revela que Rudolf Hess se enforcou com um cabo elétrico na cabana do jardim da prisão, aonde costumava ir. Apesar das tentativas de reanimá-lo, foi declarado morto às 16h10. Tinha 93 anos. O relatório oficial sobre as circunstâncias de sua morte só seria publicado pelos Aliados no dia 17 de setembro.

Durante sua detenção em Spandau, o filho o visitou 102 vezes. Apesar de todos esses anos de cárcere, Wolf considera que o laço espiritual que o unia a seu pai nunca se afrouxou. Logo após a morte do homem à sombra do qual viveu e combateu a vida inteira, Wolf Rüdiger, então com 49 anos, foi vítima de um ataque cardíaco e imediatamente hospitalizado em Munique.[34]

Para evitar que Spandau se torne um lugar de peregrinação nazista, a destruição da prisão é ordenada imediatamente após a morte de Hess. Graças a um acordo entre os Aliados e a família, o corpo não é incinerado, mas entregue à família para ser sepultado na Baviera, no jazigo familiar, numa cerimônia privada.

Persuadido de que o pai foi assassinado, Wolf solicita uma nova autópsia assim que o corpo chega a Munique. O relatório entregue pelo professor Wolfgang Spann em 21 de dezembro de 1988 conclui também que a morte ocorreu por asfixia, mas destaca a existência de marcas de pressão no pescoço e a probabilidade de um estrangulamento. Além dessa autópsia, dois testemunhos de guardas de Spandau teriam mencionado a presença de membros do serviço secreto inglês, encarregados da execução de Hess com o assentimento da CIA. Wolf duvida também da autenticidade de uma nota que os Aliados teriam encontrado no bolso de seu pai. Para ele, o conteúdo dessa nota está fora de contexto em 1987, e a formulação da frase final – "redigido alguns minutos antes de minha morte" – não corresponde à maneira de se expressar de seu pai. Wolf acredita que essa fraude foi possível graças a uma carta de adeus escrita vinte anos antes por Rudolf Hess e não enviada à família. Para ele, não há dúvida: uma conspiração britânica para impedir a emergência da verdade histórica está na origem do assassinato. Senão, por que alguns documentos relativos ao período de detenção na Inglaterra continuariam classificados como segredo militar até 2017? Wolf continua convencido de que seu pai arriscou a vida pela paz e foi uma vítima, não um criminoso. Acredita que se ele se tornar um mártir, a culpa terá sido dos próprios Aliados. Se tivesse sido solto vinte anos antes, como Albert Speer, ninguém falaria disso.

Wolf nunca aceitou a condenação do pai. Sempre o idealizou, considerando-o um mensageiro da paz. Para ele, as leis racistas de Nuremberg, promulgadas em 1935 e das quais seu pai foi um dos principais signatários, eram apenas a tradução em alemão da vontade dos judeus ortodoxos de viver separados de outras religiões. Em si, essas leis não eram ruins, a utilização delas pelos nazistas é que foi problemática. Para Wolf, é impossível que seu pai tenha participado do extermínio em massa dos judeus da Europa. Para sustentar seu argumento, usa como exemplo o professor e mentor do pai, Karl Haushofer, cuja esposa tinha origens judaicas e a quem Hess deu um salvo-conduto para protegê-la das leis que ele próprio formulou.

Finalmente, para Wolf, a invasão da Polônia em 1939 tinha como objetivo proteger as minorias alemãs que os poloneses estavam exterminando. Hitler foi obrigado a atacar a Polônia para evitar um cerco. Ele considera os escritos de seu pai como uma verdadeira Bíblia. Nunca admitirá que a teoria de que seu pai foi assassinado não tenha sido aceita. É um homem amargo e rancoroso que, apesar das provas irrefutáveis, não hesita em negar a Solução Final. Quando o chamam de revisionista, responde que "se o revisionismo consiste em desmascarar as mentiras que contam aos alemães sobre sua história, então sou um".[35]

Acredita que a Alemanha cometeu um único erro: ter perdido uma guerra que já existia, em germe, no Tratado de Versalhes. Hitler não era louco nem monstruoso. Como todo o Terceiro Reich, ele é caricaturado, vítima de uma propaganda insensata que difunde os mitos mais fantasiosos sobre o número de vítimas e seu extermínio. Os testemunhos dos sobreviventes? Não acham estranho que haja tantos sobreviventes depois de tudo o que foi escrito sobre a eficácia nazista? Segundo Wolf, o funcionamento das câmaras de gás era tecnicamente impossível.[36]

Orgulhoso do pai, Wolf Rüdiger considera que seu nome nunca foi uma maldição para ele, muito pelo contrário. Como Edda Göring, acha que esse nome lhe foi útil, pois as pessoas amaram e continuam a amar seu pai. Este, a seus olhos, é a consciência do partido, e Wolf acredita que o longo cárcere de Hess só fez aumentar a simpatia dos alemães por ele.

Seu próprio filho se chama Wolf Andreas e nasceu no mesmo dia que o *Führer*, 20 de abril, para grande alegria de seu pai. Ele também batizou seu filho em homenagem ao *Führer*, usando o nome adotado por Hitler durante seus anos de luta. O menino é criado na atmosfera de admiração por Rudolf. Seu pai se orgulha em dizer que o neto se interessa muito pelo avô e "compreendeu inteiramente sua importância".[37] Wolf tem dois outros filhos, criados no mesmo culto, mas sobre os quais pouco se sabe. Morreu em 2001, após dez anos de diálises.

Até sua morte, Wolf Rüdiger Hess dirigiu a sociedade de defesa de Rudolf Hess, a Rudolf Hess Gesellschaft e.V. A organização, criada em 1988, tem por missão elucidar as razões da morte de Rudolf Hess, dando crédito à tese do assassinato. Sites de internet foram criados para comunicar ao público análises que vão nesse sentido. Um deles, www.meinungfreiheit.de, que supostamente colocava à disposição dos internautas fatos "neutros" sobre a vida e a morte de Rudolf Hess, não pode mais ser acessado.

Wolf Andreas Hess se tornou técnico em informática e, por algum tempo, pensou em criar um site dedicado à memória de seu avô. Em 2002, foi condenado a uma multa por declarar na internet que não havia câmaras de gás em Dachau e que elas foram instaladas pelos norte-americanos depois da guerra, para os turistas.[38]

Em 2011, 24 anos após a morte de Rudolf Hess, seu túmulo no vilarejo de Wunsiedel, na Baviera, foi exumado no maior segredo. A exumação foi solicitada pela família Hess, a pedido do prefeito do município, para pôr fim às comemorações neonazistas que se realizavam ali, especialmente por ocasião do aniversário da morte de Hess. Suas cinzas foram jogadas no mar. Mesmo assim, todo ano uma marcha silenciosa em sua homenagem reúne milhares de nostálgicos do Reich.

Como Gudrun Himmler ou Edda Göring, Wolf Rüdiger Hess foi daqueles que consagraram a vida à defesa do pai, elevado a mártir. Alguns, em compensação, são invadidos pelo ódio quando ficam sabendo a verdade. É o caso de Niklas Frank, filho do governador geral da Polônia, Hans Frank, condenado à morte em Nuremberg.

Para Wolf, o filho de Frank é um doente mental, e seu ódio pelo pai, algo imundo. Já Niklas Frank diz ter pena de Wolf, cujo destino foi esmagado pelo peso do pai, preso a vida inteira.

Diante da prisão perpétua de Rudolf Hess, Frank acha "que o filho de Hess teve de carregar uma cruz mais pesada do que eu, seu destino foi mais cruel".[39]

NIKLAS FRANK

O apetite pela verdade

"Ali na esquina, motorista, pare! Fazem uns corpetes tão bonitos ali! Não, vamos primeiro ver peles. Aqui, me espere aqui. Você também, Niklas, já volto." Dois olhinhos mal alcançam o vidro traseiro do carrão preto, um Mercedes. Com seus 4 anos de idade, Niklas é obrigado a ficar de pé no banco e colar o nariz na janela para ver um pouco da assim chamada "cidade proibida", rodeada por muros de três metros e arames farpados. Esse bairro, pelo qual o bonde passa sem fazer paradas, é o gueto onde estão confinados os judeus. Diante de seus olhos de criança ergue-se uma realidade macabra que o mergulha numa imensa perplexidade. Está feliz por sua mãe, normalmente tão distante, ter aceitado que ele a acompanhe em sua excursão, mas não compreende o quadro sinistro que tem diante dos olhos. A morte ronda. Chega inclusive a perceber cadáveres na calçada.

Sua mãe lhe diz um dia que é lá, entre os judeus, que se podem comprar os melhores corpetes, pois "ninguém faz corpetes mais bonitos que os judeus do gueto". Por certo, esses corpetes são algo muito importante, ao menos o suficiente para levá-la a esse bairro. E não há nada a temer, o menino e sua mãe são protegidos pelo motorista e por um ajudante. Qualquer um que se arriscasse a se aproximar demais do carro seria surrado até a morte ou levaria um tiro sem aviso prévio. Mas quem são essas pessoas? Seres humanos?

Não, o *Führer* disse que não passam de "vermes" que é preciso aniquilar. Niklas não consegue entender. São os vermes que fabricam os corpetes mais bonitos, pelos quais sua mãe se dispõe a sujar os sapatos e se autoinfligir semelhante espetáculo de desolação? É por causa deles que ela vai ao gueto, do qual diz que é *so schmutzig* (tão sujo)? Nesse bairro superpopuloso estão confinados cerca de 20 mil judeus que tentam sobreviver. Os piolhos invadiram os crânios. As epidemias, como o tifo, estão alastradas.

> O que fazem essas pessoas raquíticas, nesse bairro de uma pobreza assustadora e de uma imundice abjeta? – pergunta-se o menino. – Por que estão aí? Parecem ter medo. Suas roupas estão sujas e rasgadas. Estão quase pelados e tão magros que dá para ver os ossos! Por que estão descalços na neve? O que fizeram para estar nesse lugar horrível? Estão sendo castigados? E esses olhos, tão grandes! Parecem maiores do que os rostos. Não têm o que comer? Lá em casa, temos muitas coisas gostosas, inclusive chocolate!

Também não entende a atitude das crianças do gueto para com ele:

> Por que ficam me olhando desse jeito? Sobretudo esse menino, com uma estrela amarela no braço. Será que fiz alguma coisa errada? Será por causa do carro? O que está acontecendo? Vou fazer uma careta bem feia pra ele e mostrar a língua, pra ver se para de me olhar assim! Pronto! Deu certo, meti medo nele, saiu correndo. Bem feito!

É claro que já ouviu em casa a palavra "gueto", e sabe que ali se pode negociar a baixo preço todos os tipos de objetos pertencentes a pessoas que são "judeus", mas não entendia a razão disso. Pergunta para sua mãe quando ela volta para o carro: "Mamãe, por que eles não sorriem? Por que nos olham com tanta raiva?", e acrescenta: "E olha que hoje é domingo e eles têm bonitas estrelas amarelas no braço". Sabe que é domingo, pois é nesse dia que ele sempre veste uma bermuda de couro e uma jaqueta. Mas sua mãe não aprecia suas perguntas e diz para ele ficar quieto: "Não adianta perguntar, você não entenderia".

Esse menininho é Niklas Frank. É filho de Hans Frank, conhecido como o "açougueiro de Cracóvia".

Niklas não conhece judeus. Nem sabe o que significa aquela estrela amarela. Seu irmão Norman, onze anos mais velho, contou-lhe que antes da guerra tinha um judeu na sua sala de aula. Um dia, ele desapareceu, sem que ninguém se preocupasse com o que tinha sido feito dele. Norman também já foi uma vez ao gueto, com o motorista do pai deles. Acha que os guetos já existiam antes de eles virem para a Polônia. Mas não compreendeu a razão daquela visita.[1]

Geralmente, Niklas fica no carro enquanto sua mãe, Brigitte, não hesita em passear pelo gueto. Ela sempre volta com joias, peles, tapetes ou outras preciosidades. Fica tão contente por ter feito bons negócios! É a única coisa que importa. O silêncio glacial e a miséria indizível que reinam ali não a afetam nem um pouco.

Numa dessas excursões, Niklas é autorizado a sair do carro. Caminha por uma ruela sombria; uma casa lúgubre atrai sua atenção. Atrás de uma pesada porta, que o menino empurra com dificuldade, um homem furioso diz a uma velha raquítica, que olha para o chão: "Você é uma bruxa dos infernos!". A cena é assustadora, e o menino começa a chorar. Então o homem lhe diz: "Não fique assim, logo ela estará morta". Niklas nunca esqueceu o que viu nesse dia. Cada uma dessas imagens volta à sua mente quando, anos mais tarde, sentado à sua mesa de trabalho numa sala propositalmente não aquecida, dedica-se à redação de seu primeiro livro sobre o pai, Hans Frank, usando uma velha máquina de escrever da marca Erika que pertenceu a sua mãe.

Desde sua chegada à Polônia, em 1939, a família vive entrincheirada no castelo de Wawel, da dinastia dos Jagellon, na parte alta de Cracóvia, a capital do governo geral alemão. Hans Frank escolheu esse castelo renascentista como residência, tendo reformado uma de suas alas de acordo com os gostos do Terceiro Reich. Uma grande bandeira nazista paira sobre o castelo. Não falta nada aos Frank, pelo contrário. A família mora nos aposentos privados do primeiro andar. A lista de empregados dos Frank é impressionante, e Niklas, o "pequeno príncipe", vive num luxo extraordinário. Mais de setenta anos depois, lembra do dia em que seus pais deram um minicarro para ele e um para seu irmão. Niklas, empolgado, foi logo se instalando no mais bonito, um Mercedes, mas sua mãe o fez sair, dizendo que aquele era o do irmão. Que decepção! O outro lhe parecia um tanto sem graça.[2] Mesmo assim, os dois se divertem circulando pelo castelo com seus carrões. Escondido nas viradas dos grandes corredores, Niklas espera os criados aparecerem para sair pedalando e bater em suas pernas. É claro que nenhum deles ousaria repreender o pequeno castelão, filho do governador-geral.

As festas são frequentes. O castelo dispõe de uma grande adega de vinhos e conhaques franceses. Fumam-se charutos cubanos. Em bandejas de prata, são servidas finas iguarias, salgadas e doces. Quem estivesse ali jamais imaginaria que, ao redor, pessoas viviam numa miséria horrenda e morriam de fome.

Foi só depois da guerra que Niklas ficou sabendo do papel de seu pai na legalização dos guetos, inicialmente estabelecidos pela polícia. Hans Frank declarou ter tomado essa medida "no interesse dos judeus".[3] Para Niklas, sua mãe "deve agradecer a Hitler pela criação dos guetos, os primeiros supermercados *discount*, criados especialmente para os Frank".

Em alguns dirigentes, os psiquiatras detectaram uma grande normalidade, desprovida de fanatismo ou de sadismo, mas esse não é o caso de Hans Frank. Homem versátil e atormentado, ele se refugia no nacional-socialismo desde a primeira hora, e sem reserva. Até o fim, revela-se um servo devotado ao "glorioso mágico na arte de dirigir": Adolf Hitler. Considera o *Führer* um "super-homem"[4] enviado pela providência e quer a todo custo se aproximar dele e seduzi-lo.

Hans Frank veio de uma família de três filhos da classe média alemã. Seu pai é advogado. A união de seus pais se deteriora, e, com as crianças ainda pequenas, a mãe deixa o lar e vai viver com o amante. Hans Frank fica então dividido entre o pai e a mãe. Desde seus anos de universidade em Munique, onde estuda Direito, ele se radicaliza. É obcecado pela cultura alemã e pela ideia de uma Alemanha forte. Em 1923, entra para a "tropa de assalto" do partido nazista. Naquele momento, em que Hitler ainda não passava de um agitador de cervejaria, Hans Frank logo fica fascinado pelo personagem, grandioso orador popular.

Durante seus estudos, encontra aquela que se tornará sua esposa, Brigitte Herbst. Secretária do parlamento bávaro, ela tem 29 anos, cinco a mais que ele. O casamento é celebrado em 2 de abril de 1925, em Munique. Em 1926, formado em advocacia, torna-se o defensor legal de Adolf Hitler e do partido nazista nos anos de luta.

Em 1933, Frank é nomeado ministro da Justiça da Baviera e presidente da Academia Alemã de Direito. Um ano mais tarde, torna-se ministro do Reich, sem pasta específica. É ele quem modela o direito para legitimar o regime totalitário de Adolf Hitler, por mais que o negue. Para Frank, "o direito constitucional sob o Terceiro Reich é a formulação jurídica da vontade histórica do *Führer*, mas a vontade histórica do *Führer* não é a satisfação de condições jurídicas prévias a sua atividade".[5] Enquanto toma medidas para eliminar os judeus do governo geral, declara que "se o direito não é protegido, o Estado perde sua consciência moral e afunda no abismo das trevas e do horror. [...] Podem ter certeza de que prefiro me arruinar a renunciar a essa ideia do direito".[6] Considera-se um servidor e quase um mártir do direito. Já Adolf Hitler execra o direito, afirmando que nada se parece mais com um criminoso do que um jurista e que todos os advogados são maus por natureza ou se tornam maus com o tempo.[7]

No outono de 1939, quando seu caçula Niklas tem apenas 7 meses, Hans Frank é nomeado governador-geral da Polônia, ou seja, o principal representante do Reich na região central da Polônia ocupada pela Alemanha. É ele o responsável pelos guetos judaicos, entre os quais o de Varsóvia, o maior de todos, criado em 1940 e destruído em 1943. Em seu setor, cerca de dois milhões de judeus serão mortos nos campos de extermínio de Belzec, Sobibor e Treblinka.[8]

Hans Frank tem cinco filhos, três meninos e duas meninas. Norman, seu filho mais velho, nasceu no dia 3 de junho de 1928, e Niklas, o mais novo, em 19 de março de 1939. Brigitte Frank costuma legitimar sua união recordando ao marido que lhe deu cinco filhos. Quando não tem certeza da identidade do pai – a fidelidade não era sua principal virtude –, Brigitte prefere abortar. Diante de um Hans Frank não muito convencido, declara que teve um aborto espontâneo ou que o bebê era prematuro demais para sobreviver.

Em seu discurso de apresentação, pronunciado em 25 de novembro de 1939 na cidade polonesa de Radom, Hans Frank assim descreve o objetivo de sua missão: "É um prazer ter finalmente a chance de atacar fisicamente a raça judaica. Quanto mais morrerem, melhor".[9] Naquele momento, 66 mil judeus vivem em Cracóvia. O projeto de Frank é erradicá-los e reconstruir bairros onde se possa respirar "o bom ar alemão". Niklas, o caçula, lembra-se do pai declarando à mãe, quando Hitler o nomeou governador da Polônia: "Brigitte, você vai ser a rainha da Polônia!". A partir de 1941, a prioridade de Frank é "solucionar a questão judaica". Desde então, qualquer pessoa que saia do gueto está sujeita à pena de morte. A caça aos judeus está oficialmente aberta, e terríveis massacres ocorrem em todo o território. Os deportados não ficam mais enclausurados em guetos, são exterminados em campos assim que desembarcam dos trens.[10]

Niklas não lembra direito a partir de quando os três filhos mais novos do casal Frank começaram a dividir seu tempo entre a Alemanha e a cidade de Cracóvia. Mas afirma que sua mãe não gostava de viajar com crianças pequenas, e que elas passavam apenas alguns meses por ano na Polônia. O resto do tempo, ficavam na casa da família na Baviera com a babá Hilde.[11] Só os dois mais velhos, Norman e

Sigrid, vivem realmente na Polônia a partir de 1941, estudando na escola alemã de Cracóvia.

Os Frank são pais distantes e pouco calorosos. Na família, Niklas carrega o apelido de "Fremde", estrangeiro. Ele se lembra do pai lhe dizendo: "Quem é você, pequeno estrangeiro? Você nem sequer pertence à nossa família, não é mesmo? Então, o que quer, pequeno estrangeiro?" – enquanto corria atrás dele em volta da mesa sem conseguir alcançá-lo. A única coisa que esse filho queria, então, era que o pai o pegasse no colo. Niklas diz ter sido uma criança que deixava os outros incomodados por estar sempre tranquilo, observando sua família de criminosos.[12]

A mãe é uma mulher dominadora e mal-humorada – a "mãe alemã" que Niklas descreve com ódio no livro que dedica a ela muitos anos mais tarde.[13] Os filhos Frank não se lembram de ter sido beijados ou pegos no colo. Seus pais, contam, estavam muito ocupados vivendo suas respectivas vidas. Lembram-se pouco da presença deles, tendo sido criados por babás. Na tenra infância, Norman só se recorda da mãe, já que o pai vivia ausente. Mas nem mesmo ela dedica muito tempo aos filhos. Os Frank estão sempre recebendo convidados, membros eminentes do Terceiro Reich, músicos, atores de cinema ou cantores de ópera. Hans Frank se considera um homem de cultura. Em seu romance autobiográfico *Kaputt*, o escritor italiano Curzio Malaparte, correspondente de guerra no *front* do Leste durante a Segunda Guerra, recorda que aquele que se imaginava um senhor italiano da Renascença oferecia jantares grandiosos, de uma opulência obscena, enquanto os poloneses morriam de fome e de angústia. Aficionado por música erudita, o despótico Frank gosta de tocar Chopin para os convidados em seu piano Pleyel. Contudo, o compositor romântico foi proibido pelos nazistas, que destruíram sua estátua em Varsóvia. Malaparte diz que "a doença de que os carrascos sofrem é misteriosa. Têm medo acima de tudo dos fracos, dos desarmados, dos oprimidos, dos doentes; o medo dos velhos, das mulheres, das crianças, o medo dos judeus". Nos fins de semana e nas férias, a família vai para o magnífico castelo de Kressendorf, perto de Cracóvia. Os meninos adoram esse lugar, onde podem caçar passarinhos com suas espingardas de ar comprimido. Norman se lembra de ter matado quase cem pardais.[14]

Às vezes, Hans Frank aceita que o mais velho, Norman, que viera morar com a família na Polônia em 1940, acompanhe-o em seus deslocamentos. Contudo, Norman, então com 13 anos, tem poucas lembranças desse período. No caminho que os leva a Viena, passam ao lado de Auschwitz, mas Norman garante que não fazia ideia do que se passava ali. Tecnicamente, o maior campo criado pelos nazistas não está no território do governo geral de Frank, mas fica apenas a 67 quilômetros de Cracóvia. Naturalmente, Norman sabe que se trata de um campo de prisioneiros, mas garante só ter ouvido falar do extermínio em massa depois da guerra. Niklas acha que é mentira.[15]

Ele, embora muito novo na época, lembra que um dia sua babá Hilde o levou, com um de seus irmãos, para dentro de um campo de trabalho, provavelmente o de Plaszow, na periferia de Cracóvia. Lá, assistiu a uma cena que pareceu engraçada a seus olhos de criança: colocavam-se homens enfraquecidos e raquíticos sobre burros bravos, que logo os derrubavam, para a alegria da plateia. Depois, um gentil oficial de uniforme – namorado de Hilde? – lhe deu um chocolate quente.[16]

Ao contrário de seu irmão mais velho, o caçula dos Frank quis saber tudo. E passou a vida toda tentando satisfazer seu apetite pela verdade. Detesta o pai. Segundo ele, era um "pobre idiota! Só se interessava por joias, castelos e belos uniformes. A vida humana não tinha nenhum valor para ele". Seu reinado é marcado pelo terror. Hans Frank proclama, em alto e bom tom: "Eu sou o rei alemão da Polônia"; mas quando um interlocutor observa que um verdadeiro rei nunca diz "eu sou o rei", Frank responde com arrogância: "Tenho direito de vida e de morte sobre o povo polonês, mas não sou o rei da Polônia. Trato os poloneses com a magnanimidade e a benevolência de um rei, mas não sou um verdadeiro rei. Os poloneses não merecem um rei como eu. É um povo ingrato. [...] Não merecem a honra de ter um senhor alemão".[17]

O casamento dos Frank não é feliz. Hans raramente está presente. Durante sua prisão em Nuremberg, declara a seu confidente, o psicólogo Gilbert, que sua mulher era velha demais para ele, tanto física quanto espiritualmente. Brigitte não corresponde em nada ao ideal da mulher nazista, devotada à família e que nunca abandona o lar. É ambiciosa, fútil e tem um caso com um dos amigos de Frank. Dizem que teria começado a traí-lo já na lua de mel, com o filho de um armador de Hamburgo. Mas quando Frank pede divórcio, após ter reencontrado seu amor de infância, uma certa Lilly Groh, a esposa o convence a voltar atrás. Por nada no mundo quer deixá-lo escapar e chega a denunciar sua amante como judia a Heinrich Himmler. Prova, segundo Niklas, de que ela sabia o que estava acontecendo com os judeus.[18] Pede também a Hitler para se opor ao pedido de divórcio do marido, "preferindo ser viúva a divorciada de um ministro do Reich" – frase que seu filho Niklas adora.[19] De sua parte, Hans Frank alega que sua esposa tem amantes, especialmente seu amigo, o Dr. Karl Lasch, governador de Radom. Afirma que os amantes se encontram clandestinamente e que Niklas seria na verdade filho de Lasch. Nas primeiras páginas do livro *O pai: um ajuste de contas*, Niklas aborda a questão da sua filiação. Anos depois, ele teria interrogado a ex-secretária de Hans Frank, que lhe garantiu que o doutor Lasch não era seu pai. Os filhos de Hans Frank são unânimes em afirmar que seu pai sempre teve medo da esposa, mesmo quando estava preso em Nuremberg.[20]

A partir de 1942, o poder de Hans Frank diminui consideravelmente. Censuram-lhe o teor de alguns discursos nas universidades alemãs, nos quais fala da necessidade de haver juízes independentes, mas sobretudo sua corrupção e seu enriquecimento pessoal. Frank sofre a hostilidade de Martin Bormann e Heinrich Himmler, decididos a demonstrar sua incompetência e a exigir sua destituição. É obrigado a ceder a Himmler competências essenciais no domínio policial;[21] porém, apesar de ter apresentado sua demissão a Hitler quatorze vezes, Frank permanece em seu posto em Cracóvia até "o desmoronamento total de sua autoridade", em agosto de 1944. Em 17 de janeiro de 1945, é obrigado a fugir do castelo de Wawel. Junta-se então à família, que tinha ido meses antes para a Baviera. Antes de deixar seu feudo, Frank se despede com uma grande festa – e toma o cuidado de transferir para sua residência na Baviera os objetos de valor e as obras de arte pilhadas em massa, entre as quais quadros de Rembrandt, de Rafael e a *Dama com arminho* de Leonardo da Vinci.[22]

Na Baviera, a família vive de novo em Schoberhof, sua velha fazenda reformada, perto do lago Schliersee. Hans Frank tinha adquirido, em 1936, a grande construção de 5 mil metros quadrados tipicamente bávara, com um telhado de ardósia e uma parte alta de madeira escura sobre o corpo do edifício de cimento branco. Alguns dos filhos do casal Frank viveram sua infância ali, como verdadeiros pequenos fazendeiros.[23]

É nessa casa de família que Hans Frank é detido pelos norte-americanos, em 4 de maio de 1945. Alguns dias antes, ele tinha entregado 50 mil marcos à esposa. "Meu pai deu esse dinheiro para minha mãe como a uma puta", diz Niklas; "fez isso na frente do meu irmão Norman, sem o menor gesto de afeição".[24]

Para Norman, o filho mais velho e preferido de Hans, então com 18 anos, a chegada dos Aliados era inevitável. Fazia algum tempo que escutava as rádios do inimigo e sabia que ele estava se aproximando a passos rápidos. Quando Norman vai falar com o pai no escritório, a mesa está posta, com café e bolo. "Certamente, sou o único ministro do Reich a esperar tão alegremente a própria detenção", diz seu pai em tom de brincadeira.[25] Ele acredita que será inocentado graças a seus discursos e a seus diários, cerca de quarenta volumes contendo suas atividades cotidianas entre 1939 e 1945, que entrega voluntariamente aos Aliados. Nem imagina que, pelo contrário, serão elementos de acusação; encontram-se neles, por exemplo, declarações do tipo:

> Devo lhes pedir para se armarem contra qualquer consideração ligada à piedade. Devemos aniquilar os judeus a cada vez que os encontrarmos e em toda parte onde for possível, a fim de garantir aqui a estrutura global do Reich. [...] Os judeus também representam, para nós, barrigas extremamente nocivas a alimentar. Temos cerca de dois milhões e meio deles no governo geral; atualmente, talvez três milhões e meio, com as pessoas ligadas familiarmente e os consortes. Não podemos fuzilar esses três milhões e meio de judeus, não podemos envená-los, mas podemos mesmo assim executar operações que resultarão, de um jeito ou de outro, no aniquilamento, e isso no quadro de importantes medidas a serem discutidas no nível do Reich. Não deve haver judeus no governo geral, assim como no Reich.[26]

Depois da guerra, Hans Frank espera que as menções a seus conflitos com a hierarquia nazista bastarão para livrar sua cara. Para Norman, esse engano é incompreensível. No momento em que Hans é preso, Walter Stein, o tenente norte-americano encarregado de levá-lo, promete às crianças que seu pai logo estará de volta.[27] Niklas tem então 6 anos de idade.

Dois dias depois de preso, Hans Frank tenta se suicidar. Na verdade, no próprio dia da detenção, depois de apanhar dos Aliados, já tinha atentado contra a própria vida tentando cortar a garganta.

Em sua cela em Nuremberg, Frank chama Hitler de psicopata, de diabo satânico, rodeado por diabólicos "homens de ação" como Bormann e Himmler, e alega que as atrocidades do Terceiro Reich foram secretamente planejadas por esses três homens.[28] Como muitos outros nazistas, Hans Frank é incapaz de assumir sua responsabilidade na barbárie cometida. O diabo Hitler o teria levado para o mau caminho.

Em Schoberhof, Brigitte Frank recebe visitas noturnas de trabalhadores poloneses e ucranianos liberados dos campos e que vêm roubar a casa. Mas consegue salvar uma caixa de joias deixando-a na casa da vizinha. Seu filho lembra que, algum tempo depois, ela trocaria algumas dessas joias por mantimentos, num campo de judeus transferidos.[29]

Em outra ocasião, um soldado norte-americano fortemente armado, que saqueou a adega dos Frank, coloca Brigitte e seus filhos contra a parede e ameaça executá-los. Niklas lembra que sua mãe permaneceu firme e pediu que não atirasse nas crianças; foi então que um superior chegou e pôs fim aos excessos do soldado.

Em agosto de 1945, a família é forçada a deixar a mansão Schoberhof levando apenas duas malas e algumas peles. Os Frank, então, instalam-se primeiro numa pousada e, em seguida, num pequeno apartamento no vilarejo vizinho de Neuhaus am Schliersee. Depois de ter vendido suas peles, Brigitte manda às vezes os filhos mendigarem comida. Tenta colocar Norman na única escola próxima, mas o diretor se recusa a aceitar a matrícula. Não quer o filho de um criminoso de guerra em seu estabelecimento. Norman, que tinha então 18 anos, tenta estudar em casa, mas fracassa nos exames que lhe permitiriam entrar na universidade e abandona os estudos.

Depois de cinco meses de silêncio, a família Frank fica sabendo que Hans tentou se suicidar mais uma vez. Todos acompanham dia a dia a evolução do processo pela rádio. Em setembro de 1946, antes do veredicto, a família o visita pela última vez. Norman acha que o pai mudou e está muito magro. As últimas palavras que Hans dirige ao filho mais velho são: "Seja forte e lembre-se de nunca falar sem antes ter pensado bem no que vai dizer".[30]

Niklas recorda com raiva esses últimos instantes:

> Eu tinha 7 anos quando ele morreu, e não chorei. Nós o tínhamos visitado na prisão, no início de setembro. Eu tinha entendido que ele ia morrer, só falavam disso no rádio e na

escola. Eu estava sobre os joelhos da minha mãe, e ele, atrás de um vidro. Ele disse: "Então, Niki, daqui a três meses festejaremos o Natal todos juntos, em casa!". E eu pensei: "Como pode mentir ainda? Nunca mais nos veremos e ele ainda mente?". Até hoje não entendo por que ele não disse: "Niklas, sou um criminoso e é normal que eu morra. Estou implicado em tudo isso, e lamento muito".[31]

A ausência de remorsos no pai é insuportável para Niklas. "Sua culpa é nossa herança", diz, e não tem palavras suficientemente fortes para descrever o pai, esse "assassino" que ele considera "fraco", "fútil", "hipócrita", "covarde" e um patético "puxa-saco". "Acontece que foi esse covarde que construiu as câmaras de gás", continua.

Condenado à morte pelo tribunal de Nuremberg por crimes de guerra e crimes contra a humanidade, Hans Frank é enforcado em 16 de outubro de 1946. Alguns meses depois de ser preso, ele tinha se convertido ao catolicismo, graças ao padre franciscano irlandês Sixtus O'Connor. De acordo com Niklas, o padre é o homem "que mais sabe coisas sobre meu pai". Esse novo Frank não hesita em dizer: "Sou dois seres ao mesmo tempo. O Frank que está na frente de vocês e o outro, o líder nazista, e às vezes me pergunto como aquele Frank pôde cometer semelhantes atos".[32] Mas Niklas tem a impressão de que o padre não gostava realmente de seu pai. Quando o interroga sobre as últimas palavras que este pronunciou ao subir os degraus para a forca, ele responde que não lembra. Depois da execução de Hans Frank, Sixtus O'Connor envia para seus filhos o livro de preces dele.[33]

Para Norman, a condenação à morte é preferível à prisão perpétua, como aconteceu com Rudolf Hess. Ele diz que teria grande dificuldade em suportar se a pena tivesse sido essa: "A prisão perpétua para meu pai teria sido uma pena de prisão perpétua para toda a família".[34]

No dia da execução dos dez condenados à morte (foram condenados doze, mas Hermann Göring se suicidou e Martin Bormann foi condenado *in absentia*, isto é, sem a presença do réu), Hans Frank é o único a ir até a forca sorrindo. Tem a aparência de um ser liberado de seus demônios. Diante da corda, pronuncia algumas palavras: "Sou agradecido pelo tratamento que me dispensaram durante minha detenção e peço a Deus que me aceite em sua misericórdia". Lendo as linhas de sua mão, uma cigana não tinha predito, em 1934, uma morte violenta antes dos cinquenta anos e um grande processo? Na época, essa predição não o surpreendeu, já que era um advogado.[35] Hans Frank foi executado aos 46 anos.

Como todas as esposas de dirigentes nazistas condenados em Nuremberg, Brigitte Frank é detida por ordem do ministro Loritz, responsável pela desnazificação, no fim de maio de 1947. Quando a polícia chega, ela está na cozinha do apartamento de Neuhaus, na Alta-Baviera. Forçada a deixar seus quatro filhos desprotegidos, fica desamparada. Sua filha mais velha, Sigrid, tinha se casado em 1945. É a primeira vez que Niklas vê a mãe, normalmente tão forte, chorar. Quando foi proclamado o veredicto do processo de Nuremberg, ela havia se contentado em fazer uma lista de acusados, assinalando suas respectivas condenações. E não hesitou em fazer um X ao lado do nome do marido. No momento da execução, não derramou uma lágrima.

Brigitte Frank é levada para o campo de Göggingen, perto de Augsburg, onde estão presas outras mulheres de condenados, como Emmy Göring, Ilse Hess, Luise Funck, mulher do ministro da Economia do Reich, ou Henriette von Schirach, mulher de Baldur von Schirach, o comandante da Juventude Hitlerista. Brigitte Frank é a presa de número 1467. Essas mulheres, que conheceram a opulência durante os anos de guerra, descobrem então o que são colchões de palha, ratos e percevejos. A fome e a falta de privacidade são seu cotidiano. Só têm direito a raras visitas de seus filhos e se preocupam acima de tudo com a sorte deles, querem saber se têm o que comer na Alemanha devastada do pós-guerra.

Em Göggingen, podem ser ouvidas conversas surpreendentes. Brigitte Frank parabeniza Emmy Göring pela morte de seu marido, que ela qualifica de "magnífica", lamentando que o seu não tivesse uma cápsula de cianureto também. Emmy Göring, por sua vez, não hesita em ironizar: "Agora, a rainha da Polônia ficou sem Reich e sem marido!". Às vezes, fazem brindes à "saúde de seus homens mortos" e a Adolf Hitler, "a quem seus homens consagraram seus principais anos de vida". Diante do tribunal de desnazificação, Brigitte Frank nega ter comprado joias no mercado negro ou de qualquer outro jeito. Acuada diante das provas, acaba declarando, em sua defesa: "Eu não sou antissemita".[36] Durante uma das quatro ou cinco visitas do filho à prisão, ela o faz escutar Ilse Koch, mulher do primeiro comandante do campo de Buchenwald, conhecida como "a cadela" ou "a bruxa" pelo seu sadismo, que canta velhas canções nazistas. O que faz Brigitte rir muito.

Liberada em meados de setembro de 1947,[37] bronzeada e saudável, teria declarado aos filhos: "Foram minhas melhores férias. Emmy Göring também adorou".[38] Durante a detenção, as duas tinham se aproximado. Brigitte fica impressionada pela lista de joias de Emmy, estabelecida no âmbito de seu processo de desnazificação.[39]

Em 1951, Norman decide deixar o círculo familiar e ir para a Argentina. Mas logo se vê rodeado pelos nazistas argentinos, que veem nele o digno herdeiro do pai. Vai então trabalhar numa mina, perto da fronteira com a Bolívia.

No mesmo ano, Niklas Frank entra num internato em Wyk auf Föhr. Fica ali até completar 20 anos, em 1959. Lembra-se desse período como uma época incrivelmente feliz. Longe de casa, não ouvia mais os berros da mãe. As regras do internato são as dos cavaleiros teutônicos, muito rígidas. Depois do toque de despertar, os internos têm aulas até o meio-dia. Já a tarde é dedicada aos esportes. Niklas se sente em casa no internato. Os outros alunos conhecem sua origem, mas não se importam com isso. O pastor Lohmann, que acolhe filhos de nazistas, torna-se para ele um pai substituto. Niklas acha que o pastor gostava dos filhos de nazistas sem por isso ser um.[40]

Quando, aos 12 anos, Niklas escreve uma carta à mãe com o cabeçalho "Niklas Frank, príncipe da Polônia", Lohmann lhe diz com voz firme: "Você não pode fazer isso".⁴¹ Adolf e Barthold, os dois filhos de Joachim von Ribbentrop, ministro das Relações Exteriores do Terceiro Reich, também são internos no mesmo colégio, mas não convivem diretamente com Niklas, que não recorda ter evocado com eles seus respectivos pais.

Depois da opulência dos anos de guerra, Brigitte Frank tem de viver agora com quinhentos marcos por mês até receber os 5 mil marcos que o governo lhe deixou após o confisco de seus bens, em 1947.⁴²

Em 1953, ela não hesita em vender as memórias que seu marido redigiu pouco antes de sua execução, sob o título *Diante da forca*. O livro se torna um sucesso, um *best-seller* lido por todos em segredo. Os milhares de exemplares vendidos teriam rendido a Brigitte cerca de 200 mil marcos.

Nesse livro, Frank expõe as origens judaicas de Adolf Hitler. William Patrick Hitler, meio-irmão de Adolf, teria incumbido Frank, no final dos anos 1930, de efetuar pesquisas sobre Maria Schicklgruber, avó paterna do *Führer*. Ela trabalhou como cozinheira para um judeu chamado Leopold Frankenberger antes do nascimento do pai de Adolf, Alois Hitler. Hans Frank teria encontrado cartas trocadas entre a avó de Hitler e a família Frankenberger referentes a uma solicitação de pensão alimentar. Para Hitler, essas cartas não provam que o filho dos Frankenberger seja seu avô, mas simplesmente que sua avó conseguiu extorquir dinheiro dessa família, ameaçando-a de revelar a paternidade desse filho ilegítimo. Os historiadores de referência, como Ian Kershaw, não levam a sério essas revelações de Hans Frank, mas há outros que o fazem. De acordo com Niklas Frank, seu pai não encontrou nenhuma prova contundente. Esse episódio revela apenas que o homem para quem o direito de vida ou de morte de outros homens dependia de suas origens tinha, ele próprio, origens incertas.

Quando o livro para de vender, por volta de 1958, Brigitte vai até a estação de Munique, cidade onde passou a residir, e oferece aos viajantes, por cinco marcos, uma cama. Consegue assim alojar, às vezes, até cinco pessoas numa grande sala, separando os colchões com lençóis pendurados.

Ao terminar a escola, embora apaixonado por teatro, Niklas Frank resolver fazer estudos de Direito, História, Sociologia e Literatura Alemã. Não chega a se diplomar: em vez disso se torna jornalista e escritor. Primeiro na revista erótica *Her*, depois na *Playboy*, em que é redator-chefe da rubrica cultural. Finalmente, colaboraria por quase vinte anos na revista *Stern*. Ao contrário de certos filhos de dirigentes nazistas, Niklas é muito claro: "Não tenho medo do passado, quero saber tudo". Por toda a vida, conserva consigo, entre as fotos de seus familiares, uma foto do cadáver do pai. "Gosto muito dessa foto, ele está morto", responde quando lhe perguntam sobre esse assunto.

A ausência de remorso e de reconhecimento da própria culpa em um pai pode ter um impacto muito diferente em cada descendente. Se alguns se apropriam dessa ausência de culpa, para outros ela é insuportável e se traduz pela rejeição. A ausência de remorso e a tentativa de justificação do pai são intoleráveis para Niklas Frank:

> Nada disso. Ele não estava arrependido de nada. [...] Odeio esse desgraçado, que está ardendo no inferno e me obceca. Não tem um dia em que não pense nele com a pavorosa impressão de ser uma marionete cujos fios ele ainda manipula. [...] Dá para acreditar? Mesmo criança eu já tinha a convicção de pertencer a uma família criminosa. Era confuso, mas eu sabia, diferente dos meus irmãos e minhas irmãs que sempre negaram a evidência. Logo vi as fotos dos campos, na primeira página dos jornais: montanhas de corpos nus, esqueletos vestidos com farrapos; e aquela imagem das crianças que estendem seus punhos para mostrar seu número. [...] Tinham a minha idade, foram presas ali do lado do castelo polonês onde meu pai acumulava ouro

> e onde eu bancava o pequeno príncipe com meu carrinho a pedal. A conexão era aterradora. [...] Tentava como um louco me projetar nessas fotos; tentava sentir em meu corpo o sofrimento, a angústia dos judeus que iam morrer. Tentava ser eles. E continuo obcecado com isso.

A morte do pai também o assombra. Em sua cabeça, revive seus últimos instantes, imagina a espera, o corredor, o padre, os treze degraus da escada que leva até a forca e então, finalmente, a corda e a morte. Niklas tentou entender, examinou todos os documentos que conseguiu encontrar, até chegar à seguinte conclusão:

> Não encontro nada. Nada além de cobiça e arrivismo. E apesar das declarações atrozes que fez sobre os judeus, acho que ele não ligava para isso e nem sequer era um verdadeiro antissemita. Se Hitler tivesse dito para fazer a mesma coisa com os franceses ou com os chineses, ele também teria fabricado discursos inflamados contra eles, citando Nietzsche, Schiller, Goethe ou Corneille.

Numa entrevista para a revista *Der Spiegel*, Niklas declara que teria gostado de ter um pai padeiro. Mas, como outros filhos de dirigentes nazistas, acredita que se seu sobrenome fosse Göring ou Himmler, seria ainda pior.[43]

Niklas acha que seu pai merecia ser executado, e fica feliz com isso. Também duvida de sua fé católica tardia. Para ele, Hans Frank só se converteu para escapar da culpa. Mas reconhece encontrar em si mesmo alguns traços da personalidade do pai. Diz que, como ele, é um brilhante mentiroso e um excelente orador, dotado de um senso de humor agressivo, um humor próprio dos Frank.[44] Seu livro *O pai: um ajuste de contas*, publicado na Alemanha em 1987, suscitou intensas reações, especialmente entre outros filhos de dirigentes nazistas, como Klaus von Schirach e Martin Adolf Bormann. Professor de Teologia, este último lamenta não ter tido oportunidade de conversar com Niklas Frank a esse respeito. Para alguns, nunca se deve renegar nem maldizer um pai. Para outros, Niklas vai longe demais na violência do discurso e dos atos. Seu irmão Michael o ataca publicamente e envia uma carta aberta à revista *Stern*, carta que termina com esta frase: "Meu irmão Niki é e continua sendo um estrangeiro". Seus amigos, mesmo os mais próximos, dão-lhe as costas. O início do livro causou grande choque, pois se abre com uma cena de masturbação em que Niklas escreve:

> Menino, me apropriei da tua morte. Foram sobretudo as noites que precederam o dia 16 de outubro que se tornaram sagradas para mim. Deitava pelado no linóleo fedido do banheiro, com as pernas esticadas, tocava com a mão esquerda meu pênis mole e começava a te ver enquanto fazia um leve movimento de vaivém.[45]

Niklas morava, então, com seus quatro irmãos e irmãs, em Neuhaus, num pequeno apartamento no número 7 da Dürnbachstrasse. Um dia, um jornalista observa que essa masturbação infantil é um sinal de sua vontade de sobreviver ao pai, análise que, segundo Niklas, foi uma revelação para ele.[46] Mas Niklas vai ainda mais longe e critica abertamente o povo alemão: "Não tem um dia em que não pense em meu pai e em tudo o que os alemães fizeram. O mundo nunca esquecerá. Onde quer que eu esteja no exterior, quando digo que sou alemão as pessoas pensam 'Auschwitz'. E acho que elas têm toda a razão".

Na sequência, a revista *Stern* reproduz um quinto do seu livro sob a forma de artigos intitulados "Meu pai, o assassino nazista", publicados semanalmente. Neles, Niklas repete como, a cada aniversário da morte do pai, ele se masturba sobre seu retrato ou imagina estar dissecando seu cadáver.

Tampouco poupa sua mãe, retratada por ele como uma provinciana que só sonha em ascender socialmente: "Minha mãe também era cínica e covarde. Era louca por peles e ia de Mercedes ao gueto, acompanhada por uma escolta de SS, comprar por uma miséria roupas que, decididamente, aqueles judeus sabiam confeccionar maravilhosamente. Ela não estava nem aí para o fato de eles morrerem".

Na Alemanha de Adenauer, cuja palavra de ordem é: "Não façam perguntas. Construamos um novo país!", Niklas Frank se arrepende por não ter exigido que sua mãe prestasse contas. Eis o que diz da Alemanha do pós-guerra:

> Acham mesmo que a nostalgia do Reich desapareceu? Tudo foi feito para impedir que o regime fosse julgado, que os filhos questionassem seus pais, que se procedesse a uma sincera introspecção. Ainda pagaremos por isso! Felizmente, os meios de comunicação do mundo inteiro nos mantêm em estrita vigilância e se convulsionam assim que um turco é atacado ou um cemitério judeu profanado. Senão, tudo poderia recomeçar. Amo o povo alemão, mas não tenho nenhuma confiança nele.[47]

Considera sua mãe uma mulher desprovida de moral e que, como muitas outras alemãs, soube tirar proveito do Terceiro Reich. Em seu livro publicado em 2005, *Minha mãe alemã*, afirma detestar essa mulher que nunca demonstrou o menor remorso. Mas ao menos, diz ele, depois da guerra ela não tentou glorificar seu marido e parou de evocar o Terceiro Reich, exceto por uma anedota sobre o galanteio de Hitler que ela não se cansava de contar. Foi obrigada a lutar pela subsistência dos filhos.[48]

Niklas conta que um dia, em 1959, chegou a tentar matá-la com uma overdose de medicamentos. Por causa de um ataque cardíaco, ela tinha sido hospitalizada na clínica da Universidade de Munique, e ele veio festejar com ela seus 20 anos um pouco antes de seu aniversário, no dia 9 de março. Ela estava sofrendo de sobrepeso e de hidropisia, mas fez questão de ficar bonita para seu filho e pediu a uma enfermeira que a maquiasse. Seus lábios estão vermelhos, muito vermelhos, e o filho a acha empoada e maquiada demais. Ela sabe que Niklas nunca a amou, mas não consegue evitar a pergunta: "Diga, você nunca me amou, meu pequeno?". Preenche então o silêncio que se segue recomendando que estude Direito, como seu pai. Deseja que "ele também tenha um grande destino".[49] Como se nada tivesse acontecido, Brigitte Frank morre pouco tempo depois, bem no dia do aniversário de Niklas, 9 de março, com 63 anos de idade.[50]

Norman, por sua vez, passa cinco anos na Argentina. E se refere a esses anos longe da Alemanha e de sua família como a uma verdadeira "libertação". Sua mãe o deixava sem ar. Aliás, fala livremente do caso do pai com seu amor de infância e diz que ele realmente devia ter deixado sua mãe pela mulher amada.[51] De volta a Munique, Norman mora no grande apartamento onde a mãe viveu, com um retrato de cada um dos pais e alguns móveis que pertenceram a eles. Ele, que teme seu passado, admira Niklas por sua coragem de escrever sobre o pai sem hesitar em atacá-lo de maneira virulenta, usando palavras tão cruas quanto seus gestos. Norman tem mais dificuldade de desconstruir o pai. Ele o amava e nunca conseguiu se liberar completamente dele. Sua infância foi bastante diferente da de seu irmão Niklas, bem mais novo. Norman viveu o dia a dia da ascensão do pai no regime nazista. Niklas acredita que foi por isso que Norman fracassou tanto na vida profissional quanto na pessoal. Niklas teve uma filha, mas Norman, como outros descendentes de nazistas, resolveu não ter filhos para não transmitir os genes dos Frank. Seu único amor, Ellens, cujo divórcio ele negociou com o ex-marido por 10 mil marcos, suicidou-se no dia de seu aniversário de 40 anos, 3 de junho de 1967. Segundo Niklas, a segunda esposa de Norman é uma antissemita feroz.[52]

Até a morte, em seu apartamento de Munique, Norman mantém na parede do quarto um retrato pintado do pai. Aquele pai que, com demasiada frequência, tentou esquecer no álcool. Em *Irmão Norman!*, o último livro da trilogia familiar dos Frank, Niklas fala do vício que minou a vida de seu irmão mais velho. Na capa do livro, que se abre com a morte de Norman, em 2009, pode-se ler seu mantra: "Meu pai é um criminoso nazista, mas eu o amava". Nos últimos anos de sua vida, Norman, cujo dia a dia se resume a uma poltrona diante de uma janela que dá para a rua, aproximou-se de Niklas. O livro surgiu de uma conversa a respeito da vida deles, ou, antes, do pai deles. A baixeza moral de sua mãe, a história do divórcio, Hitler, a execução e o catolicismo, está tudo ali. Mas os dois irmãos têm uma visão radicalmente diferente das coisas. Um quis ver o que o outro tentou desesperadamente esquecer. Na lápide de Norman pode-se ler o epitáfio: "Agora estás liberto dos tormentos causados pelo amor a teu pai" (*Jetzt bist du all die Liebesqualen durch deinen Vater los*).

Norman, a quem Hans Frank chamava de "Normi", não analisa a vida deles na Polônia do mesmo modo que Niklas. Adolescente na época, estava apto a compreender o mundo que o cercava, mas diz que naquele momento só estava interessado na própria puberdade. Para chegar de bicicleta à escola alemã de Cracóvia, atravessava toda a cidade. Mas não se lembra do quartel SS ao lado da escola. "Dos judeus, seminus numa temperatura de 20 °C negativos, descarregando carvão de um caminhão", também não se lembra, enquanto um de seus colegas de escola se recorda perfeitamente disso.[53] Seus irmãos mais novos quase nunca estavam lá, e sua irmã Sigrid tinha sua própria vida. Suas únicas lembranças têm a ver com seus pais, muito distantes, ou com sua solidão. De resto, nada: "A época do governo geral foi estranha. Normalmente, me sentia feliz. Estava vivendo minha puberdade. Ela me fascinava bem mais do que o que estava ocorrendo ao redor".[54] Depois da guerra, ao ler os escritos de seu pai, diz "ter sentido vergonha. Aquele não podia ser o pai que eu amava. Existe uma contradição tão grande nele. Não consigo compreender. Como ele podia ser tão culto e bom comigo e dizer coisas tão estúpidas e odiosas?".[55]

Contrariamente a seu irmão, Norman nunca quis reconhecer o papel de seu pai no extermínio de milhões de judeus, ainda que, em sua infância, tenha visto passar muitos caminhões com a inscrição "Auschwitz". Já com mais de 70 anos, finalmente aceita encarar a verdade histórica, tal como ela aparece no último volume da trilogia familiar dos Frank. Mas Niklas acredita que Norman foi o único que confrontou o pai: num dia em que, jogando futebol com outros meninos alemães no pátio do castelo, ouviu tiros e depois viu uma fileira de homens caídos no chão, perto de um muro, numa poça de sangue, fuzilados. Tinha então 14 ou 15 anos e interrogou o pai sobre a razão pela qual homens que, alguns minutos antes, cantavam o hino nacional polonês tinham sido executados. "Antes do fim da guerra, não quero ouvir falar disso", foi a resposta do pai.

Os dois irmãos também não concordam quanto ao efeito produzido por seu sobrenome. Norman o considera uma desvantagem; já Niklas acha que, ao contrário, as pessoas lhe dão mais importância graças a ele. Ambos concordam, no entanto, que o fato de serem filhos de Hans Frank desempenhou um papel determinante em suas vidas.[56]

É preciso dizer que Norman e Niklas foram os únicos entre os irmãos Frank que aceitaram a verdade de que o pai era um criminoso.

Os três outros, que tiveram destinos diferentes, mas geralmente trágicos, recusaram-se a aceitar a verdade histórica. A filha mais velha do casal Frank, Sigrid, emigra em 1966, com seu segundo marido, para a África do Sul – e adere ao *apartheid*. Numa de suas entrevistas, Niklas fala da adesão de sua irmã às teses negacionistas. Em sua última conversa telefônica, Sigrid teria dito: "Se 6 milhões de judeus foram queimados, cada corpo não poderia ter queimado por mais de seis segundos, portanto tudo isso é mentira".

A segunda filha dos Frank, Brigitte, atingida por um câncer, suicida-se em 1981, aos 46 anos, idade de seu pai ao morrer. Para Niklas, ela estava convencida da inocência do pai, e nunca suportou sobreviver a ele.[57] Era mãe de dois filhos, e o mais novo, então com 8 anos, estava dormindo com a mãe quando ela tomou uma dose mortal de soníferos.[58]

Finalmente, em 1990, morre o terceiro filho dos Frank, Michael, aos 53 anos, obeso. Ele bebia até treze litros de leite por dia.

Niklas é o único filho de Hans Frank ainda vivo. Continua incansavelmente sua busca pela verdade, iniciada há mais de meio século. Tornou-se assim o principal biógrafo desse pai que tanto odeia. A atitude de outros filhos de dirigentes nazistas, como Martin Adolf Bormann, parece-lhe insuportável. Fala deste último nos seguintes termos:

> É um princípio que remonta à noite dos tempos: não devemos assassinar nossos pais. O filho de Bormann funciona assim. Um número incrível de escolas alemãs o convidava para falar porque ele contava em toda parte que seu pai não tinha sido apenas um criminoso, mas também um pai amoroso. É um procedimento bastante nojento, porque ele buscava assim diminuir a culpa do pai – e 80 milhões de alemães hipócritas se alinhavam atrás dessas teses.[59]

Hoje, Niklas vive com a esposa no campo, ao norte de Hamburgo. Várias vezes por ano, faz conferências em escolas. Quando lhe perguntam sobre a atual crise dos imigrantes na Europa e sobre a maneira como a Alemanha os acolheu em 2015, diz que acha magnífico, mas que a maioria esmagadora dos alemães se opõe a isso em silêncio.

GUDRUN HIMMLER:
a "Püppi" do nazismo

Heinrich Himmler, sua filha Gudrun (no meio), seu filho adotivo e uma amiga em 1935.

Gudrun e Margarete Himmler, a filha e a esposa do chefe da SS, Heinrich Himmler.

Gudrun Himmler e Adolf Hitler.

Gudrun e seu pai, Heinrich Himmler, no campo de concentração de Dachau, em 1941.

EDDA GÖRING:
a "princesinha do Nero da Alemanha nazista"

Edda e Hermann Göring em 1940.

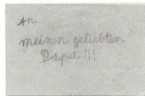

Carta de Edda Göring ao pai na época do julgamento de Nuremberg.

Edda e sua mãe indo visitar Hermann Göring na prisão de Nuremberg, em setembro de 1946.

Álbum de fotos pessoais de Hermann Göring.

Batismo de Edda Göring. Emmy, esposa de Hermann Göring, com Adolf Hitler, padrinho da menina.

WOLF R. HESS:
o filho da sombra do último criminoso de guerra

Rudol Hess e Wolf Rüdiger Hess.

NIKLAS FRANK:
o apetite pela verdade

Fotos de família.

Niklas, sua mãe e sua irmã indo
visitar Hans Frank na prisão de
Nuremberg, em setembro de 1946.

MARTIN ADOLF BORMANN:
o "Krönzi", ou o príncipe herdeiro

Martin Adolf Bormann de uniforme em Feldafing, 1943.

Martin Adolf Bormann de batina em 1958.

Os filhos Bormann.

OS FILHOS HÖSS:
os descendentes do comandante de Auschwitz

A família Höss.

Os filhos Höss, felizes em Auschwitz.

OS FILHOS SPEER:
a linhagem do "arquiteto do diabo"

Albert Speer com seus cinco filhos.

Adolf Hitler no Berghof
com três dos filhos Speer.

ROLF MENGELE:
o filho do "anjo da morte"

Josef Mengele e seu filho Rolf nas montanhas suíças, em 1956.

Josef Mengele, foragido no sul da Alemanha, e seu filho Rolf em 1947.

MARTIN ADOLF BORMANN

O "Krönzi", ou o príncipe herdeiro

No fim da tarde de 25 de abril de 1971, debaixo de uma forte chuva, o motorista de um carro branco da marca Opel perde o controle do veículo e se choca de frente contra um caminhão militar norte-americano. Viu tarde demais o grande caminhão verde escuro, que circulava com os faróis apagados na estradinha em que ele ia entrar. O choque é tão violento que a parte dianteira do veículo fica completamente destroçada. O carro vira uma massa de ferragem dentro da qual o motorista agoniza. Impossível tirá-lo dali, está preso entre o teto e o painel de bordo. A alguns metros da cena, um mecânico viu o caminhão do exército passar e ouviu o barulho da batida. Corre então para ajudar a tirar o motorista do carro. Ainda estará vivo? Não dá para saber. A violência do acidente faz pensar no pior. Os dois militares norte-americanos ficam olhando o mecânico se debater contra a carcaça do veículo. Com seu alicate-tesoura, ele consegue ir cortando os pedaços de lataria que prendem o motorista. À medida que rompe o metal e se aproxima do homem acidentado, distingue seu rosto. Seus traços não são estranhos. Conhece aquele homem. Já o viu, mas onde? Talvez em seu "passado"? Aquele tempo que preferiu esquecer ou, ao menos, silenciar? Antes, tinha sido chofer. Talvez tivesse conduzido aquele homem? Parece ter uns 40 anos; naquela época, seria apenas uma criança.

Mais um pouco e poderá tirá-lo dali. Enquanto trabalha, tenta situar o homem naquele "passado". Então uma imagem lhe vem à mente: a de um menino de 11 anos, sentado comportadamente no banco traseiro do carrão preto que ele dirigia. O menino estava acompanhado da mãe e de duas irmãs. Usava uma bermuda de couro, a famosa *Lederhose*, com suspensórios, uma camisa vermelha quadriculada e longas meias de lã. É o traje tradicional dos moradores da região da Alta Baviera, lá onde seu patrão tinha uma casa. Na época, o mecânico trabalhava para um certo Heinrich Himmler, o homem da SS e da polícia alemã. O homem que está ali na sua frente agora, entre a vida e a morte, não é outro senão o pequeno Bormann, filho de Martin Bormann, o secretário particular do *Führer*. Décadas separam as duas cenas, mas agora se lembra. Conduzia frequentemente o menino entre Gmund e Obersalzberg, a montanha do *Führer*. Uma coisa chama sua atenção: apesar de estar coberto de sangue, dá para perceber que o homem veste uma batina de padre. O filho de Bormann, um padre?

Suas perguntas se perdem em meio ao barulho da ambulância que chega. O ferido desaparece dentro dela, rumo ao hospital mais próximo. Seu estado é muito grave, não se sabe se sobreviverá. Está em coma profundo e assim ficará por dez dias até despertar.

Martin Adolf, filho mais velho do secretário de Hitler, Martin Bormann, e de sua esposa, Gerda, nasceu em 14 de abril de 1930, em Grünwald. Seu nome é uma homenagem a seu padrinho, o *Führer*. É o primeiro afilhado de Hitler. Sua madrinha é Ilse Hess, a esposa de Rudolf Hess, então superior hierárquico de Bormann. Depois disso, em conformidade com os ritos nazistas, os Bormann deixarão de batizar seus filhos.

O pai de Martin Adolf, Martin Bormann, é conhecido como "*Führer* das sombras", tamanho era o poder que, com o tempo, havia adquirido em todos os setores. Chamado também de "Maquiavel da burocracia", era um calculista implacável.[1]

Secretário pessoal de Hitler, Bormann nasceu em 1900, numa família pequeno-burguesa de Saxe-Anhalt. Depois de se meter num obscuro assassinato, em 1923, cai nas graças de Adolf Hitler. Alguns consideram que aquele homem baixinho, corpulento e sem carisma se tornou, pouco a pouco, mais poderoso que o próprio Hitler, já que era indispensável a seu chefe. Inicialmente membro da equipe de Rudolf Hess, então secretário do partido, Bormann vai subindo de posto e consegue afastar seu superior do *Führer*. É ele que decide quem pode ter acesso a Hitler, que acredita piamente em sua lealdade e, em suas últimas horas, designa-o como executor testamentário. Até o fim, Martin Bormann continuaria persuadido de que uma vitória do Reich era possível. Contrariamente a outros dirigentes, mesmo às vésperas da derrota, nunca tentou negociar a paz com os Aliados.

Sua carreira sofre uma virada decisiva quando Rudolf Hess empreende sua louca expedição à Grã-Bretanha, em 10 de maio de 1941. Martin Bormann é então designado como chefe da *Parteikanzlei*, a Chancelaria do Partido Nacional-Socialista. Sua ascensão é rápida. Em abril de 1943, torna-se oficialmente o "secretário do *Führer*". É ele o homem de Obersalzberg, a montanha do *Führer*, aquele que oferece a Hitler, em 1939, em seu aniversário de 50 anos, o "Ninho da Águia", um chalé situado no cume rochoso do Kehlstein, a mais de 1.800 metros de altura. É também o gestor financeiro pessoal do *Führer*. Nada lhe escapa, e Hitler elogia sua habilidade. É temido por todos, mesmo por Himmler, Göring ou Hess. Albert Speer diz que Bormann é o mais perigoso dos próximos de Hitler, sobre o qual chegou a ter uma influência única. Desde o início de 1935, administrava com mão de mestre as finanças de seu chefe, tanto os lucros da venda de *Minha luta* e dos terrenos de Obersalzberg quanto os *royalties* recebidos por Hitler pelo uso de sua imagem em selos.

Speer não é o único a desconfiar de Bormann: todos os próximos do *Führer* o odeiam e o temem. Cada um deles veria, na própria desgraça, o resultado de um complô urdido por ele. Seu poder atinge o auge nos anos de declínio do Reich. Sua proximidade com o *Führer* lhe permitiu desbancar progressivamente os mais eminentes dirigentes nazistas.

Sua esposa, Gerda Buch, é filha de um importante membro do Partido Nacional-Socialista e amigo próximo de Adolf Hitler. Casados em 2 de setembro de 1929 conforme o rito nazista, são muito unidos. Como passava muito tempo longe de casa, Bormann mantinha uma copiosa correspondência com Gerda. No verão de 1936, a família deixa Pullach, perto de Munique, e vai para Obersalzberg.

Nascido em 1930, Martin Adolf conserva poucas lembranças de sua tenra infância, período despreocupado e leve. Um único incidente o marcou: um dia, no jardim, o balanço bateu na cabeça da sua irmã, e ele, assustado, escondeu-se no porão para não levar uma bronca do pai. Ficou tão bem escondido que ninguém o encontrou. À noite, sozinho no escuro, entrou em pânico. O menino ficou tão traumatizado que sua mãe achava que o medo bastou para lhe servir de lição.[2]

Martin Adolf tem nove irmãos e irmãs, além de uma menininha que morreu logo após nascer: as gêmeas Ilse e Erengard Franziska (1931), Irmgard (1933), Rudolf Gerhard (1934), Heinrich Hugo (1936), Eva Ute (1938), Gerda (1940), Fred Hartmut (1942) e Volker (1943).

Em Berchtesgaden, na Obersalzberg, Martin Adolf, o mais velho, frequenta a escola primária do vilarejo. Seus pais, abertamente anticristãos, exigem que ele seja dispensado do ensino religioso.

Martin Adolf lembra que, durante as aulas de catequese, era enviado para outra sala, onde ficava fazendo seus deveres. O jovem Bormann logo compreende que é diferente de seus colegas. É o único que não assiste a essas aulas e não entende por quê. Quando interroga seus pais a esse respeito, a resposta é lapidar: "Não precisamos disso".

O menino assiste às reformas da montanha do *Führer*, das quais seu pai é o grande organizador. Depois da expulsão de seus moradores, a partir do início da década de 1930, a região passa a ser vigiada e é inteiramente transformada para receber figurões e se tornar o local de residência dos dirigentes do Reich. A Obersalzberg fica na fronteira com a Áustria, de frente para o misterioso maciço da Untersberg, montanha austro-bávara cara a Hitler. Martin Adolf passa sua infância isolado com seus irmãos e irmãs numa casa situada no domínio do *Führer*. Nesse gueto nazista, vigiado pelos SS, vivem as altas personalidades do regime, entre as quais Hermann Göring e Albert Speer, com seus respectivos filhos.

Os companheiros de brincadeiras do menino são os filhos de outros dirigentes do regime, mas também do jardineiro, do técnico de calefação e de outros funcionários. Juntos, como todas as crianças de sua idade, brincam de polícia e ladrão, *cowboys* e índios ou de guerra. Nenhum estranho entra nesse domínio, embora houvesse quem tentasse observar as "pessoas da montanha". A área se estende por sete quilômetros quadrados e é toda cercada. Para Albert Speer, "aquilo parecia uma reserva de caça", um mundo estereotipado e esclerosado no qual as pessoas viviam isoladas da realidade exterior. Martin Adolf recorda a presença de personalidades como Neville Chamberlain, primeiro-ministro britânico, Daladier ou Mussolini, que costumavam visitar o *Führer*. Nessas ocasiões, o menino usava um uniforme. Nunca se esqueceu de quando apertou a mão de Mussolini. A emoção foi tão grande que não se lembra de mais nada do que aconteceu naquele dia.

Sua mãe, Gerda Bormann, é uma das raras esposas de dirigentes que correspondem inteiramente ao ideal nazista. Uma mulher do lar, sempre na cozinha, que não se mete em política e leva seu papel de genitora muito a sério. Dá à luz onze filhos, permanece fiel e devotada ao marido volúvel e, sobretudo, sacrifica-se pela "causa" pregando abertamente a poliginia para fins de procriação. Quer dar crianças ao *Führer*, e se expressa por escrito, com o maior entusiasmo, a esse respeito: "Seria preciso, ao final desta guerra, criar uma lei como a da Guerra dos Trinta Anos, que concedia aos homens saudáveis e de grande valor o direito de ter duas esposas". Martin Bormann anota ao lado este comentário: "O *Führer* tem ideias idênticas".[3] Gerda fica feliz por ele seduzir esta ou aquela atriz, para ter sempre à sua disposição uma mulher "em condições de servir". Quando o marido se torna amante da atriz Manja Behrens, Gerda o felicita calorosamente e deseja que ela lhe dê um filho o quanto antes. Bormann não hesita em trazer a amante para a casa da Obersalzberg, junto com a família. Nem todos apreciam sua grosseria, mas a atitude conciliadora de sua esposa evita um escândalo.[4] De sua parte, Bormann fica encantado com a reação da esposa e com sua análise do papel das mulheres em geral – ele que, além de sua costumeira amante, vive dando em cima de outras mulheres. Gerda é uma fanática, uma defensora do regime até o final. Chega a querer instaurar "um casamento de emergência nacional".[5] Às vésperas da queda do Reich, quando seu marido toma consciência do caráter desesperado da situação, ela lhe escreve: "Um dia nascerá o Reich de nossos sonhos. Teremos a chance de vê-lo? Nós, ou nossos filhos?".[6]

Martin Adolf não é muito aplicado na escola, o que lhe vale severas repreensões por parte do pai, que decide enviá-lo a um internato nazista, para ser "adestrado". A fim de garantir o futuro do Reich, Hitler quis estabelecer um sistema educacional de promoção da elite, mas nenhum alto funcionário do Reich, por mais fanático que fosse, era capaz de inscrever seus filhos nessas escolas. Só Bormann envia o seu – como castigo. Martin Adolf tem 10 anos quando entra na escola do Reich de Feldafing, no lago de Starnberg. Essa instituição, criada por Ernst Röhm em 1933, tem por missão selecionar e formar a elite do nacional-socialismo. Cada *Gauleiter* regional só pode inscrever ali três candidatos, exceto o de Munique e o de Berlim, que têm direito a cinco. Só o jovem Martin Adolf Bormann é admitido por "pistolão", e adquire ali uma formação paramilitar. Sua integração como "filho de Bormann" é uma prova difícil, que tem de superar sozinho. Custa-lhe sobretudo ter um bom rendimento nos esportes, e a educação física tem um papel preponderante no currículo. Mas, com força de vontade, acaba se integrando. Tem aulas de nacional-socialismo, durante as quais os alunos devem aprender de cor o programa do partido e ler *Minha luta*; nas turmas mais avançadas, lê-se *O mito do século XX*, de Alfred Rosenberg,⁷ que nem os professores conseguem terminar de ler. Martin Adolf conta que seu pai também, apesar de muitas tentativas, nunca leu o livro inteiro.

Essa instituição marca uma ruptura na vida do jovem Martin Adolf. Ele nunca voltaria a viver com a família, o afastamento é definitivo. Só tem contato com os seus durante as férias escolares, e, mesmo nesses períodos, seu pai costuma estar ausente. Quando presente, trata o filho mais velho com grande severidade. Ele se lembra de ter recebido um forte tapa por ter cumprimentado o *Führer* com um "*Heil Hitler*", quando o certo, ao se dirigir diretamente a ele, era dizer "*Heil, mein Führer*". Essa severidade marca profundamente o menino, ainda mais porque não vem compensada por qualquer marca de afeição. Sua relação com o pai é inteiramente desprovida de comunicação e de calor humano. Durante as estadias em casa, Martin Adolf costumava trabalhar com um jardineiro ou num domínio agrícola da Obersalzberg. Dos anos de guerra guarda boas lembranças, de modo geral, salvo a consciência dessa distância com o pai.

Ocupadíssimo em acompanhar o *Führer* em seus deslocamentos, Martin Bormann faz uma única visita ao filho no internato, em 1943. O menino se lembra perfeitamente de que, durante essa visita, fez algumas perguntas ao pai. À questão "O que é o nacional-socialismo?", a resposta é breve e direta, e, para o menino, diz muito sobre a falta de fundamento ideológico profundo do movimento nazista e seu apego e fidelidade absoluta ao *Führer*, "seu Deus": "O nacional-socialismo é a vontade do *Führer*!". Martin Adolf Bormann destaca em seu livro publicado em 1996, *Leben gegen Schatten* (Viver contra a sombra), que a falta de um programa deu lugar às interpretações mais diversas por parte dos grupos dirigentes do NSDAP. Hitler intervinha o mínimo possível, e suas respostas costumavam ser ambíguas, o que lhe permitia jogar uns contra os outros. Martin Adolf acha que o antissemitismo e o ódio a tudo o que é cristão encontram sua justificação na "vontade do *Führer*" e na "raiz religiosa" da ideologia nazista.⁸

"O que realmente sei dele?", pergunta-se Martin Adolf a respeito do pai. Cresceu sem conhecê-lo, ao som dos cantos nazistas, na disciplina rigorosa de uma educação centrada na veneração ao *Führer*, o "enviado de Deus". Vê pela última vez esse pai tão ausente no Natal de 1943.

No dia 23 de abril de 1945, quando a escola do Reich fecha as portas, Martin Adolf tem 15 anos. O regime chega a considerar a possibilidade de enviar os alunos mais velhos para o *front*, mas a rendição iminente desbarata esse plano.

> O pior momento foi quando, às duas horas da manhã do dia 1º de maio, ficamos sabendo pelo rádio da morte do *Führer*. Para mim, aquilo era o fim. Lembro perfeitamente, mas não sei descrever o silêncio daquele instante... que durou quatro horas. Ninguém disse nada, mas algum tempo depois, as pessoas começaram a sair e, assim que saiu o primeiro, ouviu-se um tiro, depois outro e ainda outro. Dentro da escola, nenhuma palavra, nenhum som além dos tiros lá fora. Tivemos a sensação de que íamos todos morrer [...]. Eu não via mais nenhum futuro. De repente, atrás dos corpos que cobriam o pequeno jardim, apareceu outro rapaz, mais velho que eu. Ele tinha 18 anos e me convidou para sentar perto dele. O ar estava perfumado e os pássaros cantavam: conseguimos escapar. Sei que naquele momento, se não tivéssemos estado ali, um pelo outro, já não seríamos deste mundo. Tenho certeza.

Esse período marca uma ruptura total entre uma vida feita de super-homens e sub-homens e uma vida feita de amor por todos os seres humanos, filhos de Deus.

Os alunos da escola do Reich são mandados embora: eles que se virem para encontrar suas famílias. Depois da morte do *Führer*, Martin Adolf, apelidado de *Krönzi*, "o príncipe herdeiro", aparece na Obersalzberg vestido com o uniforme da Juventude Hitlerista, de suástica no braço. Mas sua mãe tinha fugido dali em direção ao Tirol do Sul. Está morando agora em Wolkenstein e usa o sobrenome "Bergmann". Foi lá que se refugiaram também Gudrun Himmler e sua mãe.

O secretário de seu pai ainda está em Obersalzberg. Recebe Martin Adolf, dá-lhe um terno cinza, diz para ele queimar imediatamente o uniforme da Juventude Hitlerista e mudar de nome. Entrega-lhe também uma carteira de identidade falsa, com o sobrenome "Bergmann" e o carimbo "KLV Lager 39, Steinach a. Brenner", e o encaminha para o chefe de distrito do Partido Nacional-Socialista, o *Gauleiter* de Salzburg, Gustav Adolf Scheel. Este lhe fornece um novo roteiro: ele deve ir, na qualidade de aprendiz de agricultor, à escola de St. Johann, em Pongau. Mas, quando chega lá, todos os outros alunos tinham voltado para casa: Martin Adolf está sozinho no estabelecimento. No dia seguinte, na rua, avista um Mercedes preto, idêntico ao de sua família. Acredita inclusive entrever sua mãe, mas, percebendo seu erro, resolve fugir de novo e segue um comboio de nazistas em fuga que cruza seu caminho.

O adolescente vive aterrorizado, acreditando que se os Aliados o capturarem vão executá-lo imediatamente por ser filho de Martin Bormann. Não faz ideia do que aconteceu a seu pai. As primeiras informações falam de sua morte durante a fuga numa Berlim arruinada e em chamas.

O psicólogo israelense Dan Bar-On, que conversou com ele quarenta anos depois, destaca que Martin Adolf ainda não conseguia controlar suas emoções ao evocar aquele período de sua vida.[9] Da perseguição aos judeus ele dizia não saber nada. Jovem, nunca ouvira falar da Noite dos Cristais, nem vira a estrela de Davi, pois "não havia judeus em Berchtesgaden ou na Obersalzberg". Em casa, não se conversava sobre o assunto. A perseguição aos cristãos o marcou mais. Ele conta: "A Igreja católica era apresentada como uma forma de extensão do sionismo. O problema judaico não estava mais na ordem do dia, era considerado como algo mais ou menos resolvido".[10]

No fim de maio de 1945, sua errância o leva para as montanhas. Sofrendo de uma forte intoxicação alimentar, causada por salmonela, encontra refúgio numa velha fazenda em Hinterthal, ao sul de Salzburg, do lado austríaco, perto da fronteira alemã. O camponês que ali vive cuida dele sem fazer perguntas. Depois, encarrega-o de levar os animais para pastar na montanha. Martin Adolf diz ser de Munique, fornece seu nome falso, Bergmann, um endereço falso e, para evitar qualquer busca, afirma que seus pais morreram nos bombardeios de Munique. O rapaz respeitou escrupulosamente o conselho dado pelo secretário de seu pai: guardar em segredo sua verdadeira identidade. Compreendeu que o sobrenome Bormann seria uma condenação na Alemanha do pós-guerra. Alguns filhos de nazistas sofriam o peso do silêncio no seio de sua família, mas para Martin Adolf tratava-se de viver no anonimato. Recorda que essa família o adotou como a um verdadeiro filho. Eram pessoas muito devotas, que perceberam na primeira missa que o rapaz não recebera educação religiosa. Martin Adolf diz ter descoberto com eles o que significava ser cristão, em oposição aos valores que tinham lhe inculcado até então. Encontra um lar cheio de amor e uma nova casa naquela montanha isolada, lugar propício, segundo ele, à reflexão. Mas as revelações sobre as atrocidades da guerra e sobre o Holocausto não demoram a chegar até ele. A leitura do jornal austríaco *Salzburger Nachrichten*, o único que chegava à fazenda, abre seus olhos quanto à amplitude da barbárie. Ele, que nunca tinha ouvido falar do Holocausto, toma conhecimento de todo o horror nazista.

É então que se confronta com a verdade a respeito do papel desempenhado por seu pai. As fotos de Bergen-Belsen o marcarão para sempre. Quando menino, tinha visto na escola trabalhadores que vinham de Dachau, mas aqueles homens, que ele acreditava serem criminosos presos, não tinham nada a ver com os homens e mulheres cadavéricos liberados dos campos em 1945. De repente, torna-se consciente do horror abissal de que a natureza humana é capaz.[11] Tem então uma visão aguda do sentimento de responsabilidade experimentado por alguns filhos a respeito da culpa de seus pais:

> O quarto mandamento do Decálogo só impõe aos filhos que amem e respeitem seus pais enquanto pais, não enquanto pessoas que exercem uma função na sociedade. O que nosso pai fez ou não fez em suas funções políticas, ou seja, fora da condição de pai que tinha para nós, não só escapa em grande medida ao nosso conhecimento como também não somos responsáveis por isso e não devemos ser considerados responsáveis por isso. Muitas vezes, os filhos carregam a culpa de seus pais, quando há culpa e os filhos têm consciência dela. Carregam o peso psíquico do sofrimento e da vergonha que isso lhes causa, mas não a responsabilidade. O mesmo acontece com os pais quando seus filhos cometem uma falta pela qual eles, os pais, não são responsáveis, ainda que esta possa ser atribuída aos erros dos pais na educação de seus filhos.[12]

O jovem tem dificuldade em lidar com seu passado e com sua filiação. Acredita que não podemos escapar dos nossos pais, "sejam quem forem". Em 1947, desesperado, abre-se para o pároco do vilarejo, o padre Regens, da igreja Maria Kirchental, homem erudito, inteligente e devoto. Faz alguns meses que Martin Adolf segue cursos intensivos de catequese. O padre lhe inculca um ensino religioso e desperta sua vocação. Ajuda-o a superar as dificuldades que encontra diante de sua filiação e faz dele um homem de Deus.

No momento em que o tribunal de Nuremberg acaba de condenar seu pai à morte, *in absentia*, por crimes de guerra e crimes contra a humanidade, Martin Adolf encontra sua salvação em Deus. Abraça plenamente o cristianismo, de que seu pai foi um adversário obstinado, e tenta compreender a aversão dele pela Igreja católica. Pois foi Martin Bormann que quis instaurar medidas visando restringir o poder da Igreja. O *Führer* tinha dito: "Temos o azar de não possuir a religião certa. Por que não temos a religião dos japoneses, para quem se sacrificar pela pátria é o bem supremo? Até a religião muçulmana seria mais apropriada que esse cristianismo, com sua tolerância amolecedora".[13] Porém, em razão da hostilidade da população a essas medidas, população que já estava sendo duramente provada pela guerra, os ataques contra a Igreja eram freados, principalmente nas regiões fortemente católicas, como a Baviera. Essa resistência se manifestou de maneira bem clara quando foi promulgada, em 1941, a lei que proibia crucifixos nas paredes das escolas.

Martin Adolf encontra uma primeira explicação para a adesão de seu pai ao nacional-socialismo quando fica sabendo que ele tinha fugido de casa aos 15 anos por não suportar mais as repreensões de seu padrasto e sua religiosidade intransigente. E encontra um complemento a essa explicação na concorrência ideológica entre o nazismo e o cristianismo. Para seu pai, a influência da Igreja sobre a população era uma provocação manifesta, a que se devia pôr fim. Poderia haver um ser superior a Adolf Hitler para conduzir o povo? A religião contrariava a vontade superior do *Führer*. Servidor zeloso e devotado, Martin Bormann acreditava em tudo o que o *Führer* dizia: "O cristianismo é uma invenção de cérebros doentes". O poder de Hitler não podia ser freado. Finalmente, não se deve excluir as motivações pessoais de um Martin Bormann, que via no cristianismo um obstáculo à sua sede por conquistas femininas.

Martin Adolf acredita que seu pai tinha conhecimento das atrocidades cometidas pelos nazistas e as aprovava.[14] Considera que um homem nunca é privado de sua liberdade pessoal a ponto de ser forçado a cometer um pecado. Sua única explicação é que seu pai teria mergulhado na ideologia nacional-socialista sem jamais questioná-la, idolatrando Adolf Hitler como um pai supremo. Mas não lhe cabe julgar, é a Deus que isso cabe, pois só Ele pode julgar um ser humano com toda a equanimidade. Martin Adolf nunca conversou com o pai sobre as violências de que este participou, mas deseja assumir também a culpa pelos atos desse homem que conheceu tão pouco.

Em 1947, Martin Adolf é aceito pela Igreja católica alemã, tendo sido batizado no dia 4 de maio. Passa então a estudar na escola secundária dos Missionários do Sagrado Coração, em Salzburg-Liefering, e depois segue estudos de Teologia. Em 17 de outubro de 1947, no ônibus que o leva a Salzburg, onde vai fazer uma entrevista para seus estudos, tem a impressão de que uma ex-secretária da chancelaria do partido em Munique o reconheceu. Detido no dia seguinte e levado para o Counter Intelligence Corps (CIC), fica preso por um breve período em Zell am See. Porém, ainda que sua detenção tenha se devido a uma denúncia anônima, não tem certeza de que a responsável tenha sido a mulher que encontrou no ônibus. O arcebispo de Salzburg intervém a seu favor e obtém sua liberação imediata. Para as festividades do Natal de 1947, Martin Adolf, então com 17 anos, vai para a casa de um tio materno em Ruhpolding, na Baviera. Acaba de adotar o nome Reinhold Meier, que lhe foi dado pelo CIC. Ao chegar, é informado da morte de sua mãe, em 23 de março de 1946, em consequência de um câncer. Ela não tinha nem 36 anos. Nos últimos instantes de sua vida, teria desejado se reaproximar de Deus e ter um enterro religioso. Foi próxima especialmente de Theo Schmitz, capelão dos prisioneiros de guerra de Merano, que prometeu velar por seus filhos.

Depois da guerra, Gerda Bormann tinha sido presa em seu chalé de Gröben, onde vivia com os nove filhos mais novos, com idades entre 1 e 13 anos. Foi levada pelos Aliados a Merano e mantida ali em segredo. As crianças são então alocadas em famílias adotivas – médicos, comerciantes, camponeses ou aristocratas – depois de terem sido convertidas ao catolicismo, embora as mais velhas já tivessem sido batizadas. Só uma das irmãs de Martin Adolf, Irmgard, recusa a conversão, para "permanecer como seu pai", como fez também uma certa... Gudrun Himmler.

Alguns dos irmãos Bormann morrem cedo. Primeiro, o pequeno Volker, que, com a idade de 3 anos, para de se alimentar e definha até morrer ao cabo de alguns meses. Depois, Ilse (que mais tarde seria chamada de Eicke), uma das duas mais velhas, adotada por um médico de Merano. Eicke era a filha que mais se parecia com o pai, tanto fisicamente quanto no caráter. Nascida em 1931, tinha 15 anos quando seu pai foi condenado, mas ele continuou sendo para ela o grande homem que sempre foi, cuja inocência estava fora de dúvida. Sua família adotiva tem muita dificuldade com a adolescente, que exige, ordena e domina. Na escola inglesa onde estuda, intima as colegas a tratarem-na com deferência. É uma aluna estudiosa, sempre a primeira da sala, pois quer que o pai se orgulhe dela. Em 1957, depois de ter se casado com um engenheiro italiano e ter uma filhinha, morre subitamente, aos 26 anos.

Os outros irmãos tiveram destinos diversos. Vários deles ficaram morando no Tirol do Sul e mantiveram pouco contato com o irmão mais velho, Martin Adolf. Em 1948, ele é enviado para Ingolstadt, num seminário jesuíta. Em 1951, termina o ensino médio e, em 1958, é ordenado padre. Naturalmente, celebra sua primeira missa na igreja Maria Kirchental.[15] Mas diz que o medo de seu pai persiste e que sempre temeu que ele voltasse e reagisse violentamente à sua conversão ao catolicismo. "Não odeio meu pai. Levei muitos anos para aprender a distinguir meu pai indivíduo e meu pai político e oficial nazista", afirma.

Depois da guerra, Martin Bormann se torna objeto das especulações mais loucas. Alguns estão convencidos de que não se suicidou no *bunker* de Hitler e conseguiu fugir. Sua certidão de óbito, datada de 2 de maio de 1945, sem que o cadáver tenha podido ser identificado, seria inexata. Ele teria sobrevivido e se tornado um agente da KGB, próximo de Stalin. Durante a conquista de Berlim, os soviéticos o teriam levado, com um saco na cabeça... Em 1953, teria sido visto no Chile... Em 1993, o jornal inglês *The Independent* afirma que ele teria sido tratado no Paraguai por Josef Mengele, o famigerado médico de Auschwitz, antes de sucumbir a um câncer de estômago, em 15 de fevereiro de 1959. Outra pista, ainda, evoca um Martin Bormann que se faria passar por padre na América do Sul, usando uma batina preta, celebrando comunhões, casamentos, funerais e administrando os últimos sacramentos. Por muitos anos, Martin Adolf vive sem saber o que realmente aconteceu com ele. Finalmente, em 1972, por ocasião de uma escavação em Berlim, um esqueleto foi identificado como o de Martin Bormann, graças a uma perícia dental confirmada em 1998 por uma análise de DNA. Mas mesmo essas análises seriam contestadas.

Em 1961, Martin Adolf parte como missionário para o Congo, em plena guerra civil. Permanece ali por vários anos e passa por situações traumatizantes. É torturado e submetido a simulacros de execução. A morte não o assusta tanto, mas a tortura o mortifica terrivelmente. No fim de 1965, é obrigado a voltar à Alemanha para se tratar de uma doença contraída durante a missão. No Instituto de Doenças Tropicais de Hamburgo, fica sabendo pelo médico que outro filho de dirigente nazista fora recentemente tratado ali: Wolf Rüdiger Hess, o filho de Rudolf Hess, o secretário do partido a quem seu pai sucedera na chancelaria em 1941. Ambos viajaram para a África mais ou menos na mesma época, mas suas experiências e as lições que tiraram delas são praticamente opostas. Em março de 1966, Martin Adolf vai mais uma vez para a África e volta nove meses depois.

Em 1971, ocorre o acidente de carro que leva a uma guinada em sua vida e põe um ponto final em sua carreira de missionário evangélico. Nada mais seria como antes. Ele sobrevive e acredita que deve isso a "uma intervenção nos fios do destino" ou a "um presente da providência divina".[16] Quando sai do coma, uma mulher está em sua cabeceira, uma religiosa que cuida dele. Essa desconhecida acabara de voltar de Gana, onde estava fazendo uma reportagem, e entre os dois foi amor à primeira vista. São feitos um para o outro, não se deixarão mais, nada poderá deter seu amor. Por ela, Martin Adolf renuncia a seus votos. Ela faz o mesmo, e os dois se casam em 8 de novembro de 1971, em Haarlem, na Holanda.

Em 1973, ele decide dar aulas de catequese, justamente as aulas a que o pai o proibia de assistir na infância. Quando se oferece como professor de teologia na escola de Mühldorfer, dizem que não é desejável que os alunos recebam esses ensinamentos de um homem "com semelhante passado", mas acaba sendo aceito em outros estabelecimentos.[17]

Ele deu aulas de 1973 até sua aposentadoria, em 1992, enquanto sua esposa trabalhava como educadora numa escola religiosa de Garmisch-Partenkirchen.

Nos anos 1980, o psicólogo israelense Dan Bar-On inicia um trabalho que visa compreender como os filhos de criminosos nazistas superaram a muralha de silêncio erguida por seus pais para viver com essa herança e traçar seu próprio caminho. Organiza também, apesar das resistências, encontros entre filhos da Shoah e filhos de nazistas, para quebrar barreiras. No âmbito desse projeto, entra em contato com Martin Adolf. Para Dan Bar-On, os filhos de carrascos também são vítimas do nazismo na medida em que carregam consigo uma culpa que não é deles. Juntos, esses filhos de vítimas e de criminosos visitaram Auschwitz, Dachau, o museu do Holocausto de Washington e o de Yad Vashem, em Jerusalém.

Martin Adolf tem perfeita consciência de que nunca terá a chance de evocar esse passado com seus pais. Esse silêncio difere daquele que vivenciam os filhos de sobreviventes do Holocausto. Para estes, trata-se de um trauma em relação ao que não pode ser dito por ser inexprimível, algo que se ergue entre eles como uma parede preta. Os pais que querem poupar os filhos dos medos sofridos e de sua angústia não conseguem encontrar as palavras certas, porque a língua fracassa nesse quesito. Os filhos adivinham isso, captam o horror calado e sentem o dever de se compadecer do sofrimento que os pais viveram.

> Meu peso de silêncio era completamente diferente – indica Martin Adolf. Tive de manter silêncio, me calar por medo, justificado ou não, de ser descoberto e perseguido por ser filho de meu pai e de ser acusado de todos os crimes cometidos pelo regime nazista, crimes dos quais fiquei sabendo depois da guerra. Com meus pais, nunca mais tive a ocasião de falar do passado e da responsabilidade que tiveram por esse passado.[18]

Depois de se aposentar, Martin Adolf continua seu caminho e faz uma "viagem bíblica" para Israel em 1993, através de uma agência de viagem ecumênica para protestantes e católicos. Essa viagem de estudos tinha como título "Na pista do Êxodo", e Martin Adolf fica fascinado por esse país e por seu povo.

Também escreve um estudo destinado aos professores alemães sobre a manipulação da língua para fins de propaganda. Para tanto, usa como exemplo textos nazistas, entre os quais cartas de seu pai. Por vários anos, com Dan Bar-On, Martin ministraria *workshops* nos Estados Unidos, na Alemanha e em Israel.

Sua madrinha, a esposa de Rudolf Hess, Ilse Hess, morre em 1995. O filho dela, Wolf Rüdiger, escolheu a seguinte frase para o epitáfio de sua mãe: "Mas onde começa o destino, terminam os deuses",[19] e colocou-a abaixo de uma foto de Rudolf Hess, tirada logo após seu casamento: Hess está dirigindo o carro, com Ilse ao seu lado. Seu olhar confere à fotografia um caráter enigmático. Wolf Rüdiger Hess quis que Martin Adolf Bormann, que a conhecia bem, pronunciasse a oração fúnebre de sua mãe. Depois da guerra, Martin a visitou duas vezes em Hindelang, onde ela residia. Para ambos, agora homens, o funeral foi uma oportunidade de se reverem. Durante todos aqueles anos, eles se corresponderam, mas o encontro físico os alegrou. Por décadas, o encarceramento do pai de Wolf os deixara nostálgicos.

Martin Adolf Bormann morreu em 11 de março de 2013; nesse dia, comecei a escrever o relato de sua vida.

OS FILHOS HÖSS

Os descendentes do comandante de Auschwitz

— Mamãe, mamãe, vem ver! — grita Brigitte, puxando a mãe pela mão. Está ofegante por ter corrido.

— Vem, tô dizendo, eu vi morangos, um monte de morangos no fundo do jardim. Vem logo!

A menina está contente com sua descoberta. As duas andam a passos rápidos na direção dos maravilhosos morangos silvestres.

— Viu como estão grandes?! Posso comer?

— Não, primeiro temos que lavar bem.

— Mas por quê? Antes, na Baviera, a gente comia os morangos sem lavar! Os morangos poloneses são sujos?

— Sim! Não está vendo que estão cobertos de pó preto e que cheiram a cinzas? Olhe, até seus dedos ficam pretos quando os pega!

Essa sujeira não é mera poeira, são cinzas vindas de Auschwitz.

Enquanto saboreia os morangos, sentada na entrada da casa, a menininha olha em volta para ver se tem alguma coisa queimando. Às vezes sente um cheiro horrível. Um dia, ouviu adultos se queixando disso também. Estavam falando de "cremação", uma palavra cujo significado a menina de 9 anos não conhece. Também ouviu seu pai dizer a um dos seus subalternos que não dava para continuar daquele jeito, pois, quando o tempo está ruim, ou quando o vento está forte, o fedor de carne queimada empesteia o ar a quilômetros de distância. Toda a vizinhança fala da morte de judeus. Outro dia, em 1942, sua mãe e seu pai tinham mencionado uma conversa dele com um dos membros do partido. Tinham falado de um programa de extermínio; às vezes, de muito longe[1] se viam fogueiras.

Desde que tinha 1 ano, Brigitte sempre morou perto de campos de concentração. Antes de se mudar para Auschwitz, sua família morou em Dachau, perto de Munique, na Baviera, e depois em Sachsenhausen, a trinta quilômetros de Berlim. Ela sabe que o trabalho do pai tem a ver com prisioneiros. Como recompensa a um comportamento exemplar, ele fora promovido a comandante de Auschwitz, na Polônia.

Agora vivem numa casa de campo que sua mãe transformou numa mansão luxuosa e confortável. Tem dois pisos, uma dezena de quartos, banheiros, cozinha e lavanderia. O quarto de seus pais fica no andar de cima, e da janela se vê o campo e a chaminé do primeiro crematório. O quarto de Brigitte tem duas camas idênticas de madeira clara e uma grande poltrona. Os móveis são de alta qualidade, as roupas de cama também, e as paredes, enfeitadas com obras de arte. Antes, seus pais não tinham aquilo tudo, mas, desde que estão ali, têm acesso aos depósitos chamados "Canadá", onde ficam guardados os pertences das vítimas. Nessa mórbida caverna de Ali Babá há todo tipo de objetos, dos quais eles se servem à vontade.[2]

Têm vários criados a seu serviço. São homens de uniformes listrados, com estrelas amarelas ou triângulos pretos, detentos do campo dirigido por seu pai.[3] A menina os acha simpáticos, pois brincam com ela e seus irmãos. Às vezes constroem magníficos brinquedos de madeira. Ela se lembra de um avião com rodinhas, grande o suficiente para uma criança se sentar dentro:

> Meu irmãozinho Hans-Jürgen ficou fascinado, conta Brigitte. Numa de nossas fotos de família, ele está no avião, com um largo sorriso. É mágico! Detentos jardineiros refizeram todo o jardim. Plantaram belíssimas flores e arbustos. Tem de todas as

cores. Milhares de vasos e sementes são regularmente entregues em casa. Mamãe gosta de passar seu tempo no jardim plantando mais flores. Temos inclusive uma horta com diversos legumes. Na primavera, fica tudo florido. Papai mandou até instalar uma piscina, onde podemos tomar banho, e um grande tobogã de madeira, só para nós. Na família, todos adoram bichos. Já tivemos coelhos, tartarugas, gatos, martas e até cobras d'água. Homens de traje listrado — os mesmos que são vigiados por meu pai — volta e meia nos trazem novos animais. No fundo do jardim também tem uma colmeia, e papai nos ensina a tirar os favos sem incomodar as abelhas.[4] Temos tudo do bom e do melhor. Muitas fotos mostram a família sorridente nesse magnífico jardim, nos maravilhosos tempos de Auschwitz. Há um estábulo perto da casa. Papai sempre adorou cavalos. Na infância, ele teve um pônei e o trazia para dentro de seu quarto quando seus pais saíam. No fim da tarde, depois do trabalho, ele adora galopar pelo campo. Diz que é para relaxar e se livrar dos fantasmas que o assombram. No domingo, muitas vezes nos leva ao estábulo para escovar os cavalos e ver o potro, ou ao canil, onde há pastores alemães. Quando o tempo está bom, passeamos de canoa no rio Sola. Gosto de levar meus ratinhos brancos e deixá-los correr no meio da grama alta. "Em Auschwitz, como no paraíso."[5] Desde que chegamos aqui, parece que cada um de nossos desejos é satisfeito. Mas eu queria que papai tivesse mais tempo pra gente. Ele é muito ocupado. Estão sempre chamando ele pra resolver algum problema no campo, a qualquer hora do dia ou da noite. Ele diz que ninguém pode substituí-lo em algumas tarefas. Seu trabalho é difícil. Às vezes, quando volta pra casa, dá pra ver que está exausto e estressado. Meu pai se chama Rudolf Höss, é o homem que dirigiu no dia a dia a máquina mortífera mais implacável da história da humanidade: Auschwitz.

Rudolf Höss foi um dos executores mais zelosos das obras criminosas do Reich. Como esse homem, que cometeu o mal absoluto, o mal que não se pode nem compreender nem explicar,[6] pôde, sem conflito moral, assassinar diariamente milhares de pessoas e dedicar um amor incondicional à família? Em Nuremberg, durante suas conversas com o psicólogo norte-americano G. M. Gilbert, ele afirmou: "Sou perfeitamente normal. Mesmo quando executava ações de extermínio, levava uma vida familiar normal."⁷

Rudolf Höss, cujo nome também pode ser grafado Höß, não foi apenas mais um dirigente do Reich, e sim um desses homens sem os quais um genocídio de tão grandes proporções não poderia ter sido cometido. Era uma personalidade medíocre sob todos os aspectos e, nesse sentido, bastante parecido com um Eichmann ou com um Franz Stangl, o carrasco de Sobibor e de Treblinka. Um desses homens que, sem o menor escrúpulo, exterminaram, por ordem de seus superiores, homens, mulheres e crianças judeus, ciganos ou homossexuais, considerados "inimigos do Estado".

Rudolf Höss nasceu em 1901 em Baden-Baden, na Floresta Negra, uma cidade termal conhecida por sua beleza e frequentada pela alta sociedade. A família Höss é extremamente devota. O pai de Rudolf decide que seu único filho homem será padre (Rudolf tem duas irmãs mais novas, Maria e Margarete). É um homem autoritário, um católico fanático, que impõe aos filhos uma disciplina militar.

Logo ensina ao filho que é preciso, imperativamente, "respeitar e venerar todos os adultos". Rudolf Höss é quem diz:

> Cada vez que era preciso ajudar, faziam disso uma obrigação imperiosa para mim. Recordavam-me incessantemente que devia obedecer no ato aos desejos e às ordens dos meus pais, dos professores, dos padres, em suma, de todos os adultos, inclusive os criados da casa, e que nada podia me desviar do cumprimento desse dever, pois o que diziam estava sempre certo.

Por qualquer besteira era castigado. Rudolf Höss nunca se libertaria dessa deferência total para com seus superiores. "Esses princípios de minha educação penetraram todo o meu ser",⁸ diz ele. De fato, durante toda a vida, Höss se submeteu irrestritamente às ordens que lhe foram dadas.

Rudolf é um menino solitário e fechado. Sua educação o estimula a ser padre. Mas um episódio, que o menino considera um abuso de confiança, abala para sempre suas convicções religiosas: o padre da paróquia conta para seu pai sobre uma briga de escola que Rudolf tinha lhe confiado no segredo do confessionário. Essa indelicadeza lhe parece uma traição monstruosa e o afasta da Igreja; a morte de seu pai, em 1914, termina de afastá-lo. A vida civil o assusta; Rudolf quer ser soldado, como todos os homens da família de seu pai. A guerra de 1914-1918 lhe dá oportunidade para isso. Com apenas 15 anos, veste o uniforme.

Depois da derrota da Alemanha, com o intuito de continuar sendo militar, o que lhe confere uma espécie de equilíbrio, engaja-se, em 1919, como guardião de fronteira na Prússia Oriental, no Corpo Franco de Rossbach. Essa unidade paramilitar foi formada por nacionalistas para combater os comunistas no Mar Báltico. Pela primeira vez, conta Höss, ele testemunha horrores cometidos por civis. Em 1922, adere ao Partido Nacional-Socialista, com o número de afiliado 3.240. Conhecido por sua brutalidade, o Corpo Franco de Rossbach acaba por levá-lo à prisão. Em 1924, Rudolf Höss é condenado a dez anos de trabalhos forçados por ter participado do assassinato do comunista Walter Kadow – episódio em que também estava envolvido um certo Martin Bormann, que se tornaria o secretário particular de Adolf Hitler.

Obedecer incondicionalmente às leis do Estado é um dever absoluto: nunca se recusar a executar uma ordem, pois "com a educação que recebemos, essa ideia nunca passaria por nossa cabeça, qualquer que fosse a ordem dada".[9] Höss teria executado seus próprios filhos, se isso lhe fosse ordenado? Por toda a sua vida, ele só deseja uma coisa: não ter de decidir, contentar-se em executar. O que o exime, acredita, de qualquer responsabilidade pessoal. A disciplina rígida da prisão, onde o dia a dia é regulado nos menores detalhes, convém perfeitamente à sua personalidade. Höss é um preso exemplar. O que mais gosta é de obedecer. Ao ser liberado da prisão berlinense de Brandenburg, depois de quatro anos de detenção, pensa por um tempo em se tornar agricultor e entra em contato com um grupo chamado Artamans, formado por jovens nacionalistas que querem voltar a uma vida saudável, perto da natureza, fonte vital da nação alemã. Höss gosta da vida rural. Foi ali que encontrou sua futura esposa (além de Heinrich Himmler, que também fazia parte do grupo), Hedwig Hensel, em 1929. São feitos um para o outro, partilham as mesmas opiniões e os mesmos ideais. Ele tem absoluta confiança nela, mas considera que é o único a poder resolver os próprios problemas e nunca lhe expõe seus pensamentos íntimos.[10] Juntos, tiveram cinco filhos. Klaus, o mais velho, nasce em 6 de fevereiro de 1930, apenas três meses e meio depois do casamento. Depois vêm Heidetraut (1932), Inge Brigitt, chamada de Brigitte (1933), Hans-Jürgen (1937) e Annegret (1943).

Enquanto a paisagem política alemã se transforma profundamente, a família Höss vive isolada, numa fazenda à beira do Mar Báltico. Os pais trabalham duro. Durante seus primeiros anos de casamento, e até a incorporação de Rudolf Höss aos serviços ativos da SS, a família – que já tem três filhos – tenta se sustentar aplicando seus ideais de vida rural. Mas o dia a dia na fazenda é difícil, e Rudolf não resiste ao chamado de Heinrich Himmler, que o convida para entrar na SS. Era, então, junho de 1934, data em que Himmler, o *Reichsführer-SS*, depois da Noite das Facas Longas – com a execução de vários adversários políticos logo após Hitler ter se tornado Chanceler –, retomou o controle dos campos à SA, organização rival da SS.

Em 1934, Höss é designado para Dachau, o primeiro campo de concentração nazista, perto de Munique. Theodor Eicke, o comandante do campo, ensina-lhe as bases do sistema concentracionário: quebrar os prisioneiros psicológica, moral e fisicamente. O papel de cartas de Eicke tem o seguinte cabeçalho: "Só uma coisa importa: a ordem dada!". Máxima que convém perfeitamente a Rudolf Höss. Para Eicke, um SS deve ser capaz de matar seus parentes mais próximos se eles se rebelarem contra o Estado hitleriano.[11] De acordo com o objetivo de Heinrich Himmler, desumanizar e dessensibilizar as tropas SS, qualquer sentimento é uma marca de fraqueza. Rudolf Höss não tem dificuldade em se desfazer de sua parte de humanidade submetendo-se inteiramente às ordens, como uma marionete movida pelos comandos dos superiores. Para o psiquiatra que conversou com ele em Nuremberg, "ele dá a impressão de um homem normal, com uma apatia de esquizofrênico e uma falta de compaixão digna dos maiores psicopatas".[12]

Pouco depois de sua chegada a Dachau, a esposa e os três primeiros filhos vêm viver com ele. A família mora perto do campo, numa casa para oficiais. Em 1937, Hedwig fica grávida de novo. Os Höss têm mais um filho homem, Hans-Jürgen. As crianças frequentam a escola primária de Dachau, junto com outros filhos de oficiais.

Em Dachau, Höss passa por seu primeiro teste. De acordo com a vontade de Himmler, esse campo deve servir de modelo para os próximos. A terrível eficácia de Höss e seu sentido prático e estratégico contribuem para sua ascensão. Dachau cresce até poder receber cerca de 20 mil detentos.

Quatro anos depois, Höss é transferido para o campo de Sachsenhausen, perto de Berlim, com o posto de primeiro adjunto do comandante. A família o acompanha, e o campo vizinho não interfere em sua vida. Mas a guerra explodiu. A Polônia é invadida em 1º de setembro de 1939, e os prisioneiros começam a afluir.

À noite ou nas tardes dos fins de semana, Höss gosta de ler para os filhos contos populares alemães ou a história de Max e Moritz, sua preferida, peripécias de dois meninos refratários à ordem que acabam literalmente moídos pelos adultos. Também põe música para eles escutarem num gramofone. Paralelamente a essa vida de bom pai de família, trabalha minuciosamente para que milhões de pessoas sejam executadas. Por vários anos, consegue levar com naturalidade uma vida dupla.

Quando Himmler decide criar um novo campo na Alta Silésia, a sessenta quilômetros de Cracóvia, na Polônia, Höss, que já tem certa experiência com o mundo concentracionário, é encarregado de inspecionar o local. Trata-se de um antigo quartel da artilharia polonesa, num terreno pantanoso, perto da cidadezinha de Oświęcim. Era maio de 1940. Graças à eficácia de Höss, já no outono 22 blocos de tijolos, repartidos em três fileiras e rodeados por uma dupla cerca de arame farpado de quatro metros de altura, estão prontos para receber os primeiros prisioneiros. Sobre o pesado portão de ferro da entrada, lê-se a inscrição: *Arbeit macht frei* (O trabalho liberta).

Uma vez construído o campo, a família de Höss novamente se junta a ele numa casa próxima. Como nos postos de trabalho anteriores do pai, as crianças frequentam a escola da região. Mas o cargo de Rudolf Höss torna difícil sua integração.

Para dar conta do número crescente de prisioneiros, Berlim ordena constantemente que o campo seja ampliado, exigindo sempre mais de Höss. Em suas memórias, ele escreve: "Cada obstáculo só fazia aumentar minha dedicação". Sabe que não pode se fiar em seus superiores hierárquicos e que seus subalternos são incompetentes. Nessas mesmas memórias, não para de evocar as dificuldades logísticas que deve superar para satisfazer as ordens. De manhã, é o primeiro a chegar, e à noite sai depois de seus subordinados. Himmler não quer ouvir falar de falta de material, instalações insuficientes, incompetência e epidemias. O que quer é que o campo cresça, custe o que custar. Ao final da inspeção de Himmler em 1941, Höss indica que "não se tratava mais de ampliar o campo para receber 30 mil detentos, era preciso instalar e pôr para funcionar um campo para 100 mil prisioneiros de guerra".[13]

Em outubro de 1941, inicia a construção de um segundo campo, chamado Auschwitz-Birkenau, a cinco quilômetros do primeiro. Ali é testado, a partir de setembro de 1941, o uso intensivo do gás Zyklon B, um inseticida à base de ácido cianídrico que já era utilizado na descontaminação de quartéis. Além de ser fatal mesmo em pequenas doses, o Reich dispõe de um grande estoque do produto.

Rudolf Höss declara que no verão de 1941 [*sic*],[14] Himmler lhe disse: "O *Führer* deu a ordem de proceder à Solução Final do problema judaico. Nós, os SS, estamos encarregados de executar a ordem". "Eu não devia pensar, devia executar a instrução. Meu horizonte não era suficientemente amplo para me permitir formar um juízo pessoal sobre a necessidade de exterminar todos os judeus", prossegue Höss. O campo de Auschwitz é escolhido por seu isolamento e pela proximidade das estradas de ferro.[15] Höss então volta de Berlim a Auschwitz para pôr minuciosamente em prática o processo de extermínio pelo gás. Qualquer outro método de extermínio, especialmente ao ser aplicado a mulheres e crianças, teria sido "penoso demais para os SS que o aplicassem". Para Höss, o extermínio pelo gás permite acima de tudo evitar o "banho de sangue" e o horror das cenas de massacre com metralhadoras, insuportáveis para os homens dos "Kommandos" de extermínio que, para encará-las, bebiam quantidades absurdas de álcool e, por vezes, acabavam enlouquecendo.[16] Como destaca o historiador Joachim Fest, foi essa mecanização do assassinato que permitiu a Höss negar sua responsabilidade e sua culpa, alegando que executava o assassinato sem ter a sensação de participar. Tudo não passava de uma questão de organização administrativa.[17]

A morte é o dia a dia de Höss: sua missão é matar, e ele a executa com todo o afinco. Foi treinado para exterminar e contar os mortos com uma obsessão maníaca pelas cifras e pela eficácia industrial. Em suas memórias, redigidas durante o cárcere na Polônia, ele explica em detalhes a engrenagem do sistema industrial de extermínio dos judeus instaurado no campo de Auschwitz, do qual foi comandante de 1940 a 1943. São as memórias de um homem desumanizado, que nada renegou de seus ideais, que se justifica e expõe as dificuldades de sua tarefa. A piedade e a compaixão são para ele fraquezas inadmissíveis para um SS. Assim relata as primeiras utilizações do Zyklon B:

> Primeiro, vozes isoladas gritaram: "gás!". Então começou a gritaria geral. Todos se precipitaram para as portas, mas elas não cederam. Abrimos a sala depois de algumas horas, e foi então que vi pela primeira vez os corpos empilhados dos mortos pelo

gás. Senti mal-estar e horror, mas sempre tinha imaginado que o uso do gás provocasse sofrimentos ainda maiores.

Höss não hesita em alegar que nunca matou um único detento com suas próprias mãos nem tolerou abusos da parte de seus subordinados; que não fez mais do que, com uma eficiência implacável, executar a tarefa que lhe foi confiada.

Em 1942, o complexo concentracionário já se estende por quilômetros. Höss se queixa de ter de estar o tempo todo incitando os SS, quase sempre bêbados, a aumentar o ritmo de funcionamento dos fornos crematórios.[18] Mas se orgulha de seu funesto êxito e de sua condecoração "Pelo Mérito". Sua única preocupação continua sendo, até o fim, com as dificuldades do trabalho. O fato de Himmler tê-lo designado e confiado nele para, num primeiro momento, criar o campo de Auschwitz, e depois executar a Solução Final (quando poderia ter se dirigido a um de seus superiores hierárquicos), deixa-o profundamente lisonjeado. Ele quer ser digno da missão que lhe foi confiada.

Rudolf Höss vive com a família em Auschwitz, por trás de um muro que os protege das câmaras de gás. Essa proximidade não perturba em nada a tranquilidade familiar. Contrariamente a outras crianças evocadas neste livro, que viveram afastadas dos horrores do Reich, as dele crescem perto da morte. Estão ao mesmo tempo separadas e unidas a ela por uma grade, que o neto de Höss, Rainer, chamará de "porta para o inferno".

O casamento é feliz, mesmo sem paixão. Rudolf tenta acima de tudo contentar sua família. Contrariando a ordem categórica dada por Himmler – não revelar a ninguém nada sobre a Solução Final –, fala dela à esposa no fim de 1942. Acha que o desejo sexual da esposa por ele diminuiu depois da revelação da natureza exata de suas atividades diárias,[19] por mais que ela compartilhasse sua aversão pelos judeus e pelos poloneses, "que só existem para trabalhar até morrer".[20]

Höss se revela um pai exemplar. Durante o dia, sempre que pode, dá uma passada em casa, brinca com as crianças e lê poesia para elas.

É um pai amoroso, que lamenta profundamente não poder se ocupar mais dos filhos.

Além de dois criados (geralmente Testemunhas de Jeová) que moram na casa, toda uma equipe, composta de uma cozinheira, uma governanta, um pintor, um alfaiate, uma costureira, um cabelereiro e um motorista, está sempre à disposição para satisfazer as necessidades e os desejos da família. Hedwig, conhecida como "o anjo de Auschwitz", acredita que essa equipe lhe é indispensável para receber as grandes personalidades do Reich, como Heinrich Himmler, Adolf Eichmann – o organizador das deportações de judeus – ou ainda Richard Glücks, chefe do IKL (o serviço de inspeção dos campos de concentração). A família fica muito honrada quando "o tio Heini" (Heinrich Himmler) vem visitá-la. Rudolf adora fotografar seus filhos, vestidos com suas melhores roupas, sobre os joelhos do *Reichsführer* Heinrich Himmler.[21]

O jardineiro dos Höss, Stanislaw Dubiel, um prisioneiro político polonês, foi interrogado pela Comissão Distrital de Investigação dos Crimes Nazistas na Polônia em 7 de agosto de 1946. Ele pôde observar de perto a vida da família e recorda as grandes festas. Ele tinha sempre de arranjar vinho, carne, leite, açúcar, cacau, farinha e outros produtos. Os Höss viviam luxuosamente: a senhora Höss fazia muitas exigências, e cabia a ele satisfazê-las. Naturalmente, o desvio de produtos do depósito de alimentos do campo devia permanecer em segredo. Os Höss não pagavam por nada. No "Canadá", que designa no jargão do campo os depósitos de bens das vítimas, a senhora Höss consegue roupas e tecidos preciosos, roubados das mulheres que morrem nas câmaras de gás. A partir desses materiais, duas costureiras judias confeccionam vestidos para a madame. Segundo Dubiel, os Höss tinham montado uma casa tão luxuosa e bem equipada que Hedwig teria declarado um dia "querer viver e morrer ali".[22] Quando Rudolf Höss foi transferido, foram necessários quatro vagões de trem para carregar os bens que haviam acumulado.

Interrogada em janeiro de 1963, Janina Szczurek, a costureira da Sra. Höss, uma polonesa que tinha cerca de trinta anos durante a guerra, afirma que sua patroa sempre a tratou bem. As crianças eram bem-educadas e "se contentavam em correr ao redor dos detentos que trabalhavam no jardim". Rudolf põe as crianças na cama todas as noites e beija a esposa toda manhã. Além disso, escreve poemas sobre a "beleza de Auschwitz". A costureira evoca um curioso episódio ocorrido na época em que estava a serviço da família Höss: "Um dia, as crianças vieram me pedir para confeccionar uniformes de detentos para elas e costurar em suas camisas triângulos pretos ou estrelas amarelas, como os dos prisioneiros". Klaus, o mais velho, usava uma braçadeira de Kapo (prisioneiro-chefe) e dava ordens aos irmãos, que faziam o papel dos outros prisioneiros. A brincadeira durou até que Rudolf Höss os surpreendeu no jardim, arrancou as insígnias e lhes deu uma bronca daquelas.[23]

Em casa, Rudolf nunca fala de seu trabalho no campo, mas as crianças notam que, ao longo desses anos, seu pai vai ficando cada vez mais cansado e estressado. Diz que era obrigado a monitorar dia e noite a operação de extermínio, e inclusive a observar a morte pelas claraboias da câmara de gás.[24] Ele próprio reconhece, em suas memórias, ter se tornado cada vez mais "duro e inacessível". Mas devia manter a pose, já que todos os olhares estavam voltados para ele. Quando se lembra das cenas que vivencia diariamente no campo, não consegue mais sustentar o olhar da esposa, radiante de felicidade, rodeada pelos filhos.[25] Ela atribui seu mau humor a preocupações do trabalho e não para de repetir: "Não fique sempre pensando no trabalho, pense na gente também". Acompanha-o ao teatro e a festas, tentando desesperadamente distraí-lo, mas não adianta. Rudolf Höss nada tem de extrovertido e prefere a solidão. Diz que nunca teve relações próximas nem amigos, mesmo em sua juventude. Sempre achou que bastava a si mesmo.

Os filhos Höss deixaram a fazenda onde alguns deles nasceram, em Dachau, para se instalar primeiro em Sachsenhausen, depois em Auschwitz. Os mais novos sempre viveram nas proximidades de um campo de concentração. Brigitte nasceu numa fazenda perto do Mar Báltico, viveu em Dachau até os 5 anos, em Sachsenhausen dos 5 aos 7 e em Auschwitz dos 7 aos 11. A quinta e última filha dos Höss, Annegret, nasceu em 20 de setembro de 1943, em Auschwitz.

Nova guinada profissional para Höss: em 1º de dezembro de 1943, é nomeado diretor da seção política do Escritório Central Econômico e Administrativo da SS (WVHA), encarregada da inspeção e gestão dos campos de concentração. Para ele, essa é a consequência da divisão de Auschwitz em três administrações separadas. Alguns veem aí o resultado de uma investigação sobre a corrupção que impera no campo ou a consequência de rumores muito fortes na rádio inglesa a respeito do extermínio de prisioneiros; outros, a vontade de aumentar a eficiência dos demais campos.[26] Exausto, Höss obtém nesse momento uma licença de seis semanas e vai sozinho para um chalé na montanha.

Quando parte, sua filha mais nova tem apenas 8 semanas, e ele só voltará a vê-la meses depois. Hedwig e as crianças permanecem todo esse tempo na casa de Auschwitz, e, quando Rudolf volta, em maio de 1944, tem ainda menos tempo para dedicar à família, já que foi encarregado do extermínio de mais de 400 mil judeus húngaros. O ritmo das operações de extermínio é tão acelerado que uma fumaça preta se espalha por quilômetros ao redor.

Quando a Alemanha se rende, Rudolf Höss consegue escapar por algum tempo dos Aliados. A família foge para o Norte, nos rastros de Heinrich Himmler, com a esposa e os filhos de Theodor Eicke, o inspetor dos campos de concentração. Para escapar das barreiras, viajam à noite, com os faróis apagados. As estradas que percorrem são constantemente bombardeadas pelos Aliados. Os bosques são os únicos abrigos que encontram. É durante esse périplo que recebem a notícia da morte do *Führer*, no dia 1º de maio de 1945.

Como muitos outros nazistas, Rudolf Höss considerou a possibilidade de "suicidar" toda a família e tomou a precaução de levar veneno consigo, caso fosse capturado pelos soviéticos. Afinal, que futuro lhes resta? Höss propõe a Hedwig o suicídio coletivo, mas as crianças fazem com que o casal renuncie a essa solução. Na sequência, lamentará não ter escolhido esse caminho, que teria poupado sua família de muitos sofrimentos e permitido que ele se extinguisse junto com "o mundo ao qual nos uniam laços indestrutíveis".[27]

Depois de uma breve passagem por Berlim, Hedwig e as crianças — exceto o filho mais velho, que ficou com o pai — encontram refúgio em Holstein, no norte da Alemanha. Com a cumplicidade do cunhado de Rudolf, escondem-se numa velha cabana de madeira. O interior é rudimentar: um fogão a lenha, dois ou três móveis velhos e nenhuma cama. A família dorme no chão, sem cobertas, e a comida é escassa.

Por sua parte, Rudolf e Klaus juntam-se a Himmler em Flensburg, onde se estabeleceu o governo provisório do Reich. Rudolf acredita que seu filho, que tem então 15 anos, já tem idade para lutar junto com a resistência nazista. Não foi com essa idade que ele próprio entrou no Exército? Mas eis que Heinrich Himmler os recebe com um "É isso senhores, está tudo acabado, já sabem o que lhes resta fazer". E os intima a se esconderem dentro da Wehrmacht.

Depois de enviar Klaus para junto da mãe, Rudolf Höss consegue escapar das barreiras britânicas e se refugia no corpo da Marinha, na ilha de Sylt, no norte da Alemanha. Após a rendição total do país, encontra trabalho numa fazenda, não longe do lugar onde estão escondidos a esposa e os filhos. Comunica-se com eles através de cartas, que seu cunhado leva e traz. Apesar do dinheiro que consegue mandar para a esposa, com a ajuda de seu motorista de Auschwitz, a família é obrigada a roubar carvão para se aquecer. Não têm mais roupas nem sapatos. No inverno, andam descalços sobre a neve.

Em 8 de março de 1946, a esposa de Höss, Hedwig, é detida no pequeno apartamento onde a família está morando, em cima de uma fábrica de açúcar, na cidadezinha de St. Michaelisdonn. Alguns dias depois, oficiais britânicos tentam arrancar das crianças, entregues a si mesmas, informações sobre a localização de seu pai. Brigitte, que tinha então 13 anos, lembra-se dos berros dos oficiais ingleses: "Onde está seu pai? Onde está seu pai?". Mas as crianças guardam segredo e juram não saber. Os oficiais decidem então levar Klaus, o mais velho, até a prisão onde está a mãe.

Ameaçam deportá-la para a Sibéria se não revelar onde está escondido o marido. Hedwig, que até então repetia que ele estava morto, finalmente cede e anota num papel o nome que Rudolf está usando, "Franz Lang", e o endereço da fazenda onde está escondido.

Pouco depois, no dia 11 de março de 1946, Höss é capturado numa fazenda perto de Flensburg. Seu frasco de veneno tinha se quebrado dois dias antes, o que o impede de se suicidar. Ele será ouvido em Nuremberg, tanto como acusado quanto como testemunha. Ernst Kaltenbrunner pede que Höss seja sua testemunha de defesa, pretendendo demonstrar, graças a ele, que não estava implicado na Solução Final. Rudolf Höss, por sua vez, diz nunca ter compreendido a razão daquilo. Ao psicólogo G. M. Gilbert, que lhe pergunta se, em sua opinião, os judeus assassinados mereceram o destino que tiveram, responde: "Não cabia a nós pensar. [...] Foi determinado que os judeus eram culpados por tudo, nunca ouvimos outra coisa. [...] Nossa função era proteger a Alemanha".

Prisioneiro dos britânicos, Höss é entregue às autoridades polonesas e comparece ao Supremo Tribunal da Polônia em março de 1947. Prisioneiro exemplar, revela-se também um acusado exemplar, que responde com precisão às perguntas, sem se esquivar, provavelmente por não se dar conta do horror dos seus atos. Diz que deixou há muito tempo de ter sentimentos humanos. Para esse nacional-socialista convicto, Auschwitz é comparável ao bombardeio das cidades alemãs pelos Aliados: em nenhum momento Rudolf Höss renega a "filosofia" do nazismo, uma *Weltanschaung* (visão de mundo) que, a seu ver, era a "única apropriada à natureza do povo alemão" e "capaz de reconduzir gradualmente todo o povo alemão a uma vida conforme sua natureza". Sua autobiografia, redigida durante o período de detenção em Cracóvia, *Rudolf Höss: Kommandant in Auschwitz*, fecha-se com estas palavras, que deixam qualquer um atônito: "Que o grande público continue a me considerar como uma besta feroz, um sádico cruel, como o assassino de milhões de seres humanos: as massas não poderiam pensar outra coisa do ex-comandante de Auschwitz. Elas nunca compreenderão que eu também tinha um coração".[28]

Prestes a ser executado, declara que sua família lhe é tão cara quanto o nacional-socialismo:

> Sempre me preocupei com o futuro de minha família: a fazenda devia se tornar nossa verdadeira casa. Para minha esposa e para mim, nossos filhos representavam o objetivo de nossa existência. Queríamos lhes dar uma boa educação e legar a eles uma pátria poderosa. [...] Sacrifiquei a mim mesmo de maneira definitiva. A questão está resolvida e não me preocupo mais com isso. Mas o que será da minha esposa e dos meus filhos?[29]

Höss é enforcado no dia 16 de abril de 1947 na frente do campo de Auschwitz, a cinquenta metros da sua antiga casa.

Numa última carta à esposa e aos filhos, escrita em 11 de abril de 1947, pede a Hedwig que vá viver o mais longe possível e que volte a usar seu nome de solteira, pois "mais vale que meu nome desapareça comigo". Aos filhos, diz: "O pai de vocês terá de deixá-los", e, ao mais velho:

Klaus, meu querido rapaz, você é o primogênito. Vai agora ter de construir seu lugar no vasto mundo. Deve traçar seu próprio caminho na vida. Tem boas capacidades. Utilize-as. Mantenha seu bom coração. Ao se tornar homem, deixe-se guiar em primeiro lugar pelo calor e pela humanidade. Aprenda a pensar e julgar por si mesmo, com toda a consciência. Não aceite tudo sem espírito crítico e como verdade absoluta.[30]

A família vive então na miséria e tenta ser discreta. Assume uma postura de negação, como se sua genealogia tivesse começado com a morte do pai.[31] Hedwig e as crianças permanecem dez anos no vilarejo de St. Michaelisdonn, onde pouco a pouco conseguem se integrar, ainda que certos vizinhos os evitem. Hedwig, viúva de um criminoso de guerra, não tem direito a nenhuma pensão ou subvenção do Estado. Adultos, os filhos partem, cada um para o seu lado: Klaus vai para a Austrália, Brigitte para a Espanha e depois para os Estados Unidos, e outros para os países bálticos.

Em 1950, Brigitte, a terceira dos cinco filhos, deixa a Alemanha e vai para a Espanha. Loira e muito bonita, torna-se modelo, especialmente para a grife Balenciaga. Na Espanha, conhece um norte-americano de origem irlandesa que trabalha para uma companhia com sede em Washington. É nessa época que são publicadas as memórias de seu pai, confissões de grande importância para a História.[32] Seguindo os deslocamentos profissionais do namorado, Brigitte se muda para a Libéria, para a Grécia, para o Irã e para o Vietnã. Casam-se em 1961 e têm dois filhos, uma menina e um menino. Pouco depois do primeiro encontro, Brigitte conta de quem é filha. Seu futuro marido diz ter ficado um pouco chocado, mas ter compreendido, após conversar com ela, que também ela era uma vítima. Não era mais que uma criança na época daqueles acontecimentos, e sua existência passou de repente do luxo para a miséria.

Em 1972, o casal se instala em Washington, na Carolina do Norte. Brigitte tem dificuldade de se integrar. Não fala inglês, não tem amigos, nenhuma competência específica e, como ela própria diz, não é capaz sequer de preencher um cheque. Mesmo assim, consegue um emprego como vendedora numa loja. Um dia, uma mulher de origem judaica, que admira seu jeito de se vestir, convida-a para trabalhar na Saks Jandel, uma loja de luxo onde a alta sociedade de Washington se veste. Uma noite, depois de ter sido contratada, tendo bebido mais do que devia, Brigitte conta ao gerente da loja que é filha de Rudolf Höss, o comandante de Auschwitz. Informados pelo gerente, os proprietários judeus da loja, que fugiram da Alemanha em 1938, depois da Noite dos Cristais, decidem não demiti-la, pois não a consideram culpada por ser filha de quem é. Brigitte só ficará sabendo disso muito tempo depois, e trabalhará por quase 35 anos em colaboração com esse casal, que soube vê-la como uma pessoa e não como "a filha de...", além de ter mantido segredo sobre essa história.[33] Ela própria prefere esconder sua identidade, contando aos amigos que seu pai morreu durante a guerra. Mesmo aos netos Brigitte não tem coragem de revelar que o avô foi o comandante de Auschwitz. Quando sua mãe morre em sua casa, em 1989, Brigitte resolve enterrá-la sob outro nome.

Uma vez aposentada e divorciada, Brigitte se instala perto de Washington DC e ali vive com seu filho, pianista de jazz. Sua filha morrera de câncer, e ela própria lutava contra a mesma doença. Recentemente, aceitou dar uma entrevista a Thomas Harding, que estava escrevendo o livro *Hanns and Rudolf*, sobre a vida de seu tio-avô Hanns Alexander, um judeu que conseguiu capturar Höss depois da guerra. Mas Brigitte exige que nem seu nome de solteira nem seu nome de casada sejam mencionados. Recusa a publicação de qualquer elemento capaz de revelar sua identidade, por medo de represálias.

Brigitte só aceitou ser entrevistada por Thomas Harding em razão de sua idade avançada. Por muito tempo, preferiu guardar seu segredo para si mesma. Ao envelhecer, começou a admitir a ideia de que o horror tenha sido cometido por um familiar. Depois da guerra, num primeiro momento, optou pela negação; em seguida, tentou minimizar o papel do pai, dizendo que Auschwitz não tinha sido ideia dele. Para Brigitte, ele não fez mais que agir por ordem de Himmler ou de Hitler – ele que, além de tudo, era um pai exemplar. Quando Harding lhe pergunta: "Como é possível que o pai mais carinhoso do mundo tenha sido o comandante de Auschwitz?", ela responde que não sabe, que devia haver nele uma dualidade, e que ela só tinha conhecido o lado bom. Mas não acredita que milhões de pessoas tenham sido mortas. "Como pode haver tantos sobreviventes, se tantos assim foram assassinados?", costuma repetir. Para Brigitte, seu pai só confessou assassinatos porque o torturaram. A foto do casamento dos pais está pendurada na parede do seu quarto, e, para ela, seu sobrinho Rainer Höss é um "grande mentiroso".[34]

Rainer Höss, filho de Hans-Jürgen, o segundo filho homem de Rudolf Höss, descobre aos 12 anos que seu avô foi um "dos piores assassinos em massa da História". A partir de então, sua vida é completamente transtornada.

Hans-Jürgen permaneceu fiel aos ideais do pai. Rainer Höss o qualifica de ditador violento e antissemita. Como sua irmã, Brigitte, Hans-Jürgen nunca quis falar com o filho desse pesado segredo. Cada vez que este tentou interrogá-lo, fechou-se imediatamente como uma ostra. Rainer fica sabendo da história da sua família de maneira literalmente dolorosa, quando o jardineiro do internato onde estuda, sobrevivente de Auschwitz, bate nele ao descobrir quem era seu avô. "Ele me bateu porque projetou sobre mim todos os sofrimentos que teve de suportar. Um Höss continua sendo um Höss, seja o avô ou o neto: um culpado é um culpado".

Esse silêncio dilacerante pesou muito sobre famílias inteiras. E foi por causa da resistência silenciosa na qual esbarrou no seio da família que Rainer Höss empreendeu uma longa investigação para trazer o segredo à luz. Procurou, em arquivos e na internet, todas as informações disponíveis sobre seu avô. Reuniu muitas fotografias, que mostram uma família feliz e unida na propriedade de Auschwitz. Sua mãe, Irene, divorciou-se de seu pai depois de 27 anos de casamento. O marido nunca tinha lhe confessado que era filho do comandante de Auschwitz: ela ficou sabendo disso por um artigo de jornal e disse que ele só falava de Auschwitz quando estava triste.

Rainer Höss sempre teve dificuldade de suportar essa herança. É um homem quebrado por sua história familiar que, quando jovem, tentou se suicidar duas vezes. Já teve três ataques cardíacos e sofre crises de asma que se tornam mais graves à medida que vasculha em seu passado familiar. Mesmo assim, ao contrário do resto da família, não conseguiu fechar os olhos. Se seu avô foi um criminoso contra a humanidade, ele só pode se sentir envergonhado e triste. Sua família o considera um traidor e não quer mais ouvir falar dele. Deixou de ter contato com ela em 1985.[35] Seu objetivo é que esse passado silencioso não assombre seus filhos. Com a idade, deixou de se sentir culpado por sua história familiar, mas continua a sentir o peso de sua herança.

É preciso assinalar, no entanto, que Rainer Höss é um personagem controverso, a quem censuram o macabro oportunismo mercantil. Consta que quis vender ao memorial de Yad Vashem objetos que pertenceram a Rudolf Höss. Numa carta em estilo telegráfico, ofereceu-se sem escrúpulos para negociar alguns bens do avô. A carta dizia o seguinte: "Raros objetos, Auschwitz Commander Höss. Há alguns bens pessoais de Rudolf Höss, o comandante de Auschwitz: uma grande caixa à prova de fogo com as insígnias oficiais, presente de Heinrich Himmler, comandante da SS, pesando cinquenta quilos, um corta-papel, documentos e fotos de Auschwitz nunca publicados, cartas do período em que ficou detido em Cracóvia. Agradeço sua resposta. Cordialmente, Rainer Höss". Ele nega essa versão, dizendo primeiro que se tratava do filho de outro nazista e depois que a iniciativa partiu de Yad Vashem.

Quando diz seu nome, tem a impressão de que as pessoas olham para ele com desconfiança, como se carregasse o caráter diabólico do avô. Contudo, nunca tentou alterá-lo, pois no fundo isso não resolveria nada. Um dia, encontrou Jozef Paczynski, um sobrevivente dos campos que tinha sido cabelereiro de seu avô. Esperava ter com ele um diálogo construtivo e amistoso, porém, depois de pedir a Rainer que se levantasse para observá-lo melhor, Paczynski jogou em sua cara: "Você é o retrato do seu avô". Rainer sempre repete aos que lhe perguntam sobre o assunto: "Se soubesse onde meu avô está enterrado, iria mijar no seu túmulo".[36]

Em 2014, participa de um clipe do movimento social-democrata sueco para a campanha das eleições ao Parlamento Europeu, a fim de lutar contra a ascensão dos movimentos extremistas na Europa. O *slogan* é "Nunca se esqueça de votar", supondo que o voto pode ser um obstáculo ao extremismo que cresce na Europa hoje em dia. Rainer considera que atualmente os movimentos de extrema-direita estão mais bem organizados que na Alemanha hitlerista e que os países não aprenderam nada com o passado.

OS FILHOS SPEER

A linhagem do "arquiteto do diabo"

FRANKFURT. Num fim de tarde do outono de 2013, Albert contempla uma maquete montada sob sua direção para a Exposição Universal de Hanover, em 2000. O tamanho da maquete, 1,5 m x 1,5 m, ilustra bem o gigantismo do projeto. Albert adora descrever em detalhes a dimensão única, a elegância. Afirma não ter um estilo, como se tentasse se diferenciar de alguém. Desenvolve projetos desde 1964, data em que ganhou seu primeiro concurso como arquiteto com o projeto de reforma da estação de Ludwigshafen, na Alemanha. Tem apenas 30 anos quando vence esse concurso de forma anônima. Sabe que se seu nome tivesse sido revelado ao júri, as coisas poderiam ter sido diferentes. Sempre evitou pensar nisso. Além do sobrenome, tem o mesmo nome que seu pai. E sabe que, naquele dia, ele ficou orgulhoso do filho.

A luz crepuscular atravessa as grandes janelas do escritório, situado no alto de uma torre de vidro. Seu pai gostava de pedra, ele gosta de materiais que proporcionam uma sensação de leveza, como o vidro. Com os sócios de sempre, pensa na melhor maneira de estimular a criatividade. "Criatividade" é a palavra-chave dessa sociedade, seu motor. Quando seu sócio pergunta sobre o tamanho dos prédios que deseja realizar, responde que não se deve ter medo de pensar grande. O monumentalismo não tem nada a ver com o tamanho.

No limiar de seus 80 anos, pensa que ao longo de toda a vida quis realizar sonhos: gosta de projetos imprevisíveis, prefere deixar os comuns para os outros.

Seu campo de ação não se limita à cidade de Frankfurt, nem mesmo à Alemanha. Constrói também para além das fronteiras, no mundo inteiro. Sua empresa, AS&P, está instalada na Ásia há muitos anos, tendo realizado inúmeros projetos.

Hoje, sonha com o deserto. Relembra a conferência que deu em Doha, capital do Catar. Com um projetor que iluminava uma imensa tela, fazia aparecer e desaparecer as imagens dos estádios desenhados para a Copa do Mundo de 2022. Disseram que seu projeto era insensato, a maior aberração da História. Ele responde a seus detratores que o que caracteriza eventos como os Jogos Olímpicos ou as Copas do Mundo é tornar o impossível possível.[1] Em seu livro *A cidade inteligente*,[2] publicado em 1992, afirma que esta deve ser uma metrópole humana e progressista, tendo por única função agradar aos cidadãos: a dimensão humana nunca deve ser subestimada. Uma cidade deve parecer natural e espontânea. A intervenção daquele que a concebe deve ser invisível: por meio da criação de planos diretores, ele oferece aos outros – arquitetos, construtores de ruas, criadores de espaços – um esquema simples para embelezar o espaço,[3] porque se interessa mais pelas cidades em sua complexidade do que pelo aspecto estético dos prédios considerados isoladamente. Afirma ser acima de tudo um criador de ambientes urbanos.

Sua esposa chega, e Albert Speer Jr. sai do escritório. Apaga a luz e verifica se todas as outras estão apagadas. Ele não é um dos precursores de uma arquitetura que respeita o meio ambiente? Hoje em dia, devemos reduzir nosso consumo de energia. Alguns não o veem como a consciência verde da indústria?[4] Sai do prédio com a esposa, Ingmar Zeisberg, atriz, seu único amor há quarenta anos. Casaram-se em 1972, e ela preferiu conservar seu sobrenome. Andando por Frankfurt, admira a cidade, tão bonita à noite, e diz a si mesmo que contribuiu para essa beleza. Aos seus olhos, é a única cidade alemã verdadeiramente internacional. Um modelo para o mundo. Em Frankfurt, seu nome está mais ligado à arquitetura da cidade que ao de seu pai. Ele é seu arquiteto *star*. Cada um com sua cidade. Como se essa divisão permitisse evitar comparações. Berlim é a cidade de referência de seu pai, enquanto ele gosta de Frankfurt, "a cidade judia", tão desprezada por Hitler. Albert acha que os berlinenses ainda sentem um mal-estar com seu nome. Quando apresenta um de seus projetos em Berlim, ouve a seguinte frase: "Speer em Berlim? Isso já foi tentado uma vez".[5]

Por ocasião dos Jogos Olímpicos de Pequim, em 2008, a China quer mostrar sua grandeza. Em 2002, o governo chinês contrata arquitetos, entre os quais AS&P, para desenvolver um projeto que ligue a Cidade Proibida ao Estádio Nacional. O escritório propôs então um projeto gigantesco que não deixava de lembrar o estádio concebido para os Jogos Olímpicos de Berlim de 1936 e o projeto "Germania", imaginado por Hitler e desenvolvido por seu pai, Albert Speer. "Germania" devia ser a capital do mundo quando o Reich triunfasse.

Berlim seria reorganizada a partir de dois eixos: Norte-Sul e Leste-Oeste. Uma grande reestruturação ferroviária foi prevista. Haveria um eixo central gigantesco, tendo, ao Norte, um "Mercado do povo" inspirado no Panteão de Roma, uma imensa construção com cúpula; a Oeste, a nova chancelaria e o palácio do *Führer*; ao Sul, o alto comando da Wehrmacht; e finalmente, a Leste, o Reichstag, o Parlamento alemão.

Albert Speer Jr. se pergunta se, como o censurou um jornal inglês, seu projeto foi realmente inspirado por "Germania".[6] Outros pensam que ele busca a todo custo, mesmo inconscientemente, diferenciar-se do pai. É sempre difícil suceder aos pais num mesmo terreno: a comparação é inevitável. Com sua idade, ele não quer mais ser apresentado como "o filho de...". Mas não renega seu nome. Nunca quis alterá-lo, embora tenha não apenas o sobrenome como também o nome de batismo do pai. O que quer é que falem de sua obra, do caminho que ele mesmo traçou. E acredita ter triunfado por mérito próprio.[7]

Em sua página pessoal na internet, www.albert-speer.de, Speer apresenta três gerações de arquitetos: seu avô, seu pai – que qualifica de "arquiteto político" – e ele próprio, "arquiteto urbanista". Lembra-se das pesquisas que realizou, para a criação do site, em velhas caixas de fotos da família na casa de Allgäu, perto da Baviera, que seu pai tanto adorava. Numa primeira versão do site, atribuiu a cada um sua criação preferida. Para seu avô, uma construção reformada no bairro histórico da cidade de Mannheim, na Alemanha. Para seu pai, sua grande obra, a nova chancelaria do Reich, na esquina da Wilhelm-Strasse com a Voss-Strasse, no centro de Berlim, residência oficial do *Führer* entre 1938 e 1945. Finalmente, sua própria criação, o bairro da Europa, em Frankfurt, projeto iniciado em 2005 que devia ser o coroamento de sua carreira. No site figurava uma cronologia de sua vida profissional e privada intitulada "Dolce Vita". Numa foto, ele era visto, com seus irmãos e irmãs, ao lado do pai, o arquiteto de Hitler, na Obersalzberg, magnífica montanha dos Alpes bávaros. Depois, o site foi reformulado, e hoje só aparecem seus irmãos e irmãs. O pai desapareceu.

A foto recordava os tempos felizes em que, menino, ele vivia no confortável ninho dos Speer, um chalé de montanha rodeado de florestas e animais. Isso foi antes da queda, antes de se tornar o filho do "arquiteto do diabo", antes que seu pai fosse encarcerado em Spandau, a prisão de Berlim, condenado por crimes de guerra e crimes contra a humanidade. Estava apenas com 12 anos na época do julgamento, e lembra que tinha então um problema de dicção, uma gagueira que ainda se percebe atualmente e que envenenou sua juventude. Não sabe exatamente quando esse problema começou, mas acha que ele está "ligado a tudo isso".[8] Para superar esse defeito, teve de fazer o que mais detestava: falar, falar e falar.[9]

A família Speer se instala, em 1938, na montanha do *Führer*. A proximidade entre Albert Speer e Adolf Hitler é reforçada pela proximidade de suas residências. Speer, assim como o *Reichsmarschall* Göring, ou Bormann, o secretário particular de Hitler, possui uma ampla casa perto do Berghof do *Führer*. Para permitir que avance com os planos de seus projetos, Hitler manda construir para Speer um grande ateliê de arquitetura. A família é alojada numa casa que pertencera a um pintor. A fim de instalar a guarda pessoal de Hitler, Bormann tinha expulsado todos os moradores das casas vizinhas ao Berghof.

Albert Speer Jr. é o primeiro filho de Albert Speer, nascido em Berlim, em 1934. Depois dele vieram Hilde (1936), Fritz (1937), Margret (1938), Arnold (1940) e Ernst (1942). A ascensão de Albert Speer pai é rápida, o que faz com que tenha cada vez menos tempo para a família. Hitler é um apaixonado por arquitetura: o encontro de ambos era inevitável. A arquitetura coloca Albert Speer no coração do poder do Terceiro Reich, por mais que ele tente se desculpabilizar em sua autobiografia, nos seguintes termos: "Eu me sentia o arquiteto de Hitler. Os acontecimentos da vida política não me diziam respeito. Eu apenas fornecia cenários impressionantes".[10] Caberia perguntar sobre sua total ausência de consideração pelos milhões de trabalhadores forçados que executaram seus mais loucos projetos.[11]

Speer se diferencia dos outros protagonistas da máquina nazista por ser um dos únicos, senão o único, considerado uma personalidade brilhante. Como um homem assim pôde aderir, sem nenhum recuo, aos ideais nazistas, à sua loucura assassina? Por que serviu a esse regime até o fim? Ora, sem ele, a guerra não poderia ter durado tanto tempo. Para alguns, como o historiador norte-americano R. Trevor-Roper, isso faz de Speer o "verdadeiro criminoso da Alemanha nazista".[12]

Filho de um arquiteto, Speer nasceu em 1905, em Mannheim, na Floresta Negra, numa família abastada que o protege das vicissitudes do mundo exterior. Ainda muito jovem, detectam uma insuficiência física, ligada a uma disfunção do sistema nervoso simpático, que faz dele um menino mirrado e pouco inclinado ao exercício físico. Mas compensa essa limitação com uma grande agilidade intelectual. É assim que, aos 12 anos, cria sua primeira obra de arte com nanquim.

Aos 17 anos, Albert Speer se apaixona por Margarete Weber, que conheceu no caminho da escola. Seus pais não veem essa relação com bons olhos, já que desejam para seu filho algo melhor do que a filha de um marceneiro. Mas Albert não cede: seis anos depois, os dois se casam e a família Speer não é convidada. Só os pais da noiva, os Weber, estão presentes. Por outro lado, para satisfação de seu pai, Albert, que queria estudar matemática, acaba fazendo estudos de Arquitetura. Depois de frequentar aulas em Munique e Charlottenburg, em 1927 se torna, na Escola Técnica Superior de Berlim, assistente do professor Heinrich Tessenow, arquiteto urbanista neogermânico que reivindica o estilo "Defesa da pátria", surgido no início do século e muito ativo durante a república de Weimar.

De modo que Albert Speer realiza os mesmos estudos que o pai realizou antes dele e que seu próprio filho realizaria depois. Criado no seio de uma família liberal, em que a política não tinha grande importância, Albert logo toma conhecimento da ideologia do nacional-socialismo, em razão da analogia feita entre ela e os trabalhos de seu mentor, o professor Tessenow, que acredita que "todo estilo emana de um povo". No entanto, como destaca o próprio Speer, Tessenow não aderia aos ideais nazistas e teria ficado horrorizado com essa aproximação.[13] É por ocasião de uma intervenção de Hitler, já então muito popular nos meios estudantis, na Escola Técnica Superior de Berlim que Albert Speer se deixa seduzir. Diz ele: "Adolf Hitler mexeu com o mais profundo do meu ser".[14] Speer fica fascinado com a verve desse homem que sabe se adaptar a seu auditório:

> Sua força de persuasão, a magia singular de sua voz, que nada tinha de agradável, o lado insólito de suas maneiras um tanto banais, a sedutora simplicidade com que abordava a

complexidade de nossos problemas, tudo isso me perturbava e me fascinava. Eu não conhecia praticamente nada do seu programa. Ele me pegou e me prendeu antes que eu tivesse compreendido.[15]

Albert não é o único da família a aderir ao nacional-socialismo. Sua mãe também logo fica seduzida pela imagem de ordem que o partido oferece em uma nação tomada pelo caos. Porém, dada a tradição liberal da família, ela não conta nada ao marido dessa adesão e só a evocará bem mais tarde, com seu filho. Depois de alguns anos como assistente, e vendo que seu salário valia cada vez menos por causa da crise, Speer acaricia por algum tempo a ideia de se estabelecer por conta própria e abrir um escritório em Mannheim, sua cidade natal. É 1931, Speer tem 26 anos, mas logo compreende que suas chances de encontrar projetos, por mais modestos que sejam, são extremamente pequenas. No momento em que o país sofre com uma hiperinflação sem precedentes e que a construção civil está em ponto morto, quem confiaria uma obra a um jovem e inexperiente arquiteto?

Como tem um carro, Speer oferece seus serviços ao Corpo de Motoristas do Partido Nacional-Socialista, o NSKK. Confiam-lhe então a presidência desse Corpo em Wannsee, seu bairro, na periferia de Berlim. Logo a seguir, Karl Hanke, o responsável regional a quem Speer responde, encarrega-o da reforma da casa regional do partido, em Berlim – casa que passa a levar o nome de Adolf Hitler. Satisfeito com sua contribuição, Hanke recomenda Albert Speer para as altas esferas do partido.

Depois da nomeação de Hitler como chanceler do Reich, Speer é convidado por Joseph Goebbels, o ministro da Propaganda, para trabalhar na renovação do quartel general do partido, em Berlim. Mas é sobretudo a cenografia elaborada por Speer para a manifestação de 1º de maio de 1933, na esplanada de Tempelhof, que agrada aos figurões do partido. Ele manda instalar uma tribuna gigantesca, diante de três bandeiras da altura de edifícios de seis andares, sendo a do meio ornada por uma suástica. O conjunto, iluminado por 130 poderosos projetores militares, produz no céu grandiosos feixes luminosos, criando uma "catedral de gelo".[16] Esse sucesso o leva em seguida a criar a cenografia do congresso do partido em Nuremberg, no mesmo ano. O partido encontrou nele um homem capaz de evocar, através de suas encenações, o poderio futuro da nova Alemanha do *Führer*. Hitler fica encantado. Apresentado a ele, Speer logo compreende que a palavra "arquitetura" tem um poder mágico sobre o *Führer*.

A chancelaria está sendo reformada, e Speer é nomeado assistente de Paul Ludwig Troost, o principal arquiteto hitlerista de então, encarregado de manter o *Führer* a par dos progressos da obra. Durante um almoço, Hitler conta a Troost que está à procura de um jovem mestre de obras capaz de realizar os sonhos arquiteturais da nova Alemanha. Albert Speer é seu homem. A morte de Troost, em 1934, acelera as coisas: Speer é então nomeado arquiteto-mor do partido.

Na Obersalzberg, perto da fronteira com a Áustria, a vida segue seu curso. A cada ano, no aniversário de Hitler, as crianças são vestidas com suas melhores roupas e todos vão até o Berghof, o chalé de montanha de Hitler, para lhe desejar feliz aniversário e comer tortas de chocolate com ele. Cada criança lhe entrega um buquê de flores, depois são tiradas fotos de Hitler cercado por seus jovens admiradores. Vários pequenos filmes realizados por Eva Braun mostram o *Führer* sorridente, brincando com as crianças. Os filhos de Speer, naturalmente, também estão presentes, divertindo-se com os filhos de Martin Bormann ou com a filha de Göring. Quando Albert Speer Jr. assiste a um desses filmes, que o mostra com sua irmã na companhia de Hitler, ele se recorda de um homem amável, um tio bonzinho para as crianças. Seu pai, no entanto, afirma que a meninada não gostava de Hitler, pois ele "não tinha a arte de cativar as crianças, seus esforços nesse sentido caíam no vazio".[17]

Os filhos Speer vivem assim durante toda a guerra: nas montanhas, longe das privações, a salvo de intrusos e estrangeiros. Até 25 de abril de 1945, nenhuma bomba cai perto deles. A casa tem uma vista incrível para o magnífico maciço montanhoso de Watzmann, um dos cumes mais altos da Alemanha, que domina a Obersalzberg. As crianças vão à escola no vilarejo de Berchtesgaden, com os filhos de outros dirigentes nazistas refugiados naquele vasto domínio privado. Cada manhã, caminham por uma hora até o vilarejo, situado a cerca de seis quilômetros dali, e voltam do mesmo jeito. Albert Speer Jr. lembra que detestava a escola, pois ali lhe ditavam o que devia fazer.[18] Nada, na residência dos Speer, faz referência ao nazismo: nenhum símbolo, nenhum uniforme, nenhum ritual. Sua irmã, Margret Nissen, lembra-se de uma educação bem diferente da dos Bormann, fanáticos que criavam seus filhos de acordo com os preceitos do nacional-socialismo.

Speer tem uma vida familiar feliz. É também um homem muito elegante, que fica muito constrangido com a grosseria e descaramento de Martin Bormann, por exemplo, quando este instala sua amante na residência familiar, na presença de sua esposa. Margret evoca uma infância feliz e um pai pouco autoritário, que possuía certo senso de humor. Quanto ao autoritarismo, seu irmão não parece ter a mesma opinião.

A vida na Obersalzberg obriga Albert Speer a participar de frequentes e tediosas festas na casa de Hitler. Essa vida social o impede de avançar em seus projetos na velocidade que deseja. Speer é completamente viciado em trabalho, e nada o alegra mais do que passar dias e noites inteiros debruçado sobre seus planos. Mas o *Führer* aprecia sua presença, e Speer chega a afirmar que, se Adolf Hitler tivesse tido amigos, ele teria sido um deles.[19] Ciente das rivalidades e dos conflitos entre seus subalternos, Hitler vê em Speer um homem que sabe se manter afastado das baixezas de sua corte, dedicando-se de corpo e alma à sua obra. Nomeado Ministro do Armamento em 1942, Speer decide não passar mais nem as festas de fim de ano em família, preferindo ir para a Lapônia. Mais uma vez, sua esposa se resigna a sua ausência.

Em abril de 1945, Speer vê a queda iminente, e a vida idílica chega ao fim. As crianças ficam tristes por deixar Berchtesgaden e dizem ter percebido que uma catástrofe estava se aproximando, embora sem compreender direito qual seria nem avaliar sua amplitude. Speer sabe que corre o risco de cair em desgraça com o *Führer*, que condena à morte, como traidores, os que tentam fugir. Mas não tem escolha. Os Speer se refugiam no Norte do país, para fugir dos Aliados e se juntar ao governo provisório do Reich, dirigido após a morte do *Führer* pelo almirante Dönitz. Depois de ter se incorporado a esse efêmero governo, Speer é detido pelos Aliados em 15 de maio de 1945.

Sua família passa da mansão de Obersalzberg para um apartamentozinho de dois quartos. Como muitos outros filhos de dirigentes nazistas, as crianças são rebatizadas: devem agora se confundir com a massa. Crescem sem pai em casa, porque ele é um criminoso de guerra,[20] condição que respinga em cada membro da família. Para os filhos Speer, começa então um longo caminho que os leva a uma ruptura radical com o pai. Todos terão problemas de comunicação com ele, inclusive Albert Jr., embora tenha escolhido a mesma profissão que o pai e o avô.

Enquanto Speer é transferido da prisão de Mondorf-les-Bains, em Luxemburgo, para Versalhes e depois para Nuremberg, onde será julgado no fim de 1945, a família vai viver na casa dos pais de Speer, em Heidelberg, na Floresta Negra. Levam uma vida tranquila. Depois de um ano de "férias", as crianças passam a frequentar a escola pública da cidade, não sem dificuldade, pois nenhum estabelecimento quer ter como alunos os filhos de Albert Speer.

As pessoas da cidadezinha aceitam Margarete, pois ela é dali, assim como seu marido Albert. E, felizmente para as crianças, alguns professores são compreensivos.

Um dia, o professor de Albert Jr. diz para os outros alunos: "Vocês sabem o que aconteceu com o pai de um de vocês. É justamente por isso que quero que sejam respeitosos com ele".[21] O menino tem dificuldades na escola e, aos 15 anos, sugerem que se torne aprendiz de marceneiro. O caminho até se tornar arquiteto será longo, mas coroado de sucesso. Assim, depois de mais três anos de estudos e de alguns cursos noturnos, Albert termina a escola e entra na Universidade Técnica de Munique para estudar Arquitetura sob a direção do professor Hans Föllgast, arquiteto conhecido por sua obra de reconstrução no pós-guerra e que recebeu, em 1972, o prêmio de arquitetura Heinrich Tessenow – o primeiro mentor do pai de Albert.

As duas filhas de Speer, Hilde e Margret, estudam em Heidelberg, no internato protestante para meninas que leva o nome da resistente Elisabeth von Thadden, executada pelos nazistas. Todos sabem de quem elas são filhas, e sua integração nessa escola as marcou para sempre. Anos mais tarde, Hilde prestará homenagem a sua professora de História. Trata-se da professora Dora Lux, oriunda de uma família judaica de Berlim, que sobreviveu à guerra e desempenhou um papel determinante na formação intelectual de Hilde.[22] Já Margret se lembra de ter encontrado Adda, a filha de Hans Bernd von Haeften, resistente que foi um dos elos do complô de 20 de julho de 1944 contra Hitler. O pai de sua amiga foi executado pelos nazistas, enquanto o dela, criminoso de guerra, continua vivo! Pela primeira vez, sente-se culpada por ser a filha "má" do criminoso nazista diante da filha "boa" de um herói da Resistência. De sua parte, Arnold, o penúltimo filho de Speer, declara: "Até 1945 era um pai que eu podia olhar de frente; depois de 1945, era um criminoso de guerra".[23]

Em Nuremberg, Albert Speer elabora uma estratégia de defesa baseada na condenação da ideologia nazista e de seu *Führer*, Adolf Hitler, mas também na "responsabilidade coletiva por crimes tão horríveis" que ele tem a obrigação de assumir enquanto personalidade influente do sistema.²⁴

Das quatro acusações que são formuladas contra ele, Speer escapa de duas: participação em complô e crime contra a paz. No dia 1º de outubro de 1946, é condenado a vinte anos de prisão por crimes de guerra e crimes contra a humanidade. Durante o processo, a atitude de Speer – que reconhece sua responsabilidade e sua colaboração, visando se diferenciar dos outros acusados – conta a seu favor. Para terminar, alega ter chegado a participar de um complô contra Hitler e ter se oposto, no fim da guerra, às ordens de queimar tudo, o que também o ajuda a obter a clemência dos juízes. Como destaca sua biógrafa Gitta Sereny,²⁵ seus juízes provavelmente teriam sido mais duros se ele tivesse reconhecido estar ciente do que era feito dos judeus, pois, nesse caso, seria considerado uma das peças essenciais da engrenagem da máquina da morte. Speer manteve portanto uma linha de defesa hábil e, felizmente para ele, alguns de seus escritos que o implicavam diretamente eram ignorados na época.

Albert Speer tem 41 anos ao ser preso. "O que vou fazer com todos esses anos? Isso não equivale a uma condenação sem fim, a um suplício que recomeçará todas as manhãs?", diz desesperado à esposa quando ela vem visitá-lo após o julgamento.²⁶ Mas a verdade é que soube desenvolver uma técnica de sobrevivência: Speer era um homem frio, com uma grande capacidade de esquecer e reprimir sentimentos. Desde o início de seu cativeiro, graças à ajuda de um de seus amigos de infância e homem de confiança, Rudolf Wolters, cria um "fundo de apoio" para sua família, a fim de sustentar seus filhos. Diversos conhecidos de Speer, que lhe deviam favores, se encarregarão de provê-lo. A cada mês, a família recebe a soma de duzentos marcos;²⁷ no total, Speer teria recebido mais de 150 mil marcos entre 1948 e 1966, data de sua liberação. No início de sua detenção, seus filhos têm entre 1 ano e meio e 11 anos e meio. Speer logo estabelece um sistema de recompensas financeiras para eles quando obtêm boas notas na escola. Graças a Rudolf Wolters, Speer consegue governar a vida de sua família e controlar suas atividades a partir de sua cela. Margarete, que tem dificuldade em cuidar sozinha de seis filhos, volta-se também para esse fiel amigo. Por um sistema de correspondência, uma espécie de correio clandestino, Wolters possibilita que Speer se comunique abundantemente com o mundo exterior e envie para fora da prisão as notas que redige sobre seu cotidiano e seus estados de ânimo.

Em Spandau, Speer é conhecido como o número 5. Em pouco tempo, escrever se torna sua principal atividade. Tem sede de contar tudo, tanto sobre si mesmo quanto sobre Hitler. Mas logo abandona o projeto de uma biografia de Hitler e se concentra em sua própria pessoa. Por quase oito anos, Speer, como Rudolf Hess, recusa-se a ver seus filhos. Seria, como parece afirmar em seu *Diário de Spandau*, para não vê-los sair chorando dali?[28] Os mais velhos são ainda adolescentes quando vão visitá-lo pela primeira vez, em 1953.

A partir de então, essas visitas de meia hora se repetem mensalmente. Mas são penosas e frias. Speer não sabe o que dizer, fica ali, rígido, na frente dos filhos, com um sorriso forçado, tentando preencher os silêncios da conversa. As crianças respondem educadamente a suas perguntas impessoais. Ele tem a impressão de uma "troca de monólogos" e se pergunta se "os perdeu para sempre ou apenas pelo tempo de sua detenção".[29] Ele mesmo parece não conhecê-los. Antes da prisão, o ritmo frenético de suas atividades o mantinha frequentemente afastado de casa. "Naquela época, eu nem sequer imaginava que Albert pudesse conversar sobre nossos filhos", explica sua esposa. "Mais tarde, é claro, em Spandau, passou a ter tempo e a falar das crianças".[30]

Os filhos começam a conhecê-lo através de suas cartas, mas, mesmo assim, para vários deles, ele permaneceria um completo desconhecido. Speer mantém apenas uma relação formal com os filhos, sem nenhum contato físico ou gesto caloroso, apenas uma polidez fria. Até a palavra "pai" se torna tabu. Às vezes se pergunta se não seria melhor nunca mais voltar para a família. "O que eles fariam com um estranho de 60 anos?", escreve.[31] Sua filha Margret recorda que a redação de cartas para o pai provocava sessões familiares durante as quais debatiam escrupulosamente as palavras que seriam utilizadas.[32] Cada carta é acompanhada de fotografias, permitindo a Speer acompanhar a evolução dos filhos. Mas ele os confunde, tem dificuldade em identificar cada um com precisão.[33] Durante esse tempo, ele se esforça para manter o contato através de cartas divertidas e cheias de humor sobre sua juventude e sua vida de prisioneiro. Hilde, a segunda mais velha, lembra-se de ter rido um bocado ao ler essas narrativas.

Speer nunca mais conseguiria se aproximar dos filhos, nem mesmo de Hilde, sua melhor embaixadora. Com lealdade total, ela garante a comunicação entre Speer e o círculo de pessoas que o apoiam, e, a cada ano, envia em nome da família uma carta à presidência da Alemanha, solicitando a libertação do pai. Esses pedidos suscitam reações positivas, mas não conseguem obter a libertação antecipada de Speer, apesar do apoio de personalidades como Charles de Gaulle e Willy Brandt.[34] Este último ainda é apenas prefeito de Berlim quando Speer finalmente é libertado. E é a essa filha dedicada que envia um buquê de rosas vermelhas quando isso acontece. É também graças a Brandt que Speer escapa de um processo de desnazificação que teria resultado no confisco de seus bens.

Hilde é provavelmente a filha que ele mais aprecia e de que mais se orgulha, mas não deixa de ser uma mulher. Para Speer, não é a mesma coisa que um filho, um homem. Ele se volta então para o marido dela, Ulf Schramm, com quem mantém uma correspondência que, a seu ver, revigora-o intelectualmente. E deixa o resto da família em segundo plano. Reserva seus pensamentos e análises para Ulf, e para os outros interlocutores fala apenas de detalhes práticos.[35]

Aos 16 anos, Hilde não consegue, inicialmente, um visto dos Estados Unidos, onde pretende estudar graças a uma bolsa. Mas um comitê de apoio e a família judaica que deseja recebê-la conseguem dobrar as autoridades norte-americanas. Enquanto isso, Speer se preocupa com a recepção que os norte-americanos darão à filha de um criminoso de guerra.

Em 13 de maio de 1953, Hilde envia ao pai uma carta em que, pela primeira vez, interroga-o sobre sua participação num sistema tão diabólico. Numa longa carta, ele não hesita em responder: "Garanto a você que nunca soube nada desses horrores". E a aconselha a ler o *Diário de Nuremberg*, do Dr. G. M. Gilbert, para entender melhor o que tinha acontecido. No livro, pode-se ler: "Albert Speer sabia tanto sobre os campos de concentração quanto outros ministros sabiam sobre os V-2, ou seja, nada".

A relação mais difícil é com Ernst, o filho mais novo, que tinha 1 ano e meio quando o pai foi preso. Ernst nunca diz nada quando vai a Spandau. Introvertido e calado, ele se negará durante toda a vida a falar de seu pai. "Não tinha nada a dizer; é triste, mas continua sendo o caso", afirma ele anos mais tarde. No entanto, em 1968, Ernst, sua esposa e seus dois filhos vão morar na propriedade dos Speer, em Heidelberg. "Meu pai sempre foi um estranho para mim", diz Ernst, que tem dificuldade em descrever sua relação com Speer, pois era como ter um pai sem ter.[36]

A relação com o terceiro filho, Fritz, também não é fácil, embora o considere muito inteligente e parecido consigo. Em seu diário, Speer anota que ficava irritado com a seriedade de Fritz e paralisado pelo embaraço que este manifestava durante as visitas. Já Arnold, o penúltimo, parecia se interessar mais pelos detalhes do salão do que pela conversa. O contato era inexistente.[37]

Speer aproveita os anos de prisão para tentar se reabilitar escrevendo sobre sua vida e sobre as razões pelas quais Hitler exerceu tamanha influência sobre ele. Mas escreve também para evitar cair em depressão: "Teria sobrevivido todo esse tempo se não pudesse escrever uma só linha?".[38] Também pratica a jardinagem e caminha incansavelmente pelo jardim da prisão. Para relaxar, percorre anualmente, entre 1953 e 1966, uma distância que varia entre 2.300 e 3.000 quilômetros. Inventa para si mesmo uma verdadeira volta ao mundo. Ao final da detenção, tinha totalizado uma distância de 31.816 quilômetros![39]

No momento da libertação de Speer, à zero hora do dia 1º de outubro de 1966, uma multidão de jornalistas aguarda o ex-detento n. 5, agora com 61 anos de idade. O homem de cabelos grisalhos deixa a prisão sob a luz ofuscante dos projetores e dos *flashes*. Apesar do peso da idade e dos anos de cárcere, ele conservou certa elegância.

Nesse dia, apenas a esposa foi buscá-lo. Depois de um rápido abraço desprovido de afeição, Speer pronuncia calmamente as seguintes palavras: "Minha condenação foi justa", antes de entrar no carro. E reserva suas primeiras impressões de homem livre ao jornal *Der Spiegel*.

No dia seguinte, o casal Speer se junta ao resto da família numa casa de campo à beira do Kellersee, no norte da Alemanha. Cerca de quinze parentes o esperam, impacientes para reencontrá-lo depois de tantos anos de ausência. Mas a reunião de família é um desastre. Cada um tenta, em vão, ser natural e caloroso. Longos silêncios pontuam as conversas. Os filhos, agora adultos, praticamente não se lembram desse pai, preso quando ainda eram muito novos. Quanto aos genros e noras, nunca o tinham visto e tentam desesperadamente estabelecer uma relação familiar e descontrair o clima. Mas as palavras simples, calorosas e espontâneas parecem não querer vir. Quando Speer fala de Spandau, sua narrativa, já sabida de todos, torna a reunião ainda mais tediosa. Seus filhos gostariam de falar dos seus próprios projetos, de suas ideias, de seus amigos e de suas vidas, mas Speer não se interessa por eles. "Era provavelmente lhe pedir demais", pensa sua esposa.[40] Dois mundos opostos que não conseguem se comunicar, o do passado e o do futuro, o da prisão e o da liberdade. Para a filha Margret, também estava fora de cogitação falar de sua vida anterior a Spandau: a relação familiar entra assim num círculo vicioso.[41] Restam poucos assuntos sobre os quais conversar. Mesmo à esposa Speer se recusa a falar do passado.

"Deixe pra lá essas velhas histórias", responde sempre que o interrogam sobre o nazismo e a guerra.[42]

A comunicação entre Albert Speer e sua família não acontece, e nunca mais acontecerá. Em 1978, quando Gitta Sereny vai entrevistá-lo em Heidelberg, ele assume a responsabilidade por esse fracasso e reconhece que nunca soube como lidar com isso. Sua presença pesa sobre sua família.[43] Como a maioria dos pais, Speer fica feliz ao saber dos sucessos dos filhos nas provas escolares e, depois, universitárias. Interessa-se especialmente pelo percurso de Albert, que escolheu a mesma carreira que ele. Em Spandau, já tinha se perguntado se a distância entre ele e os filhos estava ligada ao contexto ou era definitiva. A reunião da família confirma a segunda hipótese e lhe deixa uma sensação de amargura. Fica decepcionado e pensa que nunca, nem mesmo em Spandau, sentiu-se tão sozinho. Durante o encontro familiar, chega a sentir saudade de sua vida monacal, seus livros, suas caminhadas imaginárias. Speer toma consciência de que nada poderá voltar a ser como antes,[44] sensação compartilhada por seus filhos. Como indica Hilde, "um a um, meus irmãos e irmãs desistiram. Não havia comunicação". "Meu pai admirava meu trabalho de arquiteto, mas não o compreendia. Nossas épocas eram diferentes demais", diz Albert.[45] Cada vez mais, as "crianças" evitam vê-lo e preferem visitar a mãe em Heidelberg quando ele não está. Speer não parece fazer grande caso disso: agora, dedica a vida à própria reabilitação. É solicitado a dar inúmeras entrevistas. Segundo seus filhos, o tempo todo recebe visitas na propriedade de Heidelberg.

Em 1971, numa entrevista concedida ao jornalista Eric Norden, da revista *Playboy*, Speer reconhece seu assentimento tácito aos assassinatos em massa e afirma que "se não vi nada foi porque não quis ver".[46] O jornalista relata que o que mais o incomodou durante a entrevista foi a impassibilidade de Speer: a maneira que tinha de se acusar de crimes terríveis e, no mesmo tom, oferecer um pedaço de torta de maçã.[47]

Alguns anos depois, Speer admite a Gitta Sereny: "Suspeitei que algo horrendo estava acontecendo". Suspeita que equivale a reconhecer implicitamente que sabia.[48]

Seus livros fazem um sucesso estrondoso: *Por dentro do Terceiro Reich*, testemunho único de um alto dirigente nazista, ou o *Diário de Spandau*, que reúne mais de 20 mil notas redigidas cotidianamente em tudo quanto é tipo de papel, inclusive higiênico – que revela ter "um valor insuspeitado".[49] Mais de 200 mil exemplares de seu primeiro livro são vendidos na Alemanha, e o sucesso se estende aos Estados Unidos. Nesses últimos anos, Speer leva uma vida retirada em sua casa de Allgäu. Suas relações com a esposa se deterioram, e ele arranja uma amante, o que não contribui para melhorar a relação com os filhos. Ele tem cada vez menos contato com o exterior, mas aceita receber Matthias Schmidt, estudioso do nacional-socialismo, que deseja entrevistá-lo para sua tese de doutorado. Albert Speer o encaminha para seu velho e fiel amigo Rudolf Wolters, mas este, decepcionado pela maneira como Speer joga toda a responsabilidade em Hitler e por não ter sido mencionado em seus livros, autoriza Schmidt a ler o manuscrito de suas próprias *Crônicas*. Esse livro, que fala das funções assumidas por Speer entre 1941 e 1945, atesta sua participação ativa nas abominações do Terceiro Reich, incluindo documentos relativos à expulsão dos judeus de Berlim assinados pelo próprio Speer. Esse texto e esses documentos são as provas concretas da má-fé com que o "arquiteto do diabo" manipulou o tribunal de Nuremberg.

Em 1981, Speer morre de ataque cardíaco num hotel de Londres. Tinha ido à Inglaterra, acompanhado da amante, para uma entrevista na BBC por Henry T. King Jr., um antigo procurador norte-americano de Nuremberg, e Norman Stone, professor de História em Oxford.

Alguns dos filhos de Speer dizem ter reprimido todas as suas lembranças associadas a Adolf Hitler. Não querem admitir esse contato íntimo com um homem "repugnante", como diz Hilde Speer. Ela se nega a lembrar dele, embora, menininha, parecesse apreciá-lo. Muitas fotos a mostram segurando a mão do *Führer*, com uma sainha branca e flores nos cabelos. Não se lembra ou não quer se lembrar. Negação ou vontade de seguir adiante – impossível decidir.

Hilde se torna socióloga e entra na política. Por algum tempo, aproxima-se de um dos líderes dos Verdes na Alemanha e depois é eleita vice-presidente da Câmara Municipal de Berlim. Em 2004, Hilde Schramm (sobrenome de casada) obtém o prêmio Moses Mendelssohn de Tolerância e Reconciliação Entre as Religiões e os Povos pelo conjunto da obra. Inicialmente prevista para uma sinagoga de Berlim, a entrega do prêmio não pôde ocorrer, tamanha a oposição da comunidade judaica, apesar do apoio de Albert Meyer, porta-voz da comunidade. A filha de Albert Speer, um dos principais criminosos da guerra, não podia receber esse prêmio num lugar tão sagrado para os judeus. A cerimônia ocorre, então, numa igreja. Hilde Schramm compreende e aceita a decisão.[50]

Durante a guerra, os nazistas espoliaram muitas propriedades pertencentes a judeus em toda a Europa. Uma grande quantidade de bens foi transportada para a Alemanha e leiloada. Hilde considera importante que todos os alemães se questionem sobre a origem de seus bens, das obras de arte expostas em suas casas e mesmo de seus trabalhos. Foram adquiridos entre 1933 e 1945? No seu entender, nem todas as pessoas que sobreviveram à guerra são culpadas. Não herdamos a culpa, mas herdamos ações culpadas de nossos antepassados. Assim, cabe a cada um agir de maneira responsável e restituir seus bens aos que foram espoliados.

Depois de ter recusado, num primeiro momento, quadros herdados do pai, pois durante a guerra tinham sido adquiridos de proprietários judeus a baixos preços, decide finalmente aceitá-los e vendê-los. O dinheiro recolhido, 70 mil libras, é doado à Fundação Restituição, que promove mulheres judias nas artes e nas ciências. Segundo Hilde, a culpa é uma noção complexa. Depois de ter pensado nisso por anos, a filha de Speer acredita que não se pode ser considerado responsável pelo que não se cometeu. Hoje, como seus irmãos, ela se recusa a falar do pai, mas aceita evocar sua contribuição para a Fundação. No momento em que ele estava "por dentro do Terceiro Reich", ela era apenas uma criança. Quando a guerra acaba, tem 9 anos, e menos de um ano depois seu pai é preso em Spandau. Muito nova, como Albert, seus outros irmãos e sua irmã, compreende que para sobreviver deve dizer que não é culpada e se dissociar das ações do pai.

Hoje, Hilde é uma mulher que se recusa a ser continuamente associada a esse genitor incômodo. A palavra "vergonha" descreve melhor seus sentimentos do que a palavra "culpa". Do que seria culpada? Há uma filiação na culpa?[51] "Que o pai deles tenha participado da direção do Reich, eis o que será por muito tempo seu problema vital", escrevia o próprio Speer em 1952 no seu *Diário de Spandau*. E ainda: "Compreendi que eu não constituía provavelmente um complexo de culpa, mas um motivo de vergonha".[52] Hilde sabe que a parte de sua vida que mais interessa à mídia tem a ver com seu pai, e reconhece que, como todo político, gosta que se interessem por sua atuação. Lúcida, pensa que cabe a ela criar sua própria biografia.[53]

Margret, a filha mais nova de Speer, é fotógrafa e mãe de quatro filhos. Tendo se casado muito jovem, não usa o sobrenome Speer há bastante tempo. Em seu livro *Você é a filha de Speer?*, publicado em 2007, relata sua vida à sombra do arquiteto do *Führer*.[54] O título retoma a pergunta feita por um de seus colegas ao tomar conhecimento de seu nome de solteira. Ela estava trabalhando então como fotógrafa em Berlim, no quadro da exposição "Topografia do terror", quando reconheceu a si mesma numa imagem como a menininha sorridente e orgulhosa ao lado do *Führer*. Margret Niessen se questiona sobre o pai. Como ele pôde colocar seu conhecimento profissional a serviço de um regime como aquele? Evoca o tempo da infância, o homem que ele era em casa, depois o que se tornou com a guerra, durante sua detenção e após sua libertação. É bastante amarga em relação a esse homem que, em seus últimos anos, arranjou uma amante e abandonou ainda mais a família, especialmente a esposa, que tinha lhe dedicado toda a vida. Margret tem dificuldade em aceitar essa filiação, mas gosta de guardar suas lembranças de infância intactas e não quer se sentir responsável pelo que aconteceu. Quando nova, recusava-se a ver o pai como um criminoso, ele não tinha matado ninguém pessoalmente. Não queria olhar de frente para a responsabilidade dele durante os anos do Reich. Negação que faz pensar na do próprio Speer em relação ao genocídio judeu, sobre o qual admitia: "Se tivesse querido saber, teria sabido". Margret explica o percurso do pai por seu oportunismo e pela vontade cega de atingir suas metas.

Descreve um homem inteiramente dedicado a seus projetos, preocupado em construir uma obra para além das implicações e das consequências de seus atos. Análise que parece ecoar o que seu pai diz em *Por dentro do Terceiro Reich*: "Eu me sentia o arquiteto de Hitler. Os acontecimentos da vida política não me diziam respeito. Não fazia mais que lhes fornecer cenários impressionantes".[55]

Speer viveu o resto da vida fechado em seu desejo de reabilitação, negligenciando a relação com os filhos. Eles, no entanto, passarão a vida toda se perguntando a respeito desse pai, cujo sobrenome os filhos homens conservaram. Nunca conseguiram se confrontar pessoalmente com esse homem que reconheceu uma responsabilidade pessoal enquanto afirmava sua ignorância em relação às abominações nazistas.

Outros filhos de nazistas tiveram oportunidade de confrontar o pai. Foi o caso do filho de Josef Mengele, ainda que este nunca tenha se arrependido.

ROLF MENGELE

O filho do "anjo da morte"

O TEXTO DESCRITIVO da venda que ocorre dia 21 de julho de 2011 em Stamford, Connecticut, no estabelecimento Alexander Autographs, especializado em manuscritos históricos, indica, para o lote número 4: "Tomado em sua totalidade, lido com atenção e analisado, este arquivo, que em sua maior parte nunca foi publicado nem sequer visto, oferece uma visão em profundidade do espírito mais cruel do século XX".

Vendido! O martelo do leiloeiro bate. Por telefone, pela soma de 245 mil dólares, o filho de um sobrevivente do Holocausto, um judeu ultraortodoxo que deseja permanecer anônimo, acaba de adquirir mais de 3.380 páginas escritas à mão com tinta azul. O valor tinha sido estimado entre 300 e 400 mil dólares. O comprador considera que semelhante documento deve ser mostrado ao público para evitar qualquer negacionismo ou doutrina que pregue a discriminação.

O lote é composto de 31 cadernos escolares em espiral: pretos, cáqui, verdes ou quadriculados. Na capa está escrito em espanhol: *Cuaderno*, *Cultura general* ou *Agenda clássica*. As páginas estão cobertas por uma letra regular, angulosa, inclinada para a direita. Desenhos e croquis surgem entre relatos autobiográficos, poesias, considerações políticas e filosóficas. O conjunto foi redigido entre 1960 e 1975.

A venda teve grande repercussão. Alguns comentaristas consideram que documentos como esses não deveriam ser objeto de atos mercantis e julgam esse leilão obsceno.

O autor dessas páginas fala de si mesmo em terceira pessoa e usa, como pseudônimo, Andreas. O homem, um dos maiores fugitivos do século XX, esconde-se atrás de um nome falso por medo de que esses cadernos permitam chegar até ele. Neles, de fato, descreve sua fuga após a guerra através da Europa e sua chegada à América do Sul: Argentina, Paraguai e, finalmente, Brasil. Também expõe algumas das experiências que realizou e que, segundo ele, contribuíram para o bem da humanidade.

Em seus escritos, o autor não renega em nenhum momento os ideais do nacional-socialismo. Expõe ali suas teorias sobre a superpopulação, a eugenia e a eutanásia. "Quando se começa a misturar as raças, a civilização declina", escreve entre 1960-1962.[1] "Não há nada de bom ou de mau na natureza. Apenas elementos apropriados e inapropriados. [...] Os elementos inapropriados devem ser excluídos da reprodução."[2] Ou ainda:

> É preciso abandonar a ideologia feminista; a biologia não tem nada a ver com a igualdade dos direitos. [...] As mulheres não deviam ter postos qualificados. O trabalho das mulheres deve depender de sua capacidade de preencher suas cotas biológicas. O controle dos nascimentos deve ser efetuado através da esterilização das mulheres que tiverem genes deficientes. As que têm bons genes só serão esterilizadas após terem cinco filhos.[3]

Os cadernos foram encontrados em 2004, em São Paulo, na residência de um casal que alojou o autor desses textos. A seguir, foram remetidos a seu único filho biológico, Rolf. Foi ele que vendeu esses cadernos? Ninguém sabe, pois, assim como o comprador, seu vendedor desejou permanecer anônimo.

Todos os dias, sobre sua mesinha, cada vez mais encurvado pelo peso da idade, Josef Mengele revive seus grandes momentos, bem como os de sua interminável fuga. Fuga que começou quinze anos antes da redação dos cadernos. Desde então, suas convicções permanecem intactas, e permanecerão até o fim, depois de 34 anos se escondendo. Convencido de que não fez nada de errado, seu exílio fez dele um escritor compulsivo. Escondido em uma casinha na periferia de São Paulo, dedica a maior parte do tempo à escrita. Enche páginas e mais páginas de cadernos com desenhos de seus móveis de estilo bávaro, de *croquis* de casas, de animais ou de vegetais. Dedica-se também à jardinagem, à marcenaria e às caminhadas, para observar plantas e animais.

Em 1977, chega finalmente o dia que espera há longos anos: seu filho único vem da Europa para visitá-lo. Faz 21 anos que não se veem; a última vez foi em 1956. Na época, seu filho ignorava que aquele homem, oculto sob uma identidade falsa, era seu pai. O verdadeiro encontro ocorre portanto hoje, e é arriscado, pois o tristemente célebre Dr. Josef Mengele é um dos nazistas mais procurados do planeta. Seu apelido, "anjo da morte", deve-se a suas macabras experiências em Auschwitz.

Para evitar que seu filho fosse seguido por caçadores de nazistas, a viagem precisou de mais de cinco anos de preparação. Antes da partida de Rolf Mengele para o Brasil, o advogado Hans Sedlmeier, homem de confiança da família Mengele, organizou um encontro entre Rolf e seu primo Karl-Heinz, que viveu alguns anos na Argentina com Josef Mengele. Hans Sedlmeier deseja chamar a atenção do jovem Rolf para a diferença entre a análise do Terceiro Reich por parte da juventude alemã e a percepção dos que viveram aquele período. Deseja também enviar certa soma de dinheiro a Mengele, que sempre recebeu um indefectível apoio de sua família.

Por recomendação do pai, Rolf toma a precaução de viajar para São Paulo usando o passaporte de um amigo. Está determinado a reencontrar seu pai, por mais que este já não seja o herói que tinha sido para ele na infância. Acredita não ter nada em comum com ele:

> Pelo contrário, minhas opiniões são diametralmente opostas às dele. Eu nem sequer tinha vontade de escutá-lo ou de me interessar por suas ideias. Rejeitava em bloco tudo o que me apresentava. Minha atitude pessoal em relação à política nacional e internacional nunca esteve em dúvida. Minhas aspirações políticas liberais, mais de esquerda, eram conhecidas. O resultado de minhas várias críticas foi que chegaram a suspeitar que eu fosse comunista.[4]

Ao cair da noite, quando ouve o velho ônibus sacolejando na rua poeirenta da periferia de São Paulo, o velho alquebrado tem um sobressalto, seus membros começam a tremer. Com as mãos ossudas enfiadas nos bolsos da calça surrada, o rosto tenso, aguarda, imóvel. Outrora tão elegante, hoje não se importa mais com a aparência. Sabe que seu filho deve chegar naquela noite, mas não deixa de pensar que talvez sejam caçadores de nazistas à sua procura. Mesmo no fim de sua vida miserável, Mengele nunca baixa a guarda. Ao contrário do homem frio e calculista que reinava sobre o campo de Auschwitz, tornou-se, após tantos anos foragido, um homem corroído pelo medo. Teme obsessivamente ser localizado e capturado. Esse medo é mais forte do que tudo: devora-o. A angústia é tanta que vive chupando e engolindo os pelos do próprio bigode. Em seus intestinos, esses pelos formam bolas que os obstruem e lhe causam dores atrozes, a ponto de pôr sua vida em perigo.

Há anos, Mengele vive sozinho e isolado. Sua casinha de alvenaria amarela é espartana: uma mesa, cadeiras, uma cama e um armário. O teto é bem inclinado, parece um chalé, com duas janelas brancas e as árvores que a rodeiam.

Quando seu filho atravessa o portão de madeira, a emoção o submerge, e seus olhos se enchem de lágrimas. Suas pernas fraquejam, mas consegue chegar ao alpendre e receber esse filho que veio corajosamente visitá-lo. Como diz o próprio Rolf, seu pai considera que, ousando vir vê-lo no Brasil, seu filho se mostrou um bravo soldado, capaz de atravessar as linhas inimigas.[5] Mas esse nem sempre foi o caso.

Nesse dia, é Rolf que parece um herói para o pai, já que correu vários riscos para encontrar esse homem que nunca se dignou a se interessar por ele. Em sua tenra infância, o pai estava ocupado demais cometendo as piores atrocidades, e depois, durante sua juventude, fugindo dos Aliados e dos caçadores de nazistas. A esse filho ele dedicou pouquíssimo tempo; somente cartas permitiram manter uma aparência de ligação.

Rolf queria ver o pai em carne e osso, na sua frente, e agora mal reconhece esse progenitor com quem, desde que se conhece por gente, só esteve duas vezes. Fica surpreso ao ver esse ás da camuflagem tão diminuído fisicamente. Sabe que esse encontro representa também um acontecimento importante para seu pai. Terá sido para acusar aquele que conseguiu, por mais de trinta anos, escapar dos tribunais dos Aliados que Rolf correu tantos riscos? Não, o que ele quer é tentar compreender. Compreender como esse homem, que afinal continua sendo seu pai, pôde participar ativamente de semelhante máquina da morte.

Rolf, considerado por muito tempo como a ovelha negra da família pela dinastia Mengele, é hoje um advogado estabelecido em Freiburg, na Alemanha. Visto pelos seus como um esquerdista radical, sempre acreditou não ter nada em comum com sua família além do sangue – através do homem mais odiado do mundo, seu pai. Quando faz essa viagem, Rolf tem 33 anos, a idade que o pai tinha quando era médico em Auschwitz e decidia sobre a vida ou a morte de milhares de pessoas com um simples gesto de mão.

Nenhum sobrevivente pôde esquecer o homem de tipo mediterrâneo, elegante, de chicote na mão, que, em seu uniforme impecável e com as botas perfeitamente engraxadas, contentava-se em apontar com o dedo para aqueles que escolhia como objetos de suas experiências: à direita, a vida, em seu laboratório; à esquerda, a morte. Nenhuma emoção transparecia em seu rosto quando encaminhava homens, mulheres, crianças e bebês para as câmaras de gás ou para suas macabras experimentações. Cantarolando melodias de Wagner ou de Puccini, esse homem se encontrava no centro da máquina da morte.

Rolf não consegue articular mais que um quase inaudível "Boa tarde, pai". Dão um abraço rápido e frio, nenhum dos dois está acostumado a maiores efusões. Rolf se obriga a ser cordial com aquele que "afinal, era o meu pai", mas só consegue de verdade quando percebe que Mengele está chorando.

É a segunda vez que Rolf o vê desde que está foragido; será também a última. Na primeira vez, a mãe de Rolf lhe disse que aquele era o seu "tio Fritz", que morava na América do Sul. Mais tarde, ele soube que se tratava de seu pai e descobriu o papel desempenhado por este na época mais obscura da Alemanha. Rolf está dividido entre um sentimento de amor filial e a repulsa por esse homem de atos desumanos. Criminoso de guerra para a imensa maioria da humanidade, ele continua sendo, aos olhos do clã Mengele, um honrado e brilhante médico. Para a família, o mais importante é não sujar seu nome, o de ricos industriais bávaros e dos três irmãos dentre os quais Josef era o mais velho.

Especializada em maquinário agrícola, a empresa familiar Karl Mengele & Söhne é uma das principais empregadoras da cidade de Günzburg, na Baviera. Graças a seu apoio ao nacional-socialismo, ela se torna, durante o Terceiro Reich, a terceira maior empresa alemã no ramo. Hitler veio em pessoa à fábrica fazer um discurso. A empresa continua existindo, e seu nome permanece inscrito em grandes letras no portal da fábrica, que se ergue no meio da cidade. Existe inclusive uma rua com o nome de Karl Mengele, o pai de Josef. Mas nenhum vestígio desse filho incômodo em Günzburg.

O jovem Josef nunca se interessou por máquinas agrícolas. Prefere deixar a sucessão da empresa para os irmãos. Excelente aluno, o que deseja acima de tudo é entrar para a História. Sempre foi dominado por uma ambição devoradora.

Em 1930, quando inicia estudos de Filosofia, Antropologia e Medicina em Munique, as universidades alemãs já estão fortemente impregnadas pelos ideais nazistas. Vários professores seus são eugenistas convictos, e ele se interessa especialmente pelas aulas de Ernst Rüdin, idealizador da lei sobre a esterilização dos indivíduos portadores de problemas hereditários. Cinco anos depois, em 1935, sob a direção do professor Theodor Mollison, da Universidade de Munique, especialista em "higiene racial", ele apresenta uma monografia já marcada pelas teorias eugenistas: "Análise morfológica da parte anterior do maxilar inferior em quatro grupos raciais". Josef Mengele está convencido da existência de uma raça superior germânica de tipo ariano e pretende demonstrar isso cientificamente.

Mengele foi assistente de Otmar von Verschuer, pesquisador eugenista, diretor do Instituto de Biologia Hereditária e Higiene Racial e instigador da genética nazista. Depois de se formar em Munique, especializou-se na Universidade de Frankfurt. Otmar von Verschuer está convencido de que a chave de um modelo de raça ariana pura, loira e de olhos azuis se encontra na genética dos gêmeos. Em 1937, Mengele adere ao NSDAP sob o número de filiação 5.574.974 e, em 1938, entra para a SS. Para demonstrar a pureza de suas origens, estabelece sua árvore genealógica até 1744.

Mengele está convencido de que a manipulação genética é o futuro da Alemanha. Por meio do estudo de gêmeos, pretende multiplicar a nação alemã.[6] Em parceria com seu mentor Von Verschuer, tenta determinar os códigos genéticos que poderiam engendrar uma raça ariana pura. O nacional-socialismo quer fundamentar cientificamente suas teorias de higiene racial, e Mengele participará ativamente desse projeto.

Quando, em 1939, Josef se casa com a mãe de Rolf, Irene Schoenbein, esta tem dificuldade em provar a ausência de sangue judeu na família de seu pai. O casamento quase não se realiza, mas o "lado nórdico" de Irene acaba prevalecendo. Loira e alta, ela será o amor da vida de Mengele, e, de sua parte, também se dedica muito ao marido e é muito ciumenta. Mas os pais de Rolf nunca conseguirão levar uma verdadeira vida de casal. Para Irene, o casamento será sinônimo de ausência e solidão: Mengele se dedica acima de tudo a suas aspirações patrióticas e profissionais e não hesita, dois meses depois de se casar, em abandonar a jovem esposa para se engajar com entusiasmo no Exército alemão, no momento da invasão da Polônia.

Em janeiro de 1942, entra para o corpo médico da divisão SS Wiking, que opera no *front* do Leste, especialmente na Ucrânia. Por ter salvado e tratado dois soldados alemães, Mengele é condecorado com a Cruz de Ferro. Ferido em combate, é forçado a voltar a Berlim no fim do ano. Volta a mergulhar então na medicina, especialmente na genética, com seu mentor de sempre. Nesse intervalo, o professor Von Verschuer obtém a direção do Instituto Kaiser Wilhelm, instituição científica inicialmente destinada à pesquisa de base mas que, entre 1927 e 1945, foi quase inteiramente dedicada à eugenia e à higiene racial.

No fim de maio de 1943, após ter sido nomeado *SS-Hauptsturmführer*, Josef Mengele é enviado para Auschwitz, o maior campo de concentração criado pelos nazistas, 67 quilômetros a oeste de Cracóvia, perto da fronteira da Polônia com a Tchecoslováquia.

Auschwitz é nesse momento uma máquina de extermínio industrial implacável. A fumaça sai o tempo inteiro dos quatro grandes complexos de câmaras de gás e fornos de cremação. O ar é irrespirável; o cheiro de carne humana queimada, ainda mais forte quando faz calor. O campo é imenso, constituído de três grandes seções que não pararam de se estender ao longo dos anos: uma sucessão de barracões de tijolo vermelho e madeira, uns iguais aos outros. A visão desse inferno na Terra não abala Mengele, que, tão logo chega, dirige-se ao barracão de número 10.

Quer começar a trabalhar o quanto antes. Para ele, Auschwitz é uma oportunidade única de fazer a ciência avançar, pois oferece formidáveis perspectivas de experiências com "cobaias humanas" que, acredita, lhe permitirão demonstrar suas teorias raciais. Mengele envia regularmente aos seus colegas do Instituto Kaiser Wilhelm fragmentos de corpos humanos para análise com a inscrição "material de guerra, urgente".

Poucos dias após chegar, não hesita em enviar mais de 1.500 ciganos à morte – ele, que ironizava a si mesmo pelo fato de se parecer mais com um cigano do que com um perfeito ariano. Quando criança, sua pele escura, seus cabelos pretos e seus olhos marrom-esverdeado lhe tinham valido o apelido de "Zigeuner"[7] [cigano] na escola.

Mengele chega sozinho a Auschwitz. Sua esposa preferiu ficar na Alemanha. Durante o ano e meio que ele passa no campo, ela só o visita duas vezes, em agosto de 1943 e em agosto de 1944, poucos meses depois do nascimento de Rolf, nascido em março, que ela deixa na Alemanha. Quando pergunta ao marido a respeito do fedor abominável que reina no campo, obtém como única resposta: "Não me pergunte sobre isso".[8] De qualquer jeito, Irene não parece se preocupar muito com o que está ocorrendo ao seu redor. Chega mesmo a considerar idílica sua segunda viagem, uma nova lua de mel com o homem que ama. Tomava banhos no rio Sola, colhia mirtilos e fazia geleias. Em seu diário, nem uma só palavra sobre as experiências do marido ou sobre a realidade do campo.[9]

Mengele é um homem fechado, frio e cínico, que costuma se manter afastado dos colegas. Está orgulhoso de sua posição e de suas condecorações. Ostenta permanentemente sua Cruz de Ferro. Vive concentrado no que acredita ser seu destino: a evolução da espécie humana — ainda que, para isso, deva descartar qualquer sentimento de humanidade ou compaixão.

Sua compenetração intriga os colegas. Um de seus companheiros de Auschwitz, Hans Münch, declara: "Era um ideólogo de corpo e alma. [...] Nunca manifestava a menor emoção; nem ódio nem fanatismo. Para ele, as câmaras de gás eram a única solução racional, e, como os judeus deviam morrer de qualquer jeito, não via razão para não utilizá-los antes em seus experimentos médicos".[10]

Do Dr. Mengele ninguém sabe nada. Sua discrição e sua reserva evitam qualquer familiaridade. Não conta para ninguém que seu filho nasceu em 1944; aliás, também não se dá ao trabalho de estar perto da esposa na hora do parto.

Num primeiro momento, o pequeno Rolf vive sozinho com a mãe em Freiburg, na Floresta Negra. Em novembro de 1944, Josef Mengele vem ver o filho pela primeira vez: Rolf tem então quase 8 meses. A partir de abril de 1945, Irene e Rolf vão viver em Autenried, na Baviera, perto do feudo dos Mengele. O pequeno Rolf passa a viver com os avós e conhece, finalmente, um verdadeiro ambiente familiar.

Em Auschwitz, trens de toda a Europa chegam incessantemente. Os recém-chegados passam por uma seleção prévia: os que são julgados aptos ao trabalho forçado e os que são enviados direto para as "duchas", ou seja, as câmaras de gás. A cada grupo que chega, Mengele corre para ver se há gêmeos, a fim de submetê-los aos experimentos mais sinistros, que na maioria das vezes levavam à morte em meio a sofrimentos atrozes. Está convencido de que, graças a seus experimentos com gêmeos, desvelará os segredos da engenharia genética e poderá erradicar os genes defeituosos. Seu rosto só se ilumina quando há gêmeos entre os recém-chegados e alguém grita: "Gêmeos, gêmeos".

Realiza inúmeras experiências, obviamente sem anestesia: manipulações sanguíneas, inoculação de genes infecciosos, experimentos com a medula óssea, extração de órgãos ou membros, esterilização...

Mengele se interessa também pela cor dos olhos, a fim de determinar se esta pode ser modificada. Para tanto, não hesita em injetar produtos químicos que costumam deixar seus "pacientes" cegos. Todas essas experiências têm como única meta promover uma raça superior, em conformidade com os ideais do nacional-socialismo.

Quando, em 17 de janeiro de 1945, Mengele foge de Auschwitz, deixa atrás de si montanhas de cadáveres. Pouquíssimas de suas "cobaias humanas" sobreviverão a suas experiências macabras – ainda que, segundo uma sobrevivente, estar na lista de Mengele oferecia ao menos uma esperança de curta duração. No momento da derrocada, o êxodo dos soldados alemães para o Oeste lhe permite escapar dos Aliados. Troca o uniforme de SS por um da Wehrmacht e se esconde na Tchecoslováquia. Diante das hordas de soldados em fuga, os Aliados decidem capturar apenas os SS, identificáveis graças à tatuagem de grupo sanguíneo que tinham nas axilas. Ora, Mengele, sempre muito cuidadoso com a aparência, tinha se recusado a se deixar tatuar. Excesso de vaidade que salva sua vida, já que os Aliados não dispõem ainda de uma lista completa dos criminosos de guerra. A mãe de Rolf conta que seu pai dava tanta importância à própria aparência que julgava inconcebível semelhante atentado ao corpo. Uma tatuagem teria sido antiestética e repugnante[11] para aquele homem que só usava roupas feitas sob medida e passava horas na frente do espelho, contemplando-se e admirando a suavidade de sua pele.

Pouco depois do fim da guerra, Irene, até então sem notícias de Josef, é informada pela esposa de um dos amigos médicos do marido que este está vivo. Seu nome começa a circular, e os Aliados estão à espreita de qualquer informação que permita encontrá-lo. Todos os membros da família do fugitivo são vigiados e interrogados – sem resultado: nenhum deles jamais fornecerá qualquer informação. Segundo o jornal *Bund*, esse apoio indefectível se devia ao medo que a família Mengele tinha de ser obrigada a indenizar as vítimas de Josef.

Quando interrogada por dois oficiais norte-americanos em busca de seu marido, Irene responde que ele desapareceu e que provavelmente morreu no *front* do Leste. Para dar credibilidade a isso, Irene, vestida de preto, vai ver o padre de Günzburg e lhe pede para rezar uma missa em memória de seu marido, morto na guerra.[12] Se, apesar de suas duas visitas ao campo de Auschwitz, Irene tinha podido ignorar, até então, as atrocidades cometidas pelo marido, esse agora não é mais o caso; mesmo assim, resolve não denunciá-lo.

Depois de uma breve passagem por Munique, Mengele volta às terras de seus antepassados e se esconde nas florestas ao redor de Günzburg, onde recebe comida de sua família. As autoridades não percebem nada, e nem mesmo um relatório da polícia israelense registra contatos entre Mengele e a família.

A partir do fim de 1945, "o anjo da morte" vive sob o nome de "Fritz Hollmann" e trabalha numa fazenda em Rosenheim, na Baviera. Utiliza esse mesmo nome falso quando encontra o filho, fazendo-se passar por um tio que mora na América. Sua família, sobretudo sua esposa, vem visitá-lo com frequência, às vezes trazendo Rolf, que tem apenas 2 anos. Com toda a discrição possível, o casal se encontra à beira de um lago. Uma foto tirada nessa época mostra Mengele sorridente, atrás do filho. Geralmente, no entanto, Irene vem sozinha aos encontros. Em novembro de 1946, achando que os Aliados já tinham diminuído o ritmo de suas buscas, Mengele arrisca até uma visita de duas semanas a Autenried, onde estão vivendo a esposa e o filho.

Rolf conta que a mãe vivia angustiada e infeliz nos anos que se seguiram à guerra. Ela, que sempre tinha aspirado a uma vida tradicional numa família unida, é agora a esposa de um fugitivo com quem nunca chegou a conviver de verdade e que pouco a pouco vai se tornando um completo estranho. A relação entre o casal Mengele, já posta à prova pela guerra, começa a se deteriorar. Irene, que há muito tempo sofre com a solidão, tem a impressão de que seu marido mudou, que não é mais o homem com quem se casou. E começa a buscar a companhia de outros homens, o que deixa Mengele louco de raiva. Patologicamente ciumento, ele não para de censurar a esposa por essas escapadas, fazendo verdadeiras cenas. Irene não é mais a esposa devotada do início do casamento, não suporta mais a vida de mulher de fugitivo que Mengele lhe oferece. Em 1948, numa dessas saídas tão censuradas por Josef, encontra aquele que será seu próximo marido. Proprietário de uma loja de sapatos em Freiburg, Alfons Hackenjos será considerado pelo pequeno Rolf, então com 4 anos, a primeira figura paterna de sua vida.

Quando fica sabendo pela imprensa que seu nome foi citado no "processo dos médicos" de Nuremberg, iniciado em dezembro de 1946, após o dos grandes criminosos de guerra, Mengele se dá conta de que o perigo está por perto. Resolve então que está na hora de deixar a Europa e decide ir para a América do Sul. Embarca no navio *North King* em Gênova, na Itália. Agora se chama "Helmut Gregor". Tem ainda a esperança de a esposa e o filho irem se juntar a ele assim que estiver instalado em Buenos Aires, o que jamais acontecerá. Irene é muito apegada à Alemanha e à sua cultura, e não quer deixar sua família por uma vida de fugitivos do outro lado do mundo. Além disso, tem um novo homem em sua vida e, ainda que sempre tenha conservado sentimentos pelo pai de seu filho, não quer sacrificar essa nova relação.

Em 1954, cansada da situação e cada vez mais apaixonada pelo novo companheiro, Irene pede o divórcio. Segundo Rolf, nada leva a crer que ela tenha feito isso em razão das atrocidades cometidas por seu pai em Auschwitz. Irene e Josef sempre exerceram a política do "não perguntar nada, não dizer nada". Mas Irene está feliz por deixar o clã Mengele, e ainda mais por partir sem ter de lhes pedir um centavo.[13] Nesse mesmo ano, Josef Mengele decide abandonar seu nome falso, Helmut Gregor, e recuperar sua identidade. Confirma, portanto, junto à embaixada da Alemanha Ocidental, que Helmut Gregor é na verdade Josef Mengele, e seu divórcio de Irene é oficializado em 25 de março de 1954 sob seu verdadeiro nome. Mengele é novamente Mengele, "o anjo da morte".

Quando volta para a Europa, em 1956, Mengele reencontra Rolf, então com 12 anos, nas montanhas suíças, durante as férias escolares. Para o menino, ele é o "tio Fritz", que mora na América do Sul. Estão presentes também Martha, a bela viúva do irmão de Josef Mengele, e seu filho Karl-Heinz. Todas as manhãs, Rolf sobe com o primo na cama do "tio", que lhes conta histórias de batalhas no *front* soviético. Diz que aquelas foram as melhores férias de sua vida, por ter se sentido tratado como um rapaz crescido. Estava feliz, apesar da rivalidade crescente com Karl-Heinz. O "tio" está sempre elogiando seu primo, e Rolf sofre com isso. Ignora, ainda, que Mengele tem relações íntimas com sua tia Martha.

Dois anos depois, em 1958, Mengele se casa com sua cunhada em Montevidéu. Por alguns anos, Martha e seu filho Karl-Heinz vivem com ele em Buenos Aires.

Mengele não tem dificuldade de se integrar na Argentina de Juan Perón, o paraíso dos nazistas foragidos. Com a queda de Perón, vai para o Paraguai, como vários outros nazistas. Faz a viagem sozinho: sua nova esposa volta para a Alemanha com Karl-Heinz. Ao contrário do que muitos dizem, Mengele permanece apenas dois anos no Paraguai: em 1962, vai viver no Brasil. Ao longo de todos esses anos, mesmo tendo voltado duas vezes à Alemanha, em 1956 e 1959, depois de ter retomado sua verdadeira identidade, consegue evitar a prisão. É nessa época que a mãe de Rolf decide explicar ao filho a ausência de seu pai, dizendo que este tinha morrido como herói no *front* soviético. Por quase dez anos, Rolf acreditará que seu pai está morto, enquanto mantém uma assídua correspondência com o "tio Fritz" que morava na América do Sul, esse falso tio que é, na verdade, seu pai.

Aos 16 anos, ou seja, mais de três anos depois daquelas férias na Suíça, Rolf finalmente fica sabendo que o "tio Fritz" é seu pai, Josef Mengele. Ele assim se recorda do choque causado pela revelação: "Meu pai sempre tinha sido um herói de guerra morto no *front* do Leste. Era muito culto e falava grego e latim. Saber a verdade teve um forte impacto sobre mim. Não era muito bom ser o filho de Josef Mengele".[14]

Na escola, as outras crianças apontam para ele: "Olha o filho do Mengele! Seu pai é um criminoso!". Chamam-no de "nazistinha" ou de "SS Mengele". Rolf responde com ironia aos ataques dos colegas: "Sim, claro, e também sou sobrinho de Adolf Eichmann". Os professores atribuem a preguiça do aluno Rolf ao trauma ligado a esse pai ausente, visto ora como um herói, ora como um carrasco.

Apesar das tentativas de aproximação, Mengele não consegue estabelecer uma relação pai-filho afetuosa. Suas cartas são frias e distantes. Ele parece reproduzir a relação que teve com seu próprio pai. Chega a fazer o esforço de escrever e ilustrar um livro infantil especialmente para Rolf, mas não adianta. Este censura ao pai o afeto que demonstra por seu primo Karl-Heinz. Mengele é bem mais próximo do enteado e sobrinho do que de seu próprio filho. Para Rolf, Josef Mengele permanecerá para sempre um estranho. E é por isso mesmo que deseja tanto o encontro, por mais que o velho recluso, depressivo e suicida que Mengele se tornou esteja bem longe do herói que sua mãe tinha inventado.

A casa em São Paulo é modesta. Mengele se oferece para dormir no chão e deixar a cama para Rolf. De qualquer jeito, as noites serão dedicadas a longas conversas: Rolf está ávido de respostas. De início, evita abordar a questão da participação de Mengele nas atrocidades cometidas em Auschwitz, mas depois resolve interrogá-lo. Seu pai, então, imediatamente se enrijece: "Como pode acreditar que eu tenha feito isso? Não vê que é mentira, propaganda falsa...". O velho se defende com virulência: "Não fui eu que inventei Auschwitz e não sou pessoalmente responsável pelo que aconteceu ali. Auschwitz já existia antes de mim. Eu queria ajudar as pessoas, mas não tinha como. Não podia ajudar todo mundo".

Quando Rolf pergunta sobre a seleção dos homens e mulheres que chegavam ao campo, Mengele admite sua participação: "O que eu podia fazer com aquela gente quase morta e infectada que chegava? Ninguém consegue imaginar as condições que reinavam ali". Segundo ele, seu papel consistia "simplesmente" em determinar quem estava apto ou não para o trabalho. Afirma ter feito tudo o que podia para convencer os outros de que os recém-chegados estavam aptos e acredita ter ajudado milhares de pessoas assim. Não era ele que ordenava os extermínios, não é responsável por isso. E jura nunca ter matado ou ferido ninguém pessoalmente.

Já para Rolf:

> É impossível que alguém estivesse em Auschwitz e não tentasse sair dali todo dia. Não tê-lo feito é tão horrível quanto impossível. Nunca compreenderei como seres humanos puderam se comportar assim. O fato de se tratar do meu pai não muda nada. Para mim, o que aconteceu foi contrário a qualquer ética, a qualquer moral e lança uma sombra terrível sobre a natureza humana.

Depois dessas conversas noturnas, Rolf chega à seguinte conclusão: seu pai não se arrepende de nada, permaneceu fiel aos ideais do nacional-socialismo e convencido da superioridade da raça ariana. Para justificar sua teoria da superioridade de certas raças, Mengele invoca argumentos sociológicos, históricos e políticos. Argumentos que, como destaca Rolf, são paradoxalmente muito pouco científicos.[15] O "anjo da morte" declara ainda que não fazia mais do que cumprir seu dever, obedecendo a ordens para poder sobreviver. Essas palavras provavelmente o livram de qualquer sentimento de culpa. Não quer ser, aos olhos do filho, o monstro que é aos olhos da humanidade.

Quando Rolf pergunta por que, se está tão seguro de ter agido de maneira justa, ele não se entrega às autoridades para ser julgado, Mengele se contenta em responder de maneira lacônica: "Não existe justiça, há apenas pessoas que desejam se vingar".[16]

Rolf nunca conseguirá sentir nesse homem um pingo de humanidade, de compaixão ou de remorso. Quando o deixa, depois de duas semanas, sabe que está vendo o pai pela última vez. Quanto a Mengele, acredita poder morrer em paz depois dessa visita. Como se, antes de morrer, tivesse sentido necessidade de se justificar diante de seu único descendente, a fim de não ser visto por ele como um monstro, mas como um homem que não fez mais que obedecer a ordens.

Mesmo assim, Rolf sempre se negará a fornecer qualquer informação que possa levar à detenção de seu pai. Para ele, era impossível traí-lo. Contrariamente a Niklas Frank, que odeia o pai, Hans Frank, Rolf afirma não considerar seu pai o suficiente para odiá-lo.

Em 1979, dois anos depois da visita, amigos de Mengele que viviam no Brasil enviam uma carta a Rolf: "Nosso amigo nos deixou numa praia tropical". Josef Mengele morreu de um ataque cardíaco durante um banho de mar, após ter sobrevivido a 34 anos de fuga. A família Mengele opta pelo silêncio, acreditando poder evitar, assim, ter de responder por todos os anos de cumplicidade.

Pouco tempo após a morte do pai, Rolf volta ao Brasil para pôr seus negócios em ordem e recuperar seus pertences. Dessa vez, viaja com seu verdadeiro nome. Quando se registra no hotel do Rio de Janeiro onde já tinha se hospedado com nome falso, o porteiro exclama: "Mengele! O senhor tem um sobrenome muito conhecido por aqui".[17] Aterrorizado, Rolf corre até o quarto para esconder no teto falso os pertences do pai, por mais que saiba que o esconderijo não resistiria a dois minutos de buscas. A herança compreende um relógio de ouro, cartas e diários íntimos. Mas nenhuma busca será feita: esses diários serão vendidos no escandaloso leilão de 2011.

Rolf fica no hotel, observando o movimento; tenta ser o mais discreto possível: não quer chamar atenção de jeito nenhum, sobretudo a do porteiro, que poderia acionar a polícia. Mesmo após a morte, o segredo dos Mengele deve ser preservado. Rolf Mengele justifica esse silêncio a respeito da morte do pai pela necessidade de proteger os que o ajudaram e pela impossibilidade de fornecer a prova dessa morte.

Quatro anos depois dessa viagem, a notícia da morte de Mengele finalmente se espalha. Amigos e simpatizantes nazistas estavam a par, mas ninguém tinha violado a lei do silêncio. Apenas em 1985 uma busca na casa de um dos homens de confiança de Mengele, o advogado Hans Sedlmeier, revelará a existência de uma correspondência entre os dois homens e de uma carta de pêsames enviada pelos amigos brasileiros de Mengele.

Dieter Mengele, o sobrinho de Josef Mengele que dirige a empresa familiar, vê-se então obrigado a pôr fim ao segredo que cercava a morte do tio e a conceder uma entrevista. Para os Mengele, a prioridade é evitar que a informação de que tinham ajudado Josef Mengele a permanecer escondido prejudique financeiramente a empresa. Dieter Mengele nega qualquer apoio financeiro a Josef, assim como qualquer tipo de contato com o tio. Rolf é mantido afastado, o que não deixou de censurar posteriormente ao primo. Resta sempre a questão da prova da morte de Mengele. Para tanto, é necessária uma exumação do corpo. Quando ela acontece, Rolf, o único que poderia confirmar se aquele é mesmo seu pai, está de férias, incomunicável. Quando volta, fica sabendo pela televisão que o segredo da morte de seu pai foi descoberto.

Durante os trinta anos que passou na América do Sul, Mengele foi alvo de numerosos rumores, que o localizavam ora aqui, ora ali. Os serviços secretos israelenses dirão "ter encontrado episodicamente seu rastro sem nunca conseguir capturá-lo". Contudo, apesar de seu medo obsessivo de ser pego pelo Mossad ou por organizações de caçadores de nazistas, Mengele não hesitou em voltar à Europa e em retomar sua verdadeira identidade. Enterrado em Embu das Artes, perto de São Paulo, sob o nome de "Wolfgang Gerhard", seu corpo é exumado em 6 de junho de 1985 pela polícia brasileira, a pedido das autoridades alemãs. O exame dos maxilares permite identificá-lo, e uma análise de DNA realizada em 1992 confirma definitivamente a identidade do corpo. Até então, Rolf Mengele tinha se recusado a fornecer a amostra de sangue necessária para a análise.[18]

É difícil entender como Mengele conseguiu evitar ser preso por mais de 34 anos. Ainda mais levando em conta que diversas organizações internacionais e muitos caçadores de nazistas estavam atrás dele o tempo todo. O fato de o Mossad ter escolhido, em 1960, capturar Eichmann, o principal organizador da Solução Final, em vez de Mengele, quando os dois foram localizados, pode explicar que o médico de Auschwitz tenha escapado daquela vez. Mas e antes? E depois?

Em 1985, Rolf consente em revelar para a imprensa seu encontro com o pai e os escritos de Mengele. Suas relações com o resto do clã ficam, então, definitivamente rompidas.

Contrariamente a outros descendentes de nazistas, Rolf não pensa que existam genes capazes de transmitir a crueldade como herança. Mas, para colocar um ponto final nesse passado e pelo bem de seus filhos, resolve mudar de nome. Nos anos 1980, adota o sobrenome de sua mulher e se instala como advogado em Munique.

Considera que seus três filhos têm o direito de crescer sem ter de responder pelos atos do avô. E que deve a eles a verdade e uma vida livre desse peso. Para ele, o único interesse dessa herança é permitir pensar na própria essência da vida e no conflito entre o bem e o mal. Seu destino foi ser filho de Josef Mengele e suportar os inconvenientes disso. Não pôde, por exemplo, tornar-se um político, e teve de aceitar que certas pessoas, negociantes judeus ou vítimas de guerra, não desejassem trabalhar com ele.[19]

Em 2008, num jornal israelense, Rolf pede à comunidade judaica que não guarde rancor contra ele. Diz que gostaria de visitar Israel e, especialmente, o memorial de Yad Vashem: "Mas temo que os sobreviventes da Shoah e seus descendentes possam ficar incomodados se descobrirem minha origem".[20]

Rolf Mengele é o único descendente retratado neste livro que ignorou a identidade do pai por muitos anos e que teve a chance de interrogá-lo sobre sua participação na máquina da morte. Essa confrontação se revelou estéril, já que Mengele continuava convencido de seus ideais, não se considerava responsável pela abominação e acreditava até ter contribuído para salvar vidas. Contudo, Rolf não pode e não quer traí-lo, mesmo depois de sua morte, ainda que, para proteger sua própria descendência, tenha decidido tomar distância do sobrenome Mengele.

UMA HISTÓRIA ALEMÃ?

Um barulho surdo, amplificado pelo microfone, repercute na assembleia que veio assistir ao congresso da CDU, a União Democrática Cristã da República Federal Alemã. É o barulho de um tapa.

A mão de uma mulher se abateu com vigor sobre o rosto de alguém que, como muitos alemães, achou que podia calar seu passado nazista. Só que se trata de um primeiro-ministro: seu nome é Kurt Georg Kiesinger, e esse tapa é uma maneira de jogar seu passado na cara dele. Passado que parece não ter incomodado a maioria dos alemães, já que não o impediu de ser eleito primeiro-ministro. Estamos em 1968, numa Alemanha que está vendo a rigidez moral e os tabus ligados a seu passado se esfacelarem. No mesmo momento, na esteira dos acontecimentos de maio de 1968, constitui-se o pequeno grupo terrorista de extrema-esquerda Fração do Exército Vermelho.

No fim dos anos 1940, a maioria dos alemães quer virar a página e interromper o empreendimento de desnazificação que está em curso, considerado por muitos como uma imposição dos Aliados e um obstáculo à democratização do país. Ouvindo a opinião dessa maioria e querendo conquistá-la, o primeiro-ministro de então põe fim à desnazificação e instaura um processo de reabilitação de diversos nazistas, excetuados os criminosos comprovados. Essa política impedirá o julgamento e a prisão de vários dirigentes nazistas. A estadia de Josef Mengele na Alemanha depois da guerra ilustra isso perfeitamente, mas ele não foi o único a escapar da justiça.

A mão que golpeia o primeiro-ministro é de Beate Klarsfeld, uma jovem alemã determinada a se confrontar com o passado nazista de seus pais. Ela esbofeteou publicamente o "pai nazista" depois de ter gritado, na frente do parlamento alemão: "Kiesinger, Nazi, Demissão". Na Alemanha, o conflito de gerações é exacerbado pelo peso do nacional-socialismo.[1] A era Adenauer é fortemente criticada. A juventude de 1968 se revolta e se recusa a aceitar que ex-nazistas ocupem postos-chave do governo.

Essa cena simbólica marcará para sempre a população e fará tremer todos aqueles que acreditaram poder calar seu passado para a família e para o mundo. A geração nascida em 1950 é a primeira a não ter vivido a guerra e não teme pôr o dedo nas feridas daquele período. Esses jovens já não se contentam com a fórmula "Hitler foi o único culpado".

Beate Klarsfeld tinha prometido a si mesma que daria esse tapa. Na época, era amiga do célebre escritor Günter Grass, que execrava Kiesinger como tinha execrado Adenauer. "Consciência moral" da Alemanha do pós-guerra, Günter Grass é autor de uma das obras mais importantes sobre o Terceiro Reich, *O tambor*, publicado em 1959, e de diversos livros cujo conjunto lhe valeu o Prêmio Nobel de Literatura em 1999. Mais tarde, em 2006, no limiar de seus 80 anos, o mesmo Grass causará escândalo ao revelar, durante uma entrevista ao jornal *Frankfurter Allgemeine Zeitungen*, antes da publicação de seu livro autobiográfico *Descascando a cebola*, que em 1944, aos 17 anos, ele próprio chegou a se engajar na funesta unidade da Waffen SS. Numa entrevista ao *Le Monde* concedida nesse mesmo ano de 2006,[2] Grass declara: "Isso me atormentava. Meu silêncio durante todos esses anos foi uma das razões que me levaram a escrever esse livro. Isso tinha finalmente que sair".

Em 1968, o ano do tapa, aquilo ainda era segredo. Quem poderia imaginar que a "consciência moral" do pós-guerra também tinha um passado nazista? Que ele também tinha passado pela Waffen SS? Günter Grass sempre se interessou pela cumplicidade com o regime nazista e pela culpa como um eco à sua própria existência. Como aquele que pregava a exigência de uma "confrontação sincera com o passado" pôde pensar que o tempo e sua atitude de luta apagariam essa mancha indelével? Ele deixou o silêncio se instalar, correndo o risco de lançar uma sombra definitiva sobre o engajamento de uma vida inteira. Günter Grass, um grande escritor, é a perfeita ilustração do mutismo da Alemanha e das dificuldades que o país teve de enfrentar para romper o silêncio e aceitar o inaceitável.

Os "anos Brandt" porão fim à teoria segundo a qual a reconstrução da democracia alemã exige que o passado seja calado. Em 7 de dezembro de 1970, o primeiro-ministro alemão Willy Brandt vai à Polônia, acompanhado de Günter Grass, um de seus fiéis apoiadores, e, ajoelhando-se diante do monumento comemorativo ao levante do gueto de Varsóvia ocorrido em 1943, pede perdão em nome de seu povo pelas atrocidades cometidas pelos nazistas. Depois de se levantar, pronuncia esta célebre frase: "Fiz o que os homens fazem quando as palavras não são suficientes". Como destacará Norbert Frei, foram necessárias gerações para que a história e a dimensão do Holocausto se tornassem suportáveis. Pois convém estabelecer uma distinção entre "saber" e "suportar". Em 1990, Frei assinala que as novas gerações não têm, ou quase não têm, recordações pessoais ligadas à guerra, nem qualquer culpa individual; portanto, não são mais forçadas a assumir uma responsabilidade política e moral.[3]

Quanto maior a proximidade afetiva, mais difícil ter o recuo necessário para julgar, como se admitir as atrocidades cometidas por um dos pais devesse comprometer irremediavelmente o amor filial. É difícil dizer: "sei que meu pai foi um monstro, mas eu o amava". O caminho que leva a uma aceitação como essa é doloroso e repleto de armadilhas.

Um amor menos intenso parece permitir julgar melhor. Talvez seja essa a razão pela qual aqueles que receberam menos afeição por parte do pai durante a infância têm menos dificuldade de julgá-lo. E talvez também seja mais fácil encarar essa culpa para aqueles que estão menos próximos em termos de filiação, sejam eles netos ou sobrinhos. Foi esse o caso de Matthias Göring e de Katrin Himmler: para eles, o "monstro" é uma figura distante, que não chegaram a conhecer.

À proximidade afetiva se soma a proximidade temporal. Os anos e os acontecimentos históricos, como a queda do muro de Berlim, parecem tornar o passado mais aceitável. A compreensão do nazismo se transformou com o passar dos anos, assim como sua análise pelos historiadores que se sucederam. Com o tempo e um conhecimento maior dos crimes cometidos, os descendentes tiveram de admitir o passado da Alemanha e, através desse prisma, seu passado familiar, com tudo o que a dimensão transgeracional do silêncio implica.[4] Os filhos cujos percursos são evocados neste livro conheceram o silêncio da Alemanha em face do nazismo, mas não o silêncio dito "familiar". Depois da guerra, tiveram de assumir o fato de ser o filho ou a filha de... e de ter ficado sabendo dos crimes terríveis a que seus pais estavam associados. O silêncio de suas famílias não incidiu sobre o passado nazista de seus pais, o que teria sido impossível, mas sobre seu grau de implicação na loucura assassina do Terceiro Reich.

Esses filhos nunca puderam dizer: "Papai não era um nazista", para aludirmos ao título do livro de Harald Welzer, Sabine Möller e Karoline Tschuggnal, *Vovô não era um nazista*. Durante a guerra, eram filhos de heróis; depois dela, tornaram-se *Täter Kinder*, "filhos de carrascos". Ora, nada os tinha preparado para a nova ordem mundial em que figuram como párias. Crianças, não podiam ignorar a proximidade de seus pais com o poder e com Hitler. Quando este passa a ser considerado um dos maiores criminosos da História, sabem-se intrinsecamente associados a ele por laços de sangue. Por outro lado, com exceção de Wolf Rüdiger Hess, Albert Speer Jr. e Rolf Mengele, nunca reviram seus pais depois de Nuremberg. Portanto, nunca puderam se confrontar com eles, fazer-lhes as perguntas essenciais. Os que tiveram essa chance muitas vezes recuaram diante do desafio. Mas todos foram obrigados a enfrentar o fato de serem filhos de nazistas.

Para construir suas vidas, alguns resolveram minimizar a implicação dos pais nos horrores nazistas. Outros optaram por uma rejeição violenta, sem deixar nenhum lugar para o afeto. A coexistência entre um afeto profundo e o reconhecimento da culpa é dolorosa e complexa. Mas todos tiveram de encarar a reação da sociedade diante da evocação de seus sobrenomes, que os vinculavam fatalmente a seus pais, fosse qual fosse a relação que mantinham com estes.

Na Alemanha, foi preciso esperar o primeiro-ministro Helmut Kohl, a geração daqueles que não conheceram a guerra e a era da unidade nacional, com a queda do muro de Berlim, em 9 de novembro de 1989, para que o passado fosse plenamente revisitado e explorado. Com a reunificação da Alemanha Ocidental e da Alemanha Oriental, é o país inteiro que passa a assumir a culpa, por muito tempo circunscrita unicamente aos principais atores do horror nazista.

Ora, é fundamental que a memória do nazismo seja objeto de uma transmissão completa. O horror pode se reproduzir de uma maneira diferente, a ascensão de novos extremismos é prova disso. Hitler não voltará, mas podem surgir situações parecidas com aquelas que permitiram que ele chegasse ao poder. O conhecimento do passado pode ser uma muralha de contenção contra os extremismos de todos os tipos? Esperemos que sim. A geração da Juventude Hitlerista está se extinguindo, e quatro outras gerações já a sucederam. Nada mais nos impede de tentar compreender como nós mesmos teríamos agido num contexto social, econômico e jurídico semelhante.

Mais de setenta anos depois, há poucos sobreviventes entre aqueles que foram os carrascos e as vítimas daquela época. Com eles, a memória subjetiva dos protagonistas dessa tragédia vai se apagar. Mas se é para os nomes dos dirigentes do regime nazista soarem como uma advertência para o futuro, devemos preservar o conhecimento a respeito desse período. Infelizmente, a juventude parece às vezes se afastar da História, por ignorância ou falta de interesse. É claro que não se deve generalizar. Como demonstra Alexandra Oeser em seu livro

Ensinar Hitler: os adolescentes diante do passado nazista na Alemanha, a relação com o nazismo varia muito de acordo com a geração, o meio social, o gênero, as orientações políticas e o desempenho escolar.[5]

O mesmo acontece com os descendentes de nazistas. Quer as relações pai-filho ou pai-filha tenham sido pessoais ou epistolares, afetuosas ou frias, encontramos pontos comuns entre esses filhos, como sempre ter conhecido a participação dos pais no nacional-socialismo, mas ter ficado sabendo por terceiros, depois da guerra, sobre o papel desempenhado por suas famílias no Terceiro Reich. A História não deixou muito espaço para a negação das ações paternas, embora alguns tenham feito de tudo para achar possível essa negação. De resto, cada um desses filhos é singular e lida com sua história familiar de maneira específica e complexa. Numerosos fatores intervêm: o gênero (menina ou menino), a estrutura familiar (filho único ou família numerosa), os laços afetivos (mãe amorosa ou fria, pai afetuoso ou distante). Podemos, naturalmente, encontrar semelhanças entre certos percursos, mas nenhum deles é idêntico a outro. O único denominador comum é a impossibilidade de ignorar a história familiar, que constitui um fardo pesado. Aliás, muitos desses filhos acabaram dedicando sua vida a ela. Até mesmo Albert Speer Jr., que fez uma grande carreira profissional, queixou-se a vida inteira de que a primeira pergunta a lhe ser feita sempre foi relativa a seu pai, Albert Speer.

Como esses filhos, sempre assombrados pelo destino paterno, o passado nazista permanece presente em nossas memórias. Mesmo quando as vítimas não estiverem mais aí para testemunhar e a caça aos últimos nazistas tiver ficado muito para trás de nós, seus nomes continuarão a ecoar.

É nesse sentido que suas histórias fazem parte da História.

NOTAS

INTRODUÇÃO

1. RAIMBAULT, Marie-Pierre; GRYNSZPAN, Michael. *Descendants de nazis: l'héritage infernal* [Descendentes de nazistas: a herança infernal]. França, 2010. Documentário.
2. BAR-ON, Dan. *Legacy of Silence: Encounters with Children of the Third Reich* [Legado de silêncio: encontros com filhos do Terceiro Reich]. Cambridge; Harvard University Press, 1989; *L'héritage du silence: rencontres avec des enfants du IIIe Reich*. Prefácio de André Lévy. Tradução do inglês de F. Simon-Duneau. Paris: L'Harmattan, 2005, p. 191 e 193.
3. WEBER, Anne. *Vaterland* [Pátria]. Paris: Seuil, 2015.
4. GLASS, Suzanne. Ricardo Eichmann Speaks "Adolf Eichmann is a Historical Figure to Me" [Ricardo Eichmann diz "Adolf Eichmann é uma figura histórica para mim"]. *The Independent*, 7 ago. 1995.
5. HÖSS, Rudolf. *Le commandant d'Auschwitz parle* [O comandante de Auschwitz fala]. Prefácio e posfácio de Geneviève Decrop. Paris: La Découverte, 2005, p. 220.
6. LEVI, Primo. *Se questo è un uomo*. Turin: De Silva, 1947; *Si c'est un homme*. Tradução do italiano de M. Schruoffeneger. Paris: Julliard, 1987. Edição brasileira: *É isto um homem?* Tradução de Luigi Del Re. Rio de Janeiro: Rocco, 1988.

7. ARENDT, Hannah. *Eichmann à Jérusalem*. Paris: Gallimard, 2002, p. 495. (Folio Histoire). Edição brasileira: *Eichmann em Jerusálem: um relato sobre a banalidade do mal*. Tradução de José Rubens Siqueira. São Paulo: Companhia das Letras, 1999.
8. ARENDT. *Eichmann à Jérusalem*, p. 11 e 19.
9. ARENDT. *Eichmann à Jérusalem*, p. 80.
10. ARENDT. *Eichmann à Jérusalem*, p 476.
11. ARENDT. *Eichmann à Jérusalem*, p. 81.
12. ARENDT. *Eichmann à Jérusalem*, p. 495.
13. BREITMAN, Richard. *The Architect of Genocide: Himmler and the Final Solution* [O arquiteto do genocídio: Himmler e a Solução Final]. Hanover; Londres: Brandeis University Press, 1991, p. 243.
14. WELZER, Harald. *Les exécuteurs: des hommes normaux aux meurtriers de masse* [Os executores: dos homens normais aos assassinos em massa]. Paris: Gallimard, 2007, p. 42. (NRF Essais).
15. GUN, Nerin E. Les enfants au nom maudit [Os filhos de nome maldito]. *Historia*, n. 241, dez. 1966, p. 55.
16. SPEER, Albert. *Erinnerungen*. Frankfurt; Berlim, 1969; *Au cœur du Troisième Reich*. Tradução do alemão de M. Brottier. Paris: Fayard, 1971, p. 133. Edição brasileira: *Por dentro do Terceiro Reich*. São Paulo: Círculo do Livro, 1975.

GUDRUN HIMMLER

1. KERSHAW, Ian. *Hitler*. Londres: Longman, 1991. Edição brasileira: *Hitler*. Tradução de Pedro Maia Soares. São Paulo: Companhia das Letras, 2010.
2. Divisão alemã constituída por voluntários estrangeiros.
3. GUN, Nerin E. Les enfants au nom maudit, p. 48.
4. WILDT, Michael; HIMMLER, Katrin. *Heinrich Himmler d'après sa correspondance avec sa femme, 1927-1945* [Heinrich Himmler a partir de sua correspondência com a esposa, 1927-1945]. Paris: Plon, 2014.

5. WELZER. *Les exécuteurs*, p. 184.
6. LEBERT, Nobert; LEBERT, Stephan. *Car tu portes mon nom. Enfants de dirigeants nazis, ils témoignent*. Paris: Plon, p. 38. Edição brasileira: *Tu carregas meu nome: a herança dos filhos de nazistas notórios*. Tradução de Kristina Michahelles. Rio de Janeiro: Record, 2004.
7. LONGERICH, Peter. *Heinrich Himmler*. Munique: Siedler Verlag, 2008. Edição brasileira: *Heinrich Himmler: uma biografia*. Tradução de Angelika Elisabeth Kohnke, Christine Rohrig, Gabriele Ella Elisabeth Lipkau e Margit Sandra Bugs. São Paulo: Objetiva, 2013.
8. WILDT; HIMMLER. *Heinrich Himmler d'après sa correspondance avec sa femme, 1927-1945*, p. 93.
9. WILDT; HIMMLER. *Heinrich Himmler d'après sa correspondance avec sa femme, 1927-1945*, p. 186.
10. Diário de Margarete Himmler, 30 de janeiro de 1940. USHMM, Acc.1999.A.0092.
11. SPEER. *Au cœur du Troisième Reich*.
12. KERSTEN, Felix. *The Memoirs of Doctor Felix Kersten* [As memórias do doutor Felix Kersten]. Nova York: Doubleday & Co., 1947.
13. LONGERICH. *Heinrich Himmler*, p. 369.
14. SIGMUND, Anna Maria. *Die Frauen der Nazis* [As mulheres dos nazistas]. Munique: Heyne, 2000; *Les Femmes du IIIe Reich*, Tradução do alemão de J. Bourlois. Paris: Jean-Claude Lattes, 2004, p. 28.
15. MOORS, Markus; PFEIFFER, Moritz. *Heinrich Himmlers Taschenkalender 1940. Kommentierte* [O diário de bolso de 1940 de Heinrich Himmler. Comentado]. Paderborn, Verlag Ferdinand Schöningh GmbH, 2013. v. 1
16. Diário de Margarete Himmler, 3 de maio de 1939. USHMM, Acc.1999.A.0092.
17. HIMMLER, Katrin. *Les Frères Himmler* [Os irmãos Himmler]. Tradução do alemão de S. Gehlert. Paris: David Reinharc, 2012.
18. Diário de Margarete Himmler, 1º de março de 1942.
19. Diário de Margarete Himmler, 7 de março de 1940.

20. Diário de Margarete Himmler, 18 de maio de 1940.
21. Diário de Margarete Himmler, 6 de setembro de 1943.
22. INSIGHT into the Orderly World of a Mass Murderer [Um olhar para dentro do mundo ordenado de um assassino em massa]. *Die Welt*, 25 jan. 2014.
23. INSIGHT into the Orderly World of a Mass Murderer.
24. WILDT; HIMMLER. *Heinrich Himmler d'après sa correspondance avec sa femme, 1927-1945*, p. 279.
25. WILDT; HIMMLER. *Heinrich Himmler d'après sa correspondance avec sa femme, 1927-1945*, p. 279.
26. Interrogation Records Prepared for War Crimes Proceedings at Nuernberg 1945-1947. Record Name: Margret Himmler [Registros de interrogatórios preparados para os processos por crimes de Guerra em Nuremberg 1945-1947. Nome do registro: Margarete Himmler].
27. WILDT; HIMMLER. *Heinrich Himmler d'après sa correspondance avec sa femme, 1927-1945*, p. 297-298.
28. Interrogation Records Prepared for War Crimes Proceedings at Nuernberg 1945-1947. Record Name: Gudrun Himmler.
29. Interrogation Records Prepared for War Crimes Proceedings at Nuernberg 1945-1947. Record Name: Gudrun Himmler.
30. GUN. Les enfants au nom maudit.
31. Interrogation Records Prepared for War Crimes Proceedings at Nuernberg 1945-1947. Record Name: Gudrun Himmler, p. 5.
32. STRINGER, Ann. "No One Loves a Policeman", Himmler's Wife Comments ["Ninguém gosta de um policial", comenta a esposa de Himmler]. *The Pittsburg Press*, 13 jul. 1945.
33. Interrogation Records Prepared for War Crimes Proceedings at Nuernberg, 1945-1947. Record Name: Himmler, p. 14.
34. Interrogation Records Prepared for War Crimes Proceedings at Nuernberg, 1945-1947, Record Name: Gudrun Himmler, p. 6.
35. LEBERT; LEBERT. *Car tu portes mon nom*. Paris: Plon, p. 144.

36. GUN. *Les enfants au nom maudit*, p. 50.
37. GUN. *Les enfants au nom maudit*, p. 50.
38. SCHRÖM, Oliver; RÖPKE, Andrea. *Stille Hilfe für braune Kameraden: das geheime Netzwerk der Alt-und Neonazis* [Ajuda silenciosa para camaradas nazi: a rede secreta dos velhos e neonazistas]. Berlim: Ch. Links Verlag, 2001, p. 47, 57, 191.

EDDA GÖRING

1. SIGMUND. *Les Femmes du IIIe Reich*.
2. Interrogation Records Prepared for War Crimes Proceedings at Nuernberg, 1945-1947. Record Name: Wolff, Karl, p. 4.
3. IRVING, David. *Göring: le complice d'Hitler, 1933-1939* [Göring: o cúmplice de Hitler]. Tradução do inglês de R. Albeck. Paris: Albin Michel, 1991.
4. KERSHAW. *Hitler*.
5. BLACK, Conrad. *Franklin Delano Roosevelt, Champion of Freedom* [Franklin Delano Roosevelt, campeão da Liberdade]. Nova York: Public Affairs, 2003.
6. SPEER. *Au cœur du Troisième Reich*, p. 368.
7. FEST, Joachim C. *The Face of the Third Reich* [O rosto do Terceiro Reich]. Harmondsworth, Penguin, 1972 ; *Les Maîtres du IIIe Reich. Figures d'un régime totalitaire*. Tradução parcial do alemão por S. Hutin e M. Barth. Paris: Grasset, 1965, 2008.
8. SPEER. *Au cœur du Troisième Reich*.
9. GÖRING, Emmy. *Memoiren* [Memórias]. Zurique; Paris, 1963; *Göring: le point de vue de sa femme*. Tradução do alemão de R. Jouan. Paris: Presses Pocket, 1965.
10. IRVING. *Göring: le complice d'Hitler, 1933-1939*, p. 241.
11. FELICIANO, Hector. *Le Musée disparu: enquête sur le pillage d'oeuvres d'art en France par les nazis*. Tradução do espanhol de S. Doubin. Paris: Gallimard, 2012. Edição brasileira: *O museu desaparecido: a*

conspiração nazista para roubar as obras primas da arte mundial. Tradução de Silvana Cobucci Leite. São Paulo: Martins Fontes, 2003.
12. KERSAUDY, François. *Hermann Göring*. Paris: Perrin, 2009.
13. FRISCHAUER, Willi. *Göring*. Londres: Odhams Press, 1951, p. 265.
14. GÖRING. *Göring: le point de vue de sa femme*, p. 180.
15. GÖRING. *Göring: le point de vue de sa femme*, p. 178-179.
16. KERSAUDY. *Hermann Göring*.
17. MANVELL, Roger; FRAENKEL, Heinrich. *Hermann Göring*. Tradução do inglês de M. Deutsch. Paris: Stock, 1963, p. 319.
18. BEVAN, Ian. Göring faces Judges as "Man of Peace" [Göring encara os juízes como "homem de paz"]. *The Sidney Morning Herald*, 20 nov. 1945.
19. LEBERT; LEBERT. *Car tu portes mon nom*.
20. FRAU Göring Weeps: "bombing of civilian is terrible" [A Sra. Göring se queixa: "bombardear civis é terrível"]. *The Argus,* 14 jul. 1945.
21. Lendas germânicas.
22. KERSAUDY. *Hermann Göring*.
23. KERSAUDY. *Hermann Göring*, p. 723.
24. GÖRING. *Göring: le point de vue de sa femme*, p. 229.
25. KERSAUDY. *Hermann Göring*, p. 743.
26. GÖRING. *Göring: le point de vue de sa femme*, p. 227.
27. MANVELL; FRAENKEL. *Hermann Göring*, p. 322.
28. GÖRING. *Göring: le point de vue de sa femme*, p. 230.
29. FRANK, Niklas. *Meine deutsche Mutter* [Minha mãe alemã]. Munique: Goldmann, 2006.
30. Carta de Emmy Göring datada de 31 de outubro de 1947. EMSO, 1048, Bayeriches Hauptstaadtsarchiv, Munique.
31. GÖRING. *Göring: le point de vue de sa femme*, p. 245.
32. Auerbach, 30 de junho de 1949. EMSO, 1048, Bayeriches Hauptstaadtsarchiv, Munique.
33. KERSHAW. *Hitler*, p. 254-255.

34. COJEAN, Annick. Les mémoires de la Shoah [As memórias da Shoah]. *Le Monde*, 29 abr. 1995.

35. MORIN, Roc. An Interview with Nazi Leader Hermann Goering's Great-Niece. How do You Cope with Evil Ancestry? [Uma entrevista com a sobrinha-neta do líder nazista Hermann Göring. Como lidar com uma má ascendência]. *The Atlantic*, 16 out. 2013.

36. ELKINS, Ruth. Nazi Descendents: Matthias Göring Goes Kosher [Descendentes de nazistas: Matthias Göring se torna Kosher]. *Der Spiegel Online International*, 10 maio 2006.

WOLF R. HESS

1. HESS, Ilse. Er spielte wieder mal den Toten. Gespräch mit Ilse Hess über Spandau-Häftling Rudolf Hess [Ele brincou mais uma vez com a morte. Conversa com Ilse Hess sobre o prisioneiro de Spandau Rudolf Hess]. *Der Spiegel*, 20 nov. 1967.

2. SPEER. *Au cœur du Troisième Reich*.

3. IRVING, David. *Hess. The Missing Years, 1941-1945* [Hess. Os anos que ficaram faltando, 1941-1945]. Londres: Macmillan, 1987; *Rudolf Hess. Les années inconnues du dauphin d'Hitler, 1941-1945*. Tradução do inglês de P. Etienne. Paris: Albin Michel, 1988.

4. HESS, Ilse. *Rudolf Hess, Prisoner of Peace. The Flight to Britain and its Aftermath*. [Rudolf Hess, prisioneiro da paz. O voo para a Inglaterra e suas consequências]. Tradução de Meyrick Booth. Bloomfield Books, 1954.

5. FEST. *Les Maîtres du IIIe Reich*.

6. FEST. *Les Maîtres du IIIe Reich*.

7. IRVING. *Rudolf Hess*, p. 53.

8. IRVING. *Rudolf Hess*, p. 58.

9. IRVING. *Rudolf Hess*, p. 53.

10. IRVING. *Rudolf Hess*.

11. Interview Ilse Hess [Entrevista com Ilse Hess]. *Der Spiegel*, 20 nov. 1967.

12. GILBERT, G. M. *Nuremberg Diary*. [Diário de Nuremberg]. Nova York: Perseus Books Group, 1995, p. 12.
13. KERSAUDY, François. *Les Secrets du IIIe Reich*. [Os segredos do TERCEIRO Reich]. Paris: Perrin, 2013, p. 160.
14. KERSAUDY. *Les Secrets du IIIe Reich*.
15. Entrevista de Wolf Rüdiger Hess: <https://www.youtube.com/watch?v=ftWZgS75jDg>.
16. HESS, Wolf Rüdiger. *My Father Rudolf Hess* [Meu pai, Rudolf Hess]. Londres: W.H Allen & Co., 1986.
17. HESS. *Rudolf Hess, Prisoner of Peace*.
18. GUN. Les enfants au nom maudit, p. 51.
19. COOPER, Abraham. Rudolf Hess's crime [O crime de Rudolf Hess]. *The New York Times*, 1º maio 1984.
20. HESS. *Rudolf Hess, Prisoner of Peace*, p. 83.
21. HESS. *Rudolf Hess, Prisoner of Peace*, p. 143.
22. HESS. *My Father Rudolf Hess*.
23. HESS. *My Father Rudolf Hess*, p. 6.
24. Medical Research Council Report [Relatório do Conselho de Pesquisa Médica], FO 1093/10.
25. KELLEY, Douglas M. *22 Männer um Hitler* [22 homens de Hitler]. Olten; Berna: Delphi-Verlag, 1947.
26. The National Archives – M1270 – Interrogation records relate to the prosecution of war criminals in proceedings at Nuernberg, 1945-47. Record Name: Rudolf Hess. [Registros dos interrogatórios relacionados à acusação dos criminosos de Guerra nos processos de Nuremberg.]
27. The National Archives – M1270 – Interrogation records relate to the prosecution of war criminals in proceedings at Nuernberg, 1945-47. Record Name: Rudolf Hess. [Registros dos interrogatórios relacionados à acusação dos criminosos de Guerra nos processos de Nuremberg.]
28. IRVING. *Rudolf Hess*, p. 401.
29. HESS. *My Father Rudolf Hess*; *Who Murdered My father, Rudolf Hess? My Father's Mysterious Death in Spandau* [Quem assassinou meu

pai, Rudolf Hess? A misteriosa morte de meu pai em Spandau]. Editorial Revision, 1989; *Rudolf Hess: "Ich bereue nichts"* [Rudolf Hess: "Não me arrependo de nada"]. Graz: Stocker Leopold Verlag, 1994.

30. HESS. *My Father Rudolf Hess.*
31. HESS. *My Father Rudolf Hess.*
32. HESS. *Rudolf Hess, Prisoner of Peace.* , p. 126-127.
33. HESS, Wolf Rüdiger. The Life and Death of my Father, Rudolf Hess [A vida e a morte do meu pai, Rudolf Hess]. *The Journal of Historical Review*, v. 13, n. 1, 1993, p. 24-39.
34. SCHMEMANN, Serge. Hess is Buried Secretly by Family; Son is Reported to Suffer Stroke [Hess é enterrado secretamente pela família; relata-se que seu filho sofreu um derrame]. *New York Times*, 25 ago. 1987.
35. POSNER, Gerald. *Hitler's Children. Sons and Daughters of Leaders of the Third Reich Talk About Their Fathers and Themselves* [As crianças de Hitler. Filhos e filhas de líderes do Terceiro Reich falam de seus pais e de si mesmos]. Nova York: Random House, 1991, p. 41.
36. COJEAN. Les mémoires de la Shoah.
37. LEBERT; LEBERT. *Car tu portes mon nom*, p. 74.
38. HESS, Wolf Andreas. Nazi Leader's Grandson Fined Over Online Quotes [Neto de líder nazista multado por declarações online]. Reuters, 24 jan. 2002.
39. LEBERT; LEBERT. *Car tu portes mon nom*, p. 71.

NIKLAS FRANK

1. FRANK, Niklas. *Bruder Norman! "Mein Vater war ein Naziverbrecher, aber ich liebe ihn"* [Irmão Norman! "Meu pai era um criminoso nazista, mas eu o amo"]. Berlim: Dietz, 2013.
2. Entrevista de Niklas Frank com a autora, 8 de setembro de 2015.
3. Interrogatórios de Hans Frank em Nuremberg.

4. FRANK, Hans. *Im Angesicht des Galgens* [Diante da forca]. Munique--Grafelfing: Friedrich Alfred Beck, 1953.
5. NOAKES, Jeremy; PRIDHAM, Geoffrey. *Nazism, 1919-1945*, v. 2: *State, Economy and Society, 1933-1939* (A Documentary Reader) [Nazismo, 1919-1945, v. 2: Estado, economia e sociedade, 1933-1939 (Uma exposição documental)]. Exeter University of Exeter Press, 1984, p. 200.
6. FEST. *Les Maîtres du IIIe Reich*, p. 402.
7. PICKER, Henry. *Hitlers Tischgespräche im Führerhauptquartier* [Conversas de mesa de Hitler no quartel-general do *Führer*]. Propyläen Verlag, reed. 2003, p. 225.
8. KERSHAW, Ian. *La fin: Allemagne (1944-1945)*. Tradução de P.-E. Dauzat. Paris: Seuil, 2012, p. 283. Edição brasileira: *O fim do Terceiro Reich: a destruição da Alemanha de Hitler*, 1944-1945. Tradução de Jairo Arco e Flexa. São Paulo: Companhia das Letras, 2015.
9. SCHENK, Dieter. *Hans Frank: Hitlers Kronjurist und Generalgouverneur* [Hans Frank: jurista do Reich e governador geral de Hitler]. Frankfurt, Fischer Verlag, 1. ed., 2008, p. 223.
10. LONGERICH. *Himmler*.
11. Entrevista de Niklas Frank com a autora, 8 de setembro de 2015.
12. Entrevista de Niklas Frank com a autora, 8 de setembro de 2015.
13. FRANK, *Meine deutsche Mutter*.
14. FRANK. *Bruder Norman !* "*Mein Vater war ein Naziverbrecher, aber ich liebe ihn*, p. 64.
15. Entrevista de Niklas Frank com a autora, 8 de setembro de 2015.
16. Entrevista de Niklas Frank com a autora, 8 de setembro de 2015.
17. MALAPARTE, Curzio. *Kaputt*. Paris: Folio, 1972. Edição brasileira: *Kaputt*. São Paulo: Bertrand Brasil, 2000.
18. Entrevista de Niklas Frank com a autora, 8 de setembro de 2015.
19. Entrevista de Niklas Frank com a autora, 8 de setembro de 2015.
20. FRANK. *Bruder Norman!*
21. LONGERICH. *Himmler*.

22. KERSHAW. *La fin*.
23. FRANK. *Brüder Norman!*
24. Entrevista de Niklas Frank com a autora, 8 de setembro de 2015.
25. LEBERT; LEBERT. *Car tu portes mon nom*, p. 106.
26. FRANK, Hans. *Das Diensttagebuch des deutschen Generalgouverneurs in Polen, 1939-1945* [O Diário de serviço do governador geral alemão na Polônia, 1939-1945]. Editado por Werner Prag e Wolfgang Jacobmeyer. Stuttgart: Deutsche Verlags-Anstalt, 1975, p. 457-458.
27. Entrevista de Niklas Frank com a autora, 8 de setembro de 2015.
28. GILBERT. *Nuremberg Diary*, p. 21.
29. Entrevista de Niklas Frank com a autora, 8 de setembro de 2015.
30. POSNER. *Hitler's Children*, p. 33.
31. COJEAN. Les mémoires de la Shoah.
32. GILBERT. *Nuremberg Diary*.
33. Entrevista de Niklas Frank com a autora, 8 de setembro de 2015.
34. POSNER. *Hitler's Children*.
35. Entrevista de Niklas Frank com a autora, 8 de setembro de 2015.
36. FRANK. *Meine deutsche Mutter*, p. 416.
37. FRANK. *Meine deutsche Mutter*, p. 441.
38. FRANK. *Meine deutsche Mutter*.
39. FRANK. *Meine deutsche Mutter*, p. 451.
40. Entrevista de Niklas Frank com a autora, 8 de setembro de 2015.
41. Entrevista de Niklas Frank com a autora, 8 de setembro de 2015.
42. Entrevista de Niklas Frank com a autora, 8 de setembro de 2015.
43. SCHWABE, Alexandre. Interview mit Niklas Frank zur Speer-Debatte: "Das ewige Herumgeschmuse der Kinder ist lächerlich" [Entrevista com Niklas Frank sobre o Debate Speer: "O eterno blá-blá-blá dos filhos é ridículo"]. *Der Spiegel Online*, 13 maio 2005.
44. Entrevista de Niklas Frank com a autora, 8 de setembro de 2015.
45. FRANK, Niklas, *Der Vater: eine Abrechnung* [O pai. Um acerto de contas]. Munique: Goldmann, 1993, p. 12.

46. SCHWABE, Alexandre. Interview mit Niklas Frank zur Speer--Debatte: "Das ewige Herumgeschmuse der Kinder ist lächerlich".
47. COJEAN. Les mémoires de la Shoah.
48. Entrevista de Niklas Frank com a autora, 8 de setembro de 2015.
49. FRANK. *Meine deutsche Mutter*
50. Entrevista de Niklas Frank com a autora, 8 de setembro de 2015.
51. FRANK. *Bruder Norman!*
52. Entrevista de Niklas Frank com a autora, 8 de setembro de 2015.
53. FRANK. *Bruder Norman!*, p. 69.
54. FRANK. *Bruder Norman!*
55. POSNER. *Hitler's Children.*
56. POSNER. *Hitler's Children.*
57. Entrevista de Niklas Frank em *Hitler's Children* [Crianças de Hitler]. 2012. Documentário.
58. Entrevista de Niklas Frank com a autora, 8 de setembro de 2015.
59. SCHWABE. Interview mit Niklas Frank zur Speer-Debatte: "Das ewige Herumgeschmuse der Kinder ist lächerlich".

MARTIN ADOLF BORMANN

1. FEST. *Les Maîtres du IIIe Reich*, p. 228.
2. BORMANN, Martin Adolf. *Leben gegen Schatten* [Viver contra a sombra]. Paderborn: Bonifatius, 2000.
3. SIGMUND. *Les Femmes du IIIe Reich*, p. 28.
4. SPEER. *Au cœur du Troisième Reich*, p. 209.
5. FEST. *Les Maîtres du IIIe Reich. Figures d'un régime totalitaire*, p. 533.
6. KERSHAW. *La fin*, p. 317.
7. ROSENBERG, Alfred. *Le Mythe du xxe siècle* [O mito do século XX]. Publicado em 1930, um dos textos-base da ideologia nazista.
8. BORMANN. *Leben gegen Shatten*, p. 70-71.
9. BAR-ON. *L'héritage du silence.*
10. BAR-ON. *L'héritage du silence.*

11. BAR-ON. *L'héritage du silence.*
12. BORMANN. *Leben gegen Schatten*, p. 83.
13. SPEER. *Au cœur du Troisième Reich*, p. 138.
14. BAR-ON. *L'Héritage du silence*, p. 222.
15. Em 2011, artigos na imprensa revelam que, quando era professor no internato de Salzburg, entre os missionários do Sagrado Coração, nos anos 1960, Martin Adolf Bormann teria agredido e violado um certo Victor M. Outros alunos interrogados pelo jornal austríaco que publica o caso também teriam indicado que ele às vezes batia tão forte neles que ficavam cobertos de sangue, e um deles teria sido encontrado inconsciente. Acusações que Martin Adolf Bormann desmente categoricamente.
16. BORMANN. *Leben gegen Schatten*, p. 196.
17. BORMANN. *Leben gegen Schatten.*
18. BORMANN. *Leben gegen Schatten.*
19. BORMANN. *Leben gegen Schatten*, p. 261.

OS FILHOS HÖSS

1. Interrogatório de Rudolf Höss em Nuremberg, 15 de abril de 1946.
2. HÖSS, Rudolf; BROAD, Pery; KREMER, Johann Paul. *Auschwitz vu par les SS* [Auschwitz visto pelos SS]. Oswiecim: Editions du musée d'Etat, 1974, p. 20.
3. Os prisioneiros dos campos de concentração eram marcados com triângulos de cores diferentes de acordo com os motivos de sua detenção: vermelho para os prisioneiros políticos, verde para os de direito comum, preto para os associais, violeta para os testemunhos de Jeová e rosa para os homossexuais.
4. HARDING, Thomas. *Hanns and Rudolf: The German Jew and the Hunt for the Kommandant of Auschwitz.* Londres: Simon&Schuster 2013. *Hanns et Rudolf. Comment un Juif allemand mit fin à la cavale du commandant d'Auschwitz.* Paris: Flammarion, 2014, p. 127. Edição

brasileira: *Hanns & Rudolf: o judeu-alemão e a caçada ao Kommandant de Auschwitz*. Tradução de Angela Lobo. Rio de Janeiro: Rocco, 2014.
5. HÖSS, BROAD; KREMER. *Auschwitz vu par les SS*, p. 19.
6. Hannah Arendt.
7. GILBERT. *Nuremberg Diary*, p. 259.
8. HÖSS. *Le commandant d'Auschwitz parle*, p. 46.
9. HÖSS. *Le commandant d'Auschwitz parle*.
10. HÖSS. *Le commandant d'Auschwitz parle*.
11. HÖSS. *Le commandant d'Auschwitz parle*, p. 107.
12. GILBERT. *Nuremberg Diary*, p. 260.
13. HÖSS. *Le commandant d'Auschwitz parle*.
14. É possível que Rudolf Höss esteja enganado quanto à data da ordem de genocídio total.
15. HILBERG, Raul. *La Destruction des Juifs d'Europe*. Tradução do inglês de M.-F r. de Paloméra, A. Charpentier et P.-E. Dauzat. Paris: Gallimard, Folio histoire, 2006. Edição brasileira: *A destruição dos judeus europeus*. Tradução de Carolina Barcellos, Laura Folgueira, Luis F. Protasio, Mauricio Tamboni e Sonia Augusto. São Paulo: Amarilys, 2016.
16. HÖSS. *Le commandant d'Auschwitz parle*.
17. FEST. *Les Maîtres du IIIe Reich*.
18. HÖSS; BROAD; KREMER. *Auschwitz vu par les SS*.
19. GILBERT. *Nuremberg Diary*.
20. Processo verbal de Stanislaw Dubiel, *in* HÖSS, BROAD; KREMER. *Auschwitz vu par les SS*.
21. HÖSS; BROAD; KREMER. *Auschwitz vu par les SS*, p. 304.
22. HÖSS; BROAD; KREMER. *Auschwitz vu par les SS*, p. 19.
23. Declaração da Sra. Janina Szczurek, *in* HÖSS; BROAD; KREMER. *Auschwitz vu par les SS,* p. 310.
24. HÖSS. *Le commandant d'Auschwitz parle*, p. 189.
25. HÖSS. *Le commandant d'Auschwitz parle*, p. 190.
26. HÖSS; BROAD; KREMER. *Auschwitz vu par les SS*, p. 304.
27. HÖSS; BROAD; KREMER. *Auschwitz vu par les SS*, p. 210.

28. HÖSS. *Le commandant d'Auschwitz parle*, p. 222.
29. HÖSS. *Le commandant d'Auschwitz parle*, p 221.
30. HARDING. *Hanns et Rudolf*, p. 321.
31. HARDING. *Hanns et Rudolf*, p. 327.
32. HÖSS. *Le commandant d'Auschwitz parle*.
33. HARDING, Thomas. Hiding in N. Virginia, a daughter of Auschwitz [Escondida na Virginia do Norte uma filha de Auschwitz]. *Washington Post*, 7 de set. 2013.
34. ANDERSON, Graham. My Nazi Family [Minha família nazista]. *Exberliner*, 6 maio 2014.
35. LIANOS, Konstantinos. Auschwitz Commander's Grandson: Why my Family Call me a Traitor [O neto do comandante de Auschwitz: por que minha família me chama de traidor]. *The Telegraph*, 20 nov. 2014.
36. LIANOS. Auschwitz Commander's Grandson.

OS FILHOS SPEER

1. SMOLTCZYK, Alexander. 2022 World Cup in Qatar: The Desert Dreams of German Architect Albert Speer [A Copa do Mundo de 2022 em Catar: os sonhos no deserto do arquiteto alemão Albert Speer]. *Der Spiegel*, 1º jun. 2012.
2. SPEER Jr., Albert. *Die intelligente Stadt* [A cidade inteligente]. Dva, 1992.
3. BEYER, Susanne. Improving on the Nazi Past: Albert Speer's Son, Urban Planner [Melhorando o passado nazista: o filho de Albert Speer, urbanista]. *Der Spiegel*, 21 dez. 2007.
4. SMOLTCZYK. 2022 World Cup in Qatar: The Desert Dreams of German Architect Albert Speer.
5. BEYER, Susanne. Der unsichtbare Riese [O gigante invisível]. *Der Spiegel*, 17 dez. 2007.
6. KHRUSHCHEVA, Nina. Albert Speer's Son Helped Design the Architecture of the Beijing Games. But the Similarities with Berlin

1936 Don't End There [O filho de Albert Speer ajudou a conceber a arquitetura dos jogos de Pequim. Mas as similaridades com Berlim 1936 não terminam por aí]. *The Guardian*, 7 ago. 2008.

7. MILLOT, Lorraine. Albert Speer, 63 ans, est architecte. Comme son homonyme de pere, le bâtisseur de Hitler. Mais lui a choisi Francfort la libérale. Tel pere, quel fils? [Albert Speer, 63 anos, é arquiteto. Como seu pai homônimo, o construtor de Hitler. Mas ele escolheu Frankfurt, a liberal. Tal pai, tal filho?]. *Libération*, 10 fev. 1998.

8. Entrevista de Albert Speer Jr.: <https://www.youtube.com/watch?v=033OGnfRKJY>.

9. MATZIG, Gerhard. Hitler war für uns ein netter Onkel [Hitler era para nós um tio simpático]. *Süddeutsche Zeitung*, 20 maio 2010.

10. SPEER. *Au cœur du Troisième Reich*.

11. FEST. *Albert Speer*.

12. TREVOR-ROPER. Hugh R. *Hitlers letzte Tage*. Berlim: Ullstein, 1965. Edição brasileira: *Os últimos dias de Hitler*. Tradução de José B. Mari. São Paulo: Flamboyant, 1965.

13. SPEER. *Au cœur du Troisième Reich*.

14. SPEER. *Au cœur du Troisième Reich*, p. 29.

15. SPEER. *Au cœur du Troisième Reich*, p. 31.

16. Nevile Henderson, diplomata britânico.

17. SPEER, Albert. *Spandauer Tagebücher*. Frankfurt am Main, 1975; *Journal de Spandau*. Paris: Robert Laffont, 1976, p. 156. Edição brasileira: *Spandau: o diário secreto*. Tradução de Guilherme da Nóbrega Cesarino. São Paulo: Artenova, 1975.

18. MATZIG. Hitler war für uns ein netter Onkel.

19. SPEER. *Au cœur du Troisième Reich*, p. 29.

20. NISSEN, Margret. *Sind Sie die Tochter Speer?* [Você é a filha do Speer?]. Cologne: Bastei Lübbe, 2005.

21. SPEER. *Journal de Spandau*, p. 76.

22. SCHRAMM, Hilde. *Meine Lehrerin, Dr Dora Lux* [Minha professora, a doutora Dora Lux] Reinbek: Rowohlt Verlag, 2012.

23. Entrevista de Arnold Speer: <https://www.youtube.com/watch?v=033OGnfRKJY>.
24. SPEER. *Au cœur du Troisième Reich.*
25. SERENY, Gitta. *Albert Speer. His Battle with Truth*, Londres: 1995; *Albert Speer: son combat avec la vérité*. Tradução do inglês de W. O. Desmond. Paris: Seuil, 1997. Edição brasileira: *Albert Speer: sua luta com a verdade*. Tradução de Milton Chaves de Almeida. Rio de Janeiro: Bertrand Brasil, 1998.
26. FEST. *Albert Speer*, p. 281.
27. FEST. *Albert Speer.*
28. SPEER. *Journal de Spandau*, p. 218.
29. SERENY. *Albert Speer: son combat avec la vérité.*
30. SERENY. *Albert Speer: son combat avec la vérité.*
31. SPEER. *Journal de Spandau*, p. 163.
32. NISSEN. *Sind Sie die Tochter Speer?*
33. SPEER. *Journal de Spandau.*
34. Bundesarchiv Koblenz – Artigo B122/28025
35. SERENY. *Albert Speer.*
36. VAN DER VAT, Dan. *The Good Nazi. The life and lies of Albert Speer* [O nazista bonzinho. A vida e as mentiras de Albert Speer]. Londres, Phoenix, 1998.
37. SPEER. *Journal de Spandau,* p. 321.
38. SPEER. *Journal de Spandau.*
39. SPEER. *Journal de Spandau*, p. 548.
40. SPEER. *Journal de Spandau.*
41. NISSEN. *Sind Sie die Tochter Speer?*
42. NISSEN. *Sind Sie die Tochter Speer?*
43. SERENY. *Albert Speer.*
44. SERENY. *Albert Speer.*
45. MILLOT, Lorraine. Albert Speer, 63 ans, est architecte. Comme son homonyme de pere, le bâtisseur de Hitler. Mais lui a choisi Francfort la libérale. Tel pere, quel fils?.

46. NORDEN, Eric. Entrevista com Albert Speer, "Albert Speer, Hitler's architect" [Albert Speer, o arquiteto de Hitler]. *Playboy*, 1971.
47. NORDEN, Eric. Entrevista com Albert Speer, "Albert Speer, Hitler's architect" [Albert Speer, o arquiteto de Hitler]. *Playboy*, 1971.
48. SERENY. *Albert Speer*.
49. SPEER. *Journal de Spandau,* p. 93.
50. RABEN, Mia. NS – Vergangenheit: Der lebenslange Schatten [O passado nacional-socialista: a sombra de uma vida inteira]. *Der Spiegel*, 7 fev. 2004.
51. HAMRÉN, Henrik. I Feel Ashamed [Sinto vergonha]. *The Guardian*, 18 abr. 2005.
52. SPEER. *Journal de Spandau,* p. 219.
53. HAMRÉN. "I feel ashamed".
54. NISSEN. *Sind Sie die Tochter Speer?*
55. SPEER. *Au cœur du Troisième Reich*, p. 160.

ROLF MENGELE

1. Alexander Autographs. *The Hidden Journals of Josef Mengele (may 1960-january 1979)* [Os diários secretos de Josef Mengele (maio de 1960 – janeiro de 1979], 6.) Autograph manuscript, a diary, Lote 4, 200 pp. 8vo. <https://goo.gl/w8gwWA>.
2. Alexander Autographs. *The Hidden Journals of Josef Mengele,* Lote 650.
3. Alexander Autographs. *The Hidden Journals of Josef Mengele.*
4. POSNER, Gerald; WARE, John. *Mengele: The Complete Story* [Mengele: a história completa]. Nova York: Cooper Square Press, 2000, p. 235.
5. Entrevista de Rolf Mengele por Gerald Posner, 1985.
6. HILBERG. *La Destruction des Juifs d'Europe.*
7. POSNER; WARE. *Mengele: The Complete Story*, p. 25.
8. POSNER; WARE. *Mengele: The Complete Story.*
9. POSNER; WARE. *Mengele: The Complete Story.*

10. SERENY. *Albert Speer*, p. 467.
11. Entrevista de Rolf Mengele por Gerald Posner, 1985.
12. In the Matter of Josef Mengele. A Report to the Attorney General of the United States [A respeito de Josef Mengele. Um relatório para a Procuradoria Geral dos Estados Unidos], out. 1992.
13. POSNER; WARE. *Mengele: The Complete Story*.
14. Entrevista de Rolf Mengele por Gerald Posner, 1985.
15. Entrevista de Rolf Mengele por Gerald Posner, 1985.
16. POSNER. *Hitler's Children*.
17. POSNER. *Hitler's Children*, p. 130.
18. In the matter of Josef Mengele. A Report to the Attorney General of the United States, outubro de 1992.
19. POSNER. *Hitler's Children*.
20. JESSEN. Vati, der Massenmörder. Die israelische Zeitung "Jedioth" veröffentlicht ein Interview mit Rolf Mengele [Papai, o assassino em massa. O jornal israelense *Yedioth* publicou uma entrevista com Rolf Mengele] *Die Welt*, 8 maio 2008.

UMA HISTÓRIA ALEMÃ?

1. JESSEN. Vati, der Massenmörder.
2. SCHIRMACHER; SPIEGEL. *Günter Grass:* "La tache sur mon passé" [Günter Grass: A mancha em meu passado]. *Le Monde*, 17 ago. 2006.
3. FREI, Norbert, L'Holocauste dans l'historiographie allemande, un point aveugle dans la conscience historique? [O Holocausto na historiografia alemã, um ponto cego na consciência histórica]. *Vingtième Siècle. Revue d'histoire*, v. 34, 1992, p. 157-162.
4. WELZER, Harald; MÖLLER, Sabine; TSCHUGGNALL, Karoline. *"Opa war kein Nazi". Nationalsozialismus und Holocaust im Familiengedächtnis* ["Vovô não era um nazista". Nacional-socialismo e Holocausto na memória familiar]. Frankfurt: Fischer Taschenbuch Verlag, 2002; *"Grand-père n'était pas un nazi". National-socialisme et*

Shoah dans la mémoire familiale. Tradução do alemão de O. Mannoni, Paris: Gallimard, 2013.

5. OESER, Alexandra. *Enseigner Hitler: les adolescents face au passé nazi en Allemagne. Appropriations, interprétations et usages de l'histoire* [Ensinar Hitler: os adolescentes diante do passado nazista na Alemanha. Apropriações, interpretações e usos da história]. Paris: Editions de la Maison des sciences de l'homme, 2010.

FONTES EM ARQUIVOS

GUDRUN HIMMLER:

— Interrogation Records Prepared for War Crimes Proceedings at Nuernberg, 1945-1947, National Archives Catalog – Publication Declassified: a: NND 760050 (1945-1949) ; NND 760050 (1945-1949)|b: NARA|d: 1976 – Roll: 0006 – Record Name: Himmler, Gudrun.

— Dossiê Margarete Himmler, Bundesarchiv Berlin: 413877.

— Interrogation Records Prepared for War Crimes Proceedings at Nuernberg, 1945-1947 – Content Source: NARA-Source Publication Year: 1984 – National Archives Catalog ID: 647749 – Record Name: Himmler, Margarete.

— Diário de Margarete Himmler - USHMM, Acc.1999.A.0092.

EDDA GÖRING:

— Carta de Emmy Göring, Munique, Bayeriches Hauptstaadtsarchiv, 31 de outubro de 1947. Auerbach, 30 de junho de 1949, EMSO, 1048, Bayeriches Hauptstaadtsarchiv, Munique.

— Dossiê Emmy Göring, nascida Sonnemann, Bundesarchiv Berlim: 109673.

WOLF R. HESS:

— Interrogation Records Prepared for War Crimes Proceedings at Nuernberg, 1945-1947 – Content Source: NARA – National Archives Catalog – Publication Declassified: a: NND 760050 (1945-1949) ; NND 760050 (1945-1949)|b: NARA|d: 1976 – Roll: 0006 – Record Name: Hess, Rudolf.

— Dossiê Ilse Hess, Bundesarchiv Berlin: 381330.

MARTIN ADOLF BORMANN:

— Institut für Zeitgeschichte Munique. ZS 1701/1 Bestand Bormann Adolf Martin.

RUDOLF HÖSS:

— Interrogatório de Rudolf Höss – 15 de abril de 1946 – Nuernberg Trial Proceedings Volume 11: <http://avalon.law.yale.edu/imt/04-15-46.asp>.

— Interrogation Records Prepared for War Crimes Proceedings at Nuernberg, 1945-1947 – Content Source: NARA – Source Publication Year: 1984 – Fold 3 Publication Year: 2009 – National Archives Catalog ID: 647749 – National Archives Catalog Title: Reports, Interrogations, and Other Records Received from Various Allied Military Agencies, 1945-1948 – Publication Declassified: a: NND 760050 (1945-1949) ; NND 760050 (1945-1949)|b: NARA|d: 1976 – Record Name: Höss, Rudolf.

OUTRAS FONTES:

— A Report to the Attorney General of the United States: "In the matter of Josef Mengele. A Report to the Attorney General of the United States", U.S. Department of Justice. Office of Special Investigations, October 1992.

— Bundesarchiv Koblenz – Article B122/28025.

BIBLIOGRAFIA GERAL

ARENDT, Hannah. *Eichmann in Jerusalem. A Report on the Banality of Evil*, Nova York, 1963 ; *Eichmann à Jérusalem. Rapport sur la banalité du mal*. Tradução do inglês de A. Guérin, revisada por M. Leibovici, apresentada por M.-I. Brudny de Launay, Paris: Gallimard, 2012. (Folio Histoire). Edição brasileira: *Eichmann em Jerusálem: um relato sobre a banalidade do mal*. Tradução de José Rubens Siqueira. São Paulo: Companhia das Letras, 1999.

—. *The Origins of Totalitarianism*. 1. *Antisemitism*, Nova York, 1951; *Les origines du totalitarisme*. 1. *Sur l'antisémitisme*, Tradução do inglês de M. Pouteau, revisado por H. Frappat. Paris: Seuil, Points Essais, 2005. Edição brasileira: *Origens do totalitarismo: antissemitismo, imperialismo, totalitarismo*. Tradução de Roberto Raposo. São Paulo: Companhia das Letras, 2012.

BAR-ON, Dan. *Legacy of Silence: Encounters with Children of the Third Reich* [Legado de silêncio: encontros com filhos do Terceiro Reich]. Harvard University Press, 1989; *L'Héritage du silence. Rencontres avec des enfants du IIIe Reich,* prefácio de André Lévy. Tradução do inglês de F. Simon-Duneau, Paris: L'Harmattan, 2005.

BORMANN, Martin. *Hitler's Table Talk* [A conversa de mesa de Hitler]. Create Space Independent Publishing Platform, 3. ed., 2013.

BORMANN, Martin Adolf. *Leben gegen Schatten* [Viver contra a sombra]. Paderborn: Bonifatius, 2003.

BREITMAN, Richard. *The Architect of Genocide: Himmler and the Final Solution* [O arquiteto do genocídio: Himmler e a Solução Final]. Hanover; Londres: Brandeis University Press, 1991.

BRINKS, Jan Herman; TIMMS, Edward; ROCK, Stella. *Nationalist Myths and the Modern Media: Contested Identities in the Age of Globalization* [Mitos nacionalistas e a mídia moderna: identidades contestadas na era da globalização]. Londres; Nova York: I. B.Tauris, 2005.

BROWNING, Christopher R. *Ordinary Men: Reserve Police Battalion 101 and the Final Solution in Poland* [Homens comuns: o 101º Batalhão de reserva da polícia alemã e a Solução Final na Polônia]. Harper Collins, 1992; *Des hommes ordinaires. Le 101e Bataillon de réserve de la police allemande et la Solution finale en Pologne*. Tradução do inglês de E. Barnavi, prefácio de P. Vidal-Naquet, posfácio traduzido por P.-E. Dauzat. Paris: Tallandier, 2007.

FELICIANO, Hector. *Le Musée disparu. Enquête sur le pillage d'œuvres d'art en France par les nazis*. Tradução do espanhol de S. Doubin. Paris: Gallimard, 2012. Edição brasileira: *O museu desaparecido: a conspiração nazista para roubar as obras primas da arte mundial*. Tradução de Silvana Cobucci Leite. São Paulo: Martins Fontes, 2003

FEST, Joachim C., *The Face of the Third Reich* [O rosto do Terceiro Reich]. Harmondsworth, 1972; *Les Maîtres du IIIe Reich: figures d'un régime totalitaire*, Tradução parcial do alemão de S. Hutin et M. Barth. Paris: Grasset, 1965, reed. 2008.

—. *Speer, eine Biographie* [Speer, uma biografia]. Berlim, 1999; *Albert Speer*. Tradução do alemão de F. Straschitz. Paris: Perrin, 2001.

FRANK, Hans, *Im Angesicht des Galgens* [Diante da forca]. Munique-Grafelfing: Friedrich Alfred Beck, 1953.

—. *Das Diensttagebuch des deutschen Generalgouverneurs in Polen, 1939-1945* [O Diário de serviço do governador geral alemão na Polônia, 1939-1945]. Editado por Werner Prag e Wolfgang Jacobmeyer. Stuttgart: Deutsche Verlags-Anstalt, 1975.

FRANK, Niklas. *Bruder Norman! "Mein Vater war ein Naziverbrecher, aber ich liebe ihn"* [Irmão Norman! "Meu pai era um criminoso nazista, mas eu o amo"]. Berlim: Dietz, 2013.

—. *Der Vater: eine Abrechnung* [O pai: um acerto de contas]. Munique: Goldmann, reed. 1993.

—. *Meine deutsche Mutter* [Minha mãe alemã]. Munique: Goldmann, 2006.

FRIEDLÄNDER, Saul. *The Years of Extermination: Nazi Germany and the Jews, 1939-1945*. Londres, 2007; 1. *L'Allemagne nazie et les Juifs*. 2. *Les Années d'extermination*. Tradução do inglês de P.-E. Dauzat. Paris: Seuil, 2008. Edição brasileira *A Alemanha nazista e os judeus: v. 1: os anos da perseguição 1933-1939*. Tradução de Fany Kon, Josane Barbosa e Lyslei Nascimento. São Paulo: Perspectiva, 2012; *A Alemanha nazista e os judeus: v. 2 – Os anos de extermínio, 1939-1945*. Tradução de Fany Kon, K. Guimaraes, Lyslei Nascimento, Maria Clara Cescato e Newton Cunha. São Paulo: Perspectiva, 2012.

FRISCHAUER, Willi. *Göring*, Londres: Odhams Press, 1951.

GILBERT, G.M. *Nuremberg Diary* [Diário de Nuremberg]. Nova York: Perseus Books Group, 1995.

GÖRING, Emmy. *Memoiren* [Memórias]. Zurique; Paris, 1963; *Göring: le point de vue de sa femme*. Tradução do alemão de R. Jouan. Paris: Presses Pocket, 1965.

HAARER, Johanna. *Die deutsche Mutter und ihr letztes Kind: die Autobiographien der erfolgreichsten NS-Erziehungsexpertin und ihrer jüngsten Tochter* [A mãe alemã e seu último filho: as autobiografias da mais bem-sucedida especialista em educação nazista e da sua filha mais nova]. Hanover: Offizin Verlag, 2012.

HARDING, Thomas, *Hanns et Rudolf. Comment un Juif allemand mit fin à la cavale du commandant d'Auschwitz*. Paris: Flammarion, 2014. Edição brasileira : *Hanns & Rudolf : o judeu-alemão e a caçada ao Kommandant de Auschwitz*. Tradução de Angela Lobo. Rio de Janeiro: Rocco, 2014.

HANISCH, Ernst. *L'Obersalzberg* [A Obersalzberg]. Editado pela Landesstiftung de Berchtesgaden.

HANITZSCH, Konstanze. *Deutsche Scham. Gender, Medien, "Täterkinder"; eine Analyse der Auseinandersetzungen von Niklas Frank, Beate Niemann und Malte Ludin* [Vergonha alemã. Gênero, mídia, "filhos de carrascos"; uma análise dos conflitos de Niklas Frank, Beate Niemann e Malte Ludin]. Berlin, Metropol, 2013.

HESS, Ilse. *Rudolf Hess, Prisoner of Peace: The Flight to Britain and its Aftermath* [Rudolf Hess, prisioneiro da paz: o voo para a Grã-Bretanha e suas consequências]. Traduzido do alemão por Meyrick Booth. Bloomfield Books, 1954.

HESS, Wolf Rüdiger. *My Father Rudolf Hess* [Meu pai, Rudolf Hess]. Londres: W. H. Allen & Co., 1986.

—. *Who Murdered my Father, Rudolf Hess? My father's mysterious death in Spandau* [Quem assassinou meu pai, Rudolf Hess? A misteriosa morte de meu pai em Spandau]. Editorial Revision, 1989.

—. *Rudolf Hess: "Ich bereue nichts"* [Rudolf Hess: "Não me arrependo de nada"]. Graz: Stocker Leopold Verlag, 1994.

HILBERG, Raul. *La Destruction des Juifs d'Europe*. Tradução do inglês de M.-F r. de Paloméra, A. Charpentier et P.-E. Dauzat. Paris: Gallimard, Folio histoire, 2006. Edição brasileira: *A destruição dos judeus europeus*. Tradução de Carolina Barcellos, Laura Folgueira, Luis F. Protasio, Mauricio Tamboni e Sonia Augusto. São Paulo: Amarilys, 2016.

HIMMLER, Katrin. *Les Frères Himmler* [Os irmãos Himmler]. Tradução do alemão de S. Gehlert. Paris: David Reinharc, 2012.

HÖSS, Rudolf, *Kommandant in Auschwitz. Autobiographische Aufzeichnungendes* [Comandante em Auschwitz. Documentos autobiográficos]. Munique: Martin Broszat, 1963; *Le commandant d'Auschwitz parle*. Tradução do alemão de Rudolf Höss, prefácio e posfácio de Genevieve Decrop. Paris: La Découverte, 1995.

HÖSS, Rudolf; BROAD, Pery; KREMER, Johann Paul. *Auschwitz vu par les SS* [Auschwitz visto pelos SS]. Oświęcim: Edition du musée d'Etat, 1974.

HUSSON, Edouard. *Heydrich et la Solution finale* [Heydrich e a Solução Final]. Prefácio de Ian Kershaw, posfácio de Jean-Paul Bled, edição revista e aumentada. Paris: Perrin, 2012.

IRVING, David. *Göring: A Biography* [Göring: uma biografia]. Nova York, 1989; *Göring: le complice d'Hitler, 1933-1939*. Tradução do inglês de R. Albeck. Paris: Albin Michel, 1991.

—. *Hess: The Missing Years, 1941-1945* [Hess: os anos que ficaram faltando, 1941-1945]. Londres, 1987; *Rudolf Hess: les années inconnues du dauphin d'Hitler, 1941-1945*. Tradução do inglês de P. Etienne. Paris: Albin Michel, 1988.

KELLENBACH, Katharina von. *The Mark of Cain: Guilt and Denial in the Post-War Lives of Nazis Perpetrators* [A marca de Caim: culpa e denegação na vida pós-guerra de perpretadores nazistas], OUP USA, p. 304, 978-0-19-993745-5, 25 jul. 2013.

KERSAUDY, François. *Hermann Göring*. Paris: Perrin, 2009.

—. *Les Secrets du IIIe Reich* [Os segredos do Terceiro Reich]. Paris: Perrin, 2013.

KERSHAW, Ian. *Fateful Choices: Ten Decisions that Changed the World, 1940-1941*. Londres: Penguin Books, 2007; *Choix fatidiques. Dix décisions qui ont changé le monde, 1940-1941*. Tradução do inglês de P.-E. Dauzat, Paris: Seuil, 2009. Edição brasileira: *Dez decisões que mudaram o mundo (1940-1941)*. Tradução de Berilo Vargas, Celso Mauro Paciornik, Clovis Marques e Fernanda Abreu. São Paulo: Companhia das Letras, 2008.

—. *Hitler*. Paris: Flammarion, 2008.

—. *Hitler*. Londres: Longman, 1991; *Hitler. Essai sur le charisme en politique* [Hitler. Ensaio sobre o carisma em política]. Tradução do inglês de J. Carnaud e P.-E. Dauzat. Paris: Gallimard, 1995. (Folio Histoire).

—. *Popular Opinion and Political Dissent in the Third Reich. Bavaria, 1933-1945* [Opinião popular e dissensão política no Terceiro Reich. Baviera, 1933-1945]. Oxford University Press, 1983 ; *L'opinion allemande sous le nazisme. Bavière, 1933-1945*. Tradução do inglês de P.- E. Dauzat. Paris: CNRS Editions, 2010.

—. *Le Mythe Hitler* [O Mito Hitler]. Paris: Flammarion, 2006.

—. *La Fin: Allemagne (1944-1945)*. Tradução de P.-E. Dauzat. Paris: Seuil, 2012. Edição brasileira: *O fim do Terceiro Reich: a destruição da Alemanha de Hitler, 1944-1945*. Tradução de Jairo Arco e Flexa. São Paulo: Companhia das Letras, 2015.

KLABUNDE, Anja. *Magda Goebbels*. Munique, 1999; *Magda Goebbels. Approche d'une vie*. Tradução do alemão de S. Bénistan. Paris: Tallandier, 2011.

LEBERT, Nobert; LEBERT, Stephan. *Car tu portes mon nom: enfants de dirigeants nazis, ils témoignent*. Paris: Plon, 2002. Edição brasileira: *Tu carregas meu nome: a herança dos filhos de nazistas notórios*. Tradução de Kristina Michahelles. Rio de Janeiro: Record, 2004.

LEEB, Johannes. *Wir waren Hitlers Eliteschüler: ehemalige Zöglinge der NS-Ausleseschulen brechen ihr Schweigen* [Éramos os estudantes de elite de Hitler: ex- alunos das escolas nazistas quebram seu silêncio]. Hamburgo: Rasch und Röhring, 1998

LEVI, Primo. *Se questo è un uomo*. Turim: De Silva, 1947; *Si c'est un homme*. Tradução do italiano de M. Schruoffeneger, Paris: Julliard, 1987. Edição brasileira: *É isto um homem?* Tradução de Luigi Del Re. Rio de Janeiro: Rocco, 1988

LONGERICH, Peter. *Davon Haben Wir Nichts Gewusst!* [Sobre isso não sabíamos nada!]. Munique: Siedler Verlag, 2006; *Nous ne savions pas. Les Allemands et la Solution finale, 1939-1945*. Tradução do alemão de R. Clarinard. Paris: Héloise d'Ormesson, 2008.

—. *Heinrich Himmler*, Munique: Siedler Verlag, 2008; *Himmler*. Tradução do alemão de R. Clarinard. Paris: Héloise d'Ormesson, 2010. Edição brasileira: *Heinrich Himmler: uma biografia*. Tradução de Angelika Elisabeth Kohnke, Christine Rohrig, Gabriele Ella Elisabeth Lipkau e Margit Sandra Bugs. São Paulo: Objetiva, 2013.

MALAPARTE, Curzio. *Kaputt*. Paris: Folio, 1972. Edição brasileira: *Kaputt*. São Paulo: Bertrand Brasil, 2000.

MANVELL, Roger; FRAENKEL, Heinrich. *Hermann Göring*. Tradução do inglês de M. Deutsch. Paris: Stock, 1963.

MOORS, Markus; PFEIFFER, Moritz. *Heinrich Himmlers Taschenkalender 1940. Kommentierte* [O diário de bolso de 1940 de Heinrich Himmler. Comentado]. Paderborn: Verlag Ferdinand Schöningh GmbH, v. 1, 2013.

NISSEN, Margret. *Sind Sie die Tochter Speer?* [Você é a filha do Speer?]. Köln: Bastei Lübbe, 2007.

NOAKES, Jeremy; PRIDHAM, Geoffrey. *Nazism, 1919-1945*, v. 2: *State, Economy and Society, 1933-1939* (A Documentary Reader) [Nazismo, 1919-1945, v. 2: Estado, economia e sociedade, 1933-1939 (Uma exposição documental)]. Exeter: University of Exeter Press, 1984.

O'CONNOR, Gary. *The Butcher of Poland: Hitler's Lawyer Hans Frank* [O açougueiro da Polônia: o advogado de Hitler, Hans Frank]. Staplehurt: Spellmount Publishers Ltd, 2013.

OESER, Alexandra. *Enseigner Hitler. Les adolescents face au passé nazi en Allemagne. Appropriations, interprétations et usages de l'histoire* [Ensinar Hitler. Os adolescentes diante do passado nazista na Alemanha. Apropriações, interpretações e usos da história]. Paris: Editions de la Maison des sciences de l'homme, 2010.

PAXTON, Robert Owen. *Vichy France, Old Guard and New Order, 1940-1944* [A França de Vichy, velha guarda e nova ordem]. Nova York: Columbia University Press, 1972; *La France de Vichy, 1940-1944*. Prefácio de S. Hoffmann, tradução do inglês de C. Bertrand. Paris: Seuil, 1999.

PICKER, Henry. *Hitlers Tischgespräche im Führerhauptquartier* [Discursos de Hitler no quartel-general do *Führer*]. Propyläen Verlag, reed. 2003.

POSNER, Gerald; WARE, John. *Mengele: The Complete Story* [Mengele: a história completa]. Nova York: Cooper Square Press, 2000.

POSNER, Gerald. *Hitler's Children. Sons and Daughters of Leaders of the Third Reich Talk About their Fathers and Themselves* [As crianças de Hitler: filhos e filhas de líderes do Terceiro Reich falam de seus pais e de si mesmos]. Nova York: Random House, 1991.

PRAZAN, Michaël. *Einsatzgruppen. Les commandos de la mort nazis* [Einsatzgruppen. Os comandos da morte nazistas]. Paris: Seuil, 2010.

REES, Laurence. *The Dark Charisma of Adolf Hitler. Leading millions into the Abyss*, 2012; *Adolf Hitler. La séduction du diable*. Tradução do inglês de S. Taussig e P. Lucchini. Paris: Albin Michel, 2013. Edição brasileira: *O carisma de Adolf Hitler: o homem que conduziu milhões ao abismo*. Tradução de Alice Klesck. São Paulo: Leya, 2013.

SCHAAKE, Erich. *Hitlers Frauen* et *Frauensache Führerkult*, Munique, 2000; *Hitler et les femmes. Leur rôle dans l'ascension du Führer*. Paris: Michel Lafon, 2012. Edição brasileira: *Todas as mulheres de Hitler*. São Paulo: Lafonte, 2012.

SCHENK, Dieter. *Hans Frank: Hitlers Kronjurist und Generalgouverneur* [Hans Frank: Jurista do Reich e governador geral de Hitler]. Frankfurt: Fischer Verlag, 2008.

SCHIRACH, Henriette von. *Der Preis der Herrlichkeit: erfahrene Zeitgeschichte* [O preço da glória: história contemporânea vivida]. Munique: Herbig, 1981.

SCHMIDT, Matthias. *Albert Speer: Das Ende eines Mythos* [Albert Speer: o fim de um mito]. Frankfurt-am-Main, 1982; *Albert Speer. La fin d'un mythe*. Tradução do alemão de J.-M. Argeles. Paris: Belfond, 1983.

SCHRAMM, Hilde. *Meine Lehrerin, Dr Dora Lux* [Minha professora, a doutora Dora Lux]. Reinbek: Rowohlt Verlag, 2012.

SCHRÖM, Oliver e RÖPKE, Andrea. *Stille Hilfe für braune Kameraden. Das geheime Netzwerk der Alt-und Neonazis* [Ajuda silenciosa para camaradas nazi. A rede secreta dos velhos e neonazistas]. Berlim: Ch. Links Verlag, 2001.

SERENY, Gitta. *Albert Speer. His Battle with Truth*, Londres, 1995; *Albert Speer: son combat avec la vérité*. Tradução do inglês de W. O. Desmond. Paris: Seuil, 1997. Edição brasileira: *Albert Speer: sua luta com a verdade*. Tradução de Milton Chaves de Almeida. Rio de Janeiro: Bertrand Brasil, 1998.

—. *Au fond des ténèbres* [No fundo das trevas]. Paris: Denoël, 1974, reed. 2007.

SIGMUND, Anna Maria. *Die Frauen der Nazis.* [As mulheres dos nazistas] Munique: Heyne, 2000 ; *Les Femmes du IIIe Reich*. Tradução do alemão de J. Bourlois. Paris: Jean-Claude Lattes, 2004.

SPEER, Albert. *Spandauer Tagebücher,* Frankfurt, 1975; *Journal de Spandau,* Paris: Robert Laffont, 1976, p. 156. Edição brasileira: *Spandau: o diário secreto*. Tradução de Guilherme da Nóbrega Cesarino. São Paulo: Artenova, 1975.

—. *Erinnerungen*. Frankfurt; Berlim, 1969; *Au cœur du Troisième Reich*. Tradução do alemão de M. Brottier. Paris: Fayard, 1971, p. 133. Edição brasileira: *Por dentro do Terceiro Reich*. São Paulo: Círculo do Livro, 1975.

SPEER Jr., Albert. *Die intelligente Stadt* [A cidade inteligente]. Munique: Deutsche Verlags-Anstalt, 1992.

TREVOR-ROPER, Hugh R. *Hitlers letzte Tage*. Berlin Ullstein, 1965. Edição brasileira: *Os últimos dias de Hitler*. Tradução de José B. Mari. São Paulo: Flamboyant, 1965.

VAN DER VAT, Dan. *The Good Nazi: The life and lies of Albert Speer* [O nazista bonzinho: a vida e as mentiras de Albert Speer]. Londres: Phoenix, 1998.

VINCENT, Marie-Bénédicte. *La Dénazification* [A desnazificação]. Paris: Perrin, 2008.

WEBER, Anne. *Vaterland* [Pátria]. Paris: Seuil, 2015.

WELZER, Harald; MÖLLER, Sabine; TSCHUGGNALL, Karoline. *"Opa war kein Nazi". Nationalsozialismus und Holocaust im Familiengedächtnis* ["Vovô não era um nazista". Nacional-socialismo e Holocausto na memória familiar]. Frankfurt: Fischer Taschenbuch Verlag, 2002; *"Grand-père n'était pas un nazi". National-socialisme et Shoah dans la mémoire familiale*. Tradução do alemão de O. Mannoni. Paris: Gallimard, 2013.

WELZER. Harald. *Les Exécuteurs: des hommes normaux aux meurtriers de masse* [Os executores: dos homens normais aos assassinos em massa]. Paris: Gallimard, NRF Essais, 2007.

WILDT, Michael; HIMMLER, Katrin. *Heinrich Himmler d'après sa correspondance avec sa femme, 1927-1945* [Heinrich Himmler a partir de sua correspondência com a esposa, 1927-1945]. Paris: Plon, 2014.

—. *Himmler privat: Briefe eines Massenmörders* [A vida íntima de Himmler: cartas de um assassino em massa]. Munique: Piper Verlag, 2014.

WESTEMEIER, Jens. *Himmlers Krieger: Joachim Peiper und die Waffen-SS in Krieg und Nachkriegszeit* [O guerreiro de Himmler: Joachim Peiper e os Waffen-SS no tempo da guerra e depois]. Paderborn: Verlag Ferdinand Schöningh GmbH, v. 1, 2014.

WESTERNHAGEN, Dörte von. *Die Kinder der Täter: Das Dritte Reich und die Generation danach* [Os filhos dos carrascos: O Terceiro Reich e a geração seguinte]. Munique: Kösel Verlag, 1987.

ZENTNER, Christian; BEDÜRFTIG, Friedemann. *Das grosse Lexikon des Dritten Reiches* [Grande dicionário do Terceiro Reich]. Munique: Südwest Verlag, 1985.

ARTIGOS

ANÔNIMO (do nosso correspondente em Londres). Frau Göring weeps: "bombing of civilian is terrible" [A Sra. Göring se queixa: "bombardear civis é terrível"]. *The Argus*, 14 jul. 1945.

AKYOL, Cigdem. "Ein volk, das nichts kapiert hat" [Um povo que não entendeu nada]. *Wiener Zeitung*, 23 jul. 2013.

ANDERSON, Graham. "My Nazi Family" [Minha família nazista]. *Exberliner*, 6 maio 2014.

BEVAN, Ian. Göring faces Judges as "Man of Peace", [Göring encara os juízes como "homem de paz"]. *The Sidney Morning Herald*, 20 nov. 1945.

BEYER, Susanne. Improving on the Nazi Past: Albert Speer's Son, Urban Planner [Melhorando o passado nazista: o filho de Albert Speer, urbanista]. *Der Spiegel*, 21 dez. 2007.

—. Der unsichtbare Riese [O gigante invisível]. *Der Spiegel*, 17 dez. 2007.

COJEAN, Annick. Les mémoires de la Shoah [As memórias da Shoah]. *Le Monde*, 29 abr. 1995.

DÖRFLER, Thomas; KLÄRNER, Andreas. Rudolf Hess as martyr for Germany. The Reinterpretation of Historical Figures in Nationalist Discourse [Rudolf Hess como um mártir da Alemanha. A reinterpretação de figuras históricas no discurso nacionalista], *in* BRINKS, Jan Herman, TIMMS, Edward; ROCK, Stella *Nationalist Myths and the Modern Media: Contested Identities in the Age of Globalization* [Mitos nacionalistas e a mídia moderna: identidades contestadas na era da globalização]. Londres; Nova York: I. B.Tauris, 2005, p. 139-152.

ELKINS, Ruth. Nazi Descendents: Matthias Göring Goes Kosher [Descendentes de nazistas: Matthias Göring se torna Kosher]. *Der Spiegel Online International*, 10 maio 2006.

HEIDEMANN, Gerd. Die Millionen hat Kujau [Quem ficou com os milhões foi Kujau]. *Vanity Fair*, nov. 2008.

GLASS, Suzanne. Ricardo Eichmann speaks "Adolf Eichmann is a historical figure to me'" [Ricardo Eichmann diz "Adolf Eichmann é uma figura histórica para mim"]. *The Independent*, 7 ago. 1995.

GOLD, Tanya. The sins of their fathers [Os pecados de seus pais]. *The Guardian*, 6 ago. 2008.

GUN, Nerin E. Les enfants au nom maudit [Os filhos de nome maldito]. *Historia*, n. 241, dez. 1966.

HARDING, Thomas. Hiding in N. Virginia, a daughter of Auschwitz [Escondida na Virginia do Norte uma filha de Auschwitz]. *Washington Post*, 7 set. 2013.

HESS, Ilse. Er spielte wieder mal den Toten. Gespräch mit Ilse Hess über Spandau-Häftling Rudolf Hess [Ele brincou mais uma vez com a morte. Conversa com Ilse Hess sobre o prisioneiro de Spandau Rudolf Hess]. *Der Spiegel,* 20 nov. 1967.

HESS, Wolf Rüdiger. The Life and Death of my Father, Rudolf Hess [A vida e a morte do meu pai, Rudolf Hess]. *The Journal of Historical Review,* v. 13, n. 1, 1993, p. 24-39.

FREI, Norbert. L'Holocauste dans l'historiographie allemande, un point aveugle dans la conscience historique? [O Holocausto na historiografia alemã, um ponto cego na consciência histórica]. *Vingtième Siècle. Revue d'histoire,* v. 34, 1992, p. 157-162.

MATTHÄUS, Jürgen. "Es war sehr nett". Auszüge aus dem Tagebuch der Margarete Himmler, 1937-1945 ["Era muito bacana". Trechos do diário de Margarete Himmler]. *Werkstatt Geschichte,* 2000, p. 75-93.

MATZIG, Gerhard. Hitler war für uns ein netter Onkel [Hitler era para nós um tio simpático]. *Süddeutsche Zeitung,* 20 maio 2010.

NIEDEN, Suzanne. Banalitäten aus dem Schlafzimmer der Macht. Zu den Tagebuchaufzeichnungen von Margarete Himmler [Banalidades do quarto de dormir do poder. Sobre trechos do diário de Margarete Himmler]. *Werkstatt Geschichte,* 2000, p. 94-100.

KHRUSHCHEVA, Nina. Albert Speer's Son Helped Design the Architecture of the Beijing Games. But the Similarities with Berlin 1936 Don't End There [O filho de Albert Speer ajudou a conceber a arquitetura dos jogos de Pequim. Mas as similaridades com Berlin 1936 não terminam por aí]. *The Guardian,* 7 ago. 2008.

MILLOT, Lorraine. Albert Speer, 63 ans, est architecte. Comme son homonyme de pere, le bâtisseur de Hitler. Mais lui a choisi Francfort la libérale. Tel pere, quel fils? [Albert Speer, 63 anos, é arquiteto. Como seu pai homônimo, o construtor de Hitler. Mas ele escolheu Frankfurt, a liberal. Tal pai, tal filho?]. *Libération,* 10 fev. 1998.

MORIN, Roc. An interview with Nazi leader Hermann Goering's great-niece. How do you cope with evil ancestry? [Uma entrevista com a sobrinha-neta do líder nazista Hermann Göring. Como lidar com uma má ascendência]. *The Atlantic,* 16 out. 2013.

NORDEN, Eric. Entretien avec Albert Speer. Albert Speer, Hitler's architect [Albert Speer, o arquiteto de Hitler]. *Playboy*, 1971.

SCHMEMANN, Serge. Voicing Doubt, Son Gets 2d Autopsy on Hess » [Expressando dúvida, filho obtém segunda autópsia de Hess]. *New York Times,* 22 ago. 1987.

—. Hess is buried secretly by family; son is reported to suffer stroke [Hess é enterrado secretamente pela família; relata-se que seu filho sofreu um derrame]. *New York Times*, 25 ago. 1987.

SCHIRMACHER, Frank; SPIEGEL, Hubert. *Günter Grass:* "La tache sur mon passé" [Günter Grass: "A mancha em meu passado"]. *Le Monde*, 17 ago. 2006.

SMOLTCZYK, Alexander. 2022 World Cup in Qatar: The Desert Dreams of German Architect Albert Speer [A Copa do Mundo de 2022 em Catar: os sonhos no deserto do arquiteto alemão Albert Speer]. *Der Spiegel*, 1º jun. 2012.

SPEER Jr., Albert. Frankfurt ist ein Modell für die Welt [Frankfurt é um modelo para o mundo]. *Wirtschaft Frankfurter Allgemeine*, 24 ago. 2013.

STRINGER, Ann. "No one loves a policeman", Himmler's wife comments ["Ninguém gosta de um policial", comenta a esposa de Himmler]. *The Pittsburg Press*, 13 jul. 1945.

SCHWABE, Alexandre. Interview mit Niklas Frank zur Speer-Debatte: "Das ewige Herumgeschmuse der Kinder ist lächerlich" [Entrevista com Niklas Frank sobre o Debate Speer: "O eterno blá-blá-blá dos filhos é ridículo"]. *Der Spiegel Online*, 13 maio 2005.

CRÉDITOS DAS IMAGENS

p. 108: Gudrun e Margarete Himmler...: © Picture Alliance-album-Latinstock.

p. 110: Edda e Hermann Göring em 1940: © Ullstein Bild/Getty Images; Edda e sua mãe indo visitar Hermann Göring na prisão...: © Bettmann/Getty Images.

p. 111: Batismo de Edda Göring. Emmy, esposa de Hermann Göring...: © Sueddeutsche Zeitung Photo/Alamy/Latinstock.

p. 112: Rudolf Hess e Wolf Rüdiger Hess: © Ullstein Bild/Getty Images (ambas).

p. 113: Fotos de família; Niklas, sua mãe e sua irmã...: © Private Archive Niklas Frank.

p. 114: Martin Adolf Bormann de uniforme...; Martin Adolf Bormann de batina...: © Keystone Features/Getty Images.

p. 116: Albert Speer com seus cinco filhos: © Ullstein Bild/Getty Images.

Contracapa: Gudrun e Heinrich Himmler: © Sueddeutsche Zeitung Photo/Alamy/Latinstock.

As demais imagens são de domínio público.

AGRADECIMENTOS

Agradeço muito a:

Jean-François Braunstein, por seus conselhos e correções,
Stéphan Crasnianski, meu irmão, por suas ideias,
Serge Lentz, por sua leitura atenta e suas sugestões,
Olivier Mannoni, por suas correções e traduções,
Orly Rezlan, por sua pertinência e sua paciência a toda prova,
Pascal Tutin, por seus conselhos úteis.

Emmanuel Delille e Torsten Lüdtke, por suas pesquisas.

Anna Olekhnovych, por ter feito a lista das obras citadas.

Gostaria de agradecer também a meus editores, Olivier Nora e Juliette Joste, das edições Grasset, por sua ajuda preciosa, sem a qual este livro não teria acontecido.

Aos meus, aos que me apoiam e me restituem o sentido das prioridades.

Este livro foi composto com tipografia Bembo e impresso
em papel Off-White 70 g/m² na Assahi.